実践につながる
新しい子ども家庭支援の
心理学
——子育て家庭に寄り添える
保育者を目指して

大浦賢治 編著

The new practical text book
for psychology
to support a child and a family

ミネルヴァ書房

はじめに

　平成から令和になりましたが，時代が変わっても児童虐待，貧困，少子化問題などにみられるように子どもとその家庭を取り巻く社会環境は深刻な状況です。こうした問題に対処すべく『保育所保育指針』『幼稚園教育要領』『幼保連携型認定こども園教育・保育要領』の改定（訂）があり，2018年には施行されています。そして質の高い保育士を養成することを目的として新規科目「子ども家庭支援の心理学」が設置されましたが，この科目に関しては次のような目標が掲げられています。

1．生涯発達に関する心理学の基礎的な知識を習得し，初期経験の重要性，発達課題等について理解する。
2．家族・家庭の意義や機能を理解するとともに，親子関係や家族関係等について発達的な観点から理解し，子どもとその家庭を包括的に捉える視点を習得する。
3．子育て家庭をめぐる現代の社会的状況と課題について理解する。
4．子どもの精神保健とその課題について理解する。

（「指定保育士養成施設の指定及び運営の基準について［改正後全文］」より）

　この科目は旧科目である「保育の心理学Ⅰ」「家庭支援論」，そして「子どもの保健Ⅰ」の内容が部分的に統合されたものであり，これまで本書に先行していくつかの書籍が刊行されています。しかし，その目次を見ると，「指定保育士養成施設の指定及び運営の基準について」をただなぞっただけのものが多く見受けられます。また，先行書籍が刊行されて以来数年が経ち，法律や制度などの変更もあったことから書かれている内容とも合わないところが出てきました。

　そこで，本書では「指定保育士養成施設の指定及び運営の基準について」に挙げられている〈内容〉の各項目をストーリー仕立てにして読みやすくすることで読者がこの科目の意義をより深く理解できるようにしました。さらに改正された法律や制度などを新たに盛り込んでこれまでの類書とは異なる新しい内容に仕上げました。こうした本書の特色は以下の通りです。

① 保育士養成校に所属する実務や教育経験豊富な執筆陣による基礎と専門を兼ね備えた内容である。
② 「指定保育士養成施設の指定及び運営の基準について」に準拠しながらストーリー性をもたせた目次構成となっている。
③ 最近の法改正，制度改正や名称変更などにも対応した内容である。
④ 適宜，イラストや図表を組み込んでおり初学者にも理解しやすい内容である。
⑤ 保育学生だけではなく，社会福祉に関心のある方にも幅広く役立つ内容である。

　混迷する社会のなかでさまざまな困難に直面されている多くの方々に対して本書が何らかのお役に立つことを心から願っております。

2025年4月

執筆者を代表して
大浦賢治

目　次

はじめに

第1章　子育てを取り巻く社会的状況

第1節　子育てと家族の今 ……………………………………………………………… 1
　　1　現代日本の家族像…1　　　　　2　少子化の原因…2

第2節　子育て家庭への支援 ………………………………………………………… 7
　　1　孤育を支えるための支援…7
　　2　男性の育児参加の効果と育児うつ…9

第3節　生殖補助医療と喪失 ………………………………………………………… 10
　　1　晩婚と不妊の関係…10　　　　　2　生殖医療の進展とその影響…10

第4節　豊かな子育て家庭支援にむけて ……………………………………… 12
　　1　子育て支援とその担い手…12
　　2　「子ども家庭支援の心理学」新設の意味…13

第2章　子育ての経験と親としての育ち

第1節　成長し続けること ……………………………………………………………… 16
　　1　子どもから大人へ…16　　　　　2　子育てへの自信…17

第2節　親になる …………………………………………………………………………… 17
　　1　子どもを持つ意志…17　　　　　2　育児準備…18
　　3　子どもを持つことへの不安…19

第3節　親をする …………………………………………………………………………… 20
　　1　親を始める…20
　　2　子育て中の手助けの必要性・不安…22
　　3　子どもの成長による悩みの変化…22

第4節　親としての育ち ………………………………………………………………… 24
　　1　子育てをとおしての成長…24　　　2　仕事への波及効果…25

第3章　親子関係・家族関係の理解

第1節　子どもからみた親 ……………………………………………………………… 28
第2節　家族ライフサイクル ………………………………………………………… 29
　　1　エリクソンの生涯発達理論と家族ライフサイクル…29
　　2　乳幼児がいる家族のライフサイクルと課題…30

第3節　乳幼児期の親子関係 ………………………………………………………… 32
　　1　親とは，親子とは…32　　　　　2　神話を壊す…32

3	母子関係…34	4	当事者意識と「ほどほど」…36

第4節 愛着と子育て ……………………………………………………………………… 37

1	愛着の中核…37	2	愛着の影響…37

第4章　多様な家族とその理解

第1節 現代における多様な家族 ………………………………………………………… 40

1	ひとり親家庭…40	2	ステップファミリー…41
3	養子縁組家庭・里親家庭…41	4	国際結婚…42
5	LGBTQ…42		

第2節 多様な家族に関する課題と行政などからの支援や対策 ………………………… 43

1	行政などからの全般的な支援…43
2	特に多様な家族に焦点を当てた支援…44
3	社会資源の活用による支援…45

第3節 多様な家族が抱える心理的な課題とその支援のあり方 …………………………… 46

1	親子の絆…46	2	ソーシャルワークによる支援…48

第5章　家族・家庭の意義と機能

第1節 家族・家庭とは …………………………………………………………………… 52

1	家族とは…52	2	家庭とは…54
3	世帯とは…54		

第2節 家族の形態とその変化 …………………………………………………………… 55

1	家族の形態…55	2	家族構成の核家族化…55
3	家族規模の縮小…57		

第3節 家族・家庭の機能とその変化 …………………………………………………… 58

1	家族・家庭の機能…58	2	家族の機能の変化…58
3	子育てにおける家族・家庭の機能…60		
4	家族の機能の変化と子ども家庭支援のあり方…62		

第6章　ライフコースと仕事・子育て

第1節 ライフコースと性別役割 ………………………………………………………… 64

1	ライフコースとは…64
2	ライフコースと性別役割による分業…65
3	女性のライフコースの多様性…66
4	男性のライフコースと子育て…67

第2節 子育て期のワーク・ライフ・バランス ………………………………………… 68

1	就業と子育てのバランス…68	2	ワーク・ライフ・アンバランス…68

		3　子育てと育児神話…70			4　海外のワーク・ライフ・バランス…71

第3節　ライフコースの心理学 ……………………………………………………………………72
　　　　1　ライフコース・アプローチ…72　　　2　ライフコース・レジリエンス…74
　　　　3　ライフコース選択…74

第7章　乳幼児期の発達とその基本的な関わり方

第1節　胎児期・乳児期（0〜2歳）の発達 ……………………………………………………76
　　　　1　胎児期の発達…76　　　　　　　　2　新生児期の発達…77
　　　　3　乳児期・トドラー期の発達…78

第2節　幼児期前期（3〜4歳）の発達 …………………………………………………………80
　　　　1　対人関係の発達…80　　　　　　　2　遊びの発達…81

第3節　幼児期後期（5〜6歳）の発達 …………………………………………………………81
　　　　1　他者意図理解の発達…81　　　　　2　社会化…83

第4節　発達を支えていくための視点 …………………………………………………………83
　　　　1　共同注意…83　　　　　　　　　　2　アタッチメント…84
　　　　3　アイデンティティ…85

第8章　学童期の発達とその基本的な関わり方

第1節　学童期とは ………………………………………………………………………………89
第2節　学童期の発達 ……………………………………………………………………………90
　　　　1　知的機能等の発達…90　　　　　　2　道徳性の発達…91
　　　　3　対人関係の発達…95

第3節　学童期の子どもへの基本的な関わり方 ………………………………………………95
　　　　1　学級集団…95　　　　　　　　　　2　反社会的行動と非社会的行動…96
　　　　3　いじめ…97　　　　　　　　　　　4　不登校…98

第9章　青年期の発達とその基本的な関わり方

第1節　青年期とは ………………………………………………………………………………100
　　　　1　発達段階…100　　　　　　　　　 2　身体的変化…101
　　　　3　対人関係の発達…102

第2節　青年期に生じる可能性のある問題とその支援 ………………………………………103
　　　　1　非　行…103　　　　　　　　　　2　ひきこもりなど…104
　　　　3　ライフスキル…104　　　　　　　4　ストレスとストレス・コーピング…105

第3節　キャリア発達 ……………………………………………………………………………108
　　　　1　キャリア発達の理論…108　　　　2　キャリア教育…109

第10章　成人期の発達とその基本的な関わり方

第1節　成人期の発達 ……………………………………………………………………………… 112

1　成人期の特徴…112　　　　　　　　2　成人期の課題…113

3　前成人期，成人になる過渡期の発達課題…113

4　成人期と中年期の発達課題　114　　5　世代間の伝達…114

6　ライフステージの変化とアイデンティティの再確立…115

第2節　成人期の支援 ……………………………………………………………………………… 116

1　職業選択とキャリア支援…116

2　職業を通じた発達——保育職を例として…116

3　育てる仕事の特性を知り支援する…117

4　アイデンティティの再確立を支援する…122

5　大人としての発達——子育てサークル参加者を対象にした調査から…123

第11章　老年期の発達とその基本的な関わり方

第1節　老年期の心身の変化 ……………………………………………………………………… 126

1　老年期とは…126　　　　　　　　2　老年期の知的能力…129

3　老年期の発達課題…131　　　　　　4　エイジング…133

第2節　老年期を取り巻く状況 …………………………………………………………………… 134

1　役割の変化…134　　　　　　　　2　喪失体験…134

3　エイジングパラドックス…136　　　4　死の受容…136

第3節　高齢化社会を考える ……………………………………………………………………… 137

1　高齢化社会の問題…137　　　　　　2　介護と支援…138

第12章　子どもの生活・生育環境とその影響および支援のあり方

第1節　少子化の現状と子育て支援 ……………………………………………………………… 141

1　少子化の現状と子どもへの影響…141　2　さまざまな少子化対策…142

3　少子化における子育て支援（保育者としてできること）…143

第2節　貧困の現状と子育て支援 ………………………………………………………………… 144

1　貧困の現状と子どもへの影響…144　　2　さまざまな貧困対策…145

3　貧困家庭への子育て支援（保育者としてできること）…146

第3節　虐待の現状と子育て支援 ………………………………………………………………… 147

1　虐待の現状と子どもへの影響…147　　2　さまざまな虐待防止対策…149

3　虐待が疑われる家庭への子育て支援（保育者としてできること）…150

第13章　子どもの健康に関わる問題と発達支援

第1節　「気になる」子どもとその養育者 ··· 154
    1　「気になる」子どもとは…154　　　2　「困っている」子どもと養育者…154

第2節　早期発見と療育のために ··· 156
    1　乳幼児健診と保育…156
    2　発達相談と保育のなかでみておきたいポイント…156
    3　発達を見通した支援と合理的配慮…158

第3節　子どもの発達の遅れや偏り ··· 159
    1　「発達がゆっくり」という捉え方…159　　2　知的障害（知的発達症）…159
    3　自閉スペクトラム症（ASD）…161　　　4　注意欠如多動症（ADHD）…162
    5　その他の乳幼児期からみられる障害…164

第14章　特別な配慮を要する家庭

第1節　日本語を母語としない子どもの家庭支援 ··· 167
    1　日本で過ごす日本語を母語としない子どもの現状…167
    2　保育の場における日本語を母語としない子ども…169
    3　日本語を母語としない子どもが置かれている家庭環境…171

第2節　医療的ケア児のいる家庭支援 ··· 172
    1　医療的ケア児とは…172　　　　　2　保護者への支援…173
    3　きょうだいへの支援…174

第3節　精神的な問題や障害を抱える保護者への家庭支援 ··· 175
    1　聞こえに困難を抱える家庭への支援…175
    2　加害者になった保護者の子どもへの支援…177

第15章　支援者としての保育者の心構え

第1節　日本における家族の行方 ··· 180
    1　前章までの振り返り…180
    2　子ども家庭支援をめぐる今後の課題…181

第2節　保育と心理学の専門性を活かした支援の意義 ··· 181
    1　エビデンスに基づいた支援の必要性…181
    2　受容と理解のために…183　　　　3　伝えることの大切さと注意点…185

第3節　保育者の役割 ··· 186
    1　保育者の立ち位置…186　　　　　2　専門性と資質の向上を目指して…187
    3　家庭のよき支援者として…188

演習問題解答例…191／さくいん……195

本文イラスト：大浦賢治

第1章 子育てを取り巻く社会的状況

学習のポイント

- 子育て家庭を取り巻く社会状況を把握しましょう。
- 生殖補助医療の実際について学びましょう。
- 「子ども家庭支援の心理学」を学ぶねらいを理解しましょう。

第1節 子育てと家族の今

1 現代日本の家族像

　少子化が社会問題となるなか、社会が子どものいる家庭を支援することは必須です。本章では、子育て家庭の実際を知り、なぜ支援者には心理学的素養が必要なのかを考えていきましょう。

　そのために、まず日本における子育て家庭がどのような状況にあるかを確認します。図1-1は日本の人口構成で、グラフが下にいくほど狭まっています。この図のように若年層が薄く高齢者層が厚いのは、少子高齢化を表しています。日本は世界で最も高齢化率の高い国のひとつなのです。

　子どもの数が高齢者人口よりも少なくなったのは1997年ですが、その傾向をいち早く捉えて世に問うたのが1992年の『国民生活白書』です。この白書の「少子社会の到来、その影響と対応」という項で、少子化が課題として取り上げられました。このように約30年も前に少子化が課題とされ、さまざまな対策がされたにもかかわらず、目立った成果が出ていません。子どもの数は減少しつづけ、今や子育て家庭の数は全世帯の18％となっています（図1-2）。

　そして2023年には出生数が約73万人となり、**合計特殊出生率**は1.20となりました（図1-3）。

　総人口に占める高齢者人口の割合の推移をみると、2023年は29.1％と過去最高を更新しています。国立社会保障・人口問題研究所によると、この割合は今後も上昇を続け、第2次ベビーブーム期（1971〜1974年）

ことば

合計特殊出生率
人口に対して生まれた子どもの数を表す指標のひとつ。

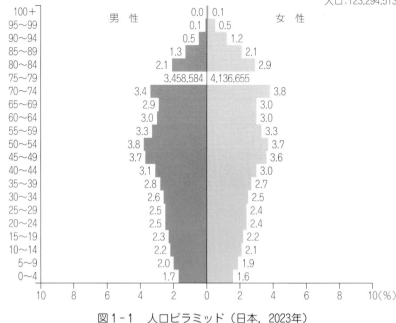

図1-1 人口ピラミッド（日本，2023年）

出所：Population Pyramid.net
https://www.populationpyramid.net/ja/%E6%97%A5%E6%9C%AC/2023/#google_vignette（2024年7月1日閲覧）

🍀ことば

核家族
夫婦と未婚の子どもで構成される家族のこと。夫婦のみの世帯やひとり親世帯も含まれる。

に生まれた世代が65歳以上となる2040年には34.8％になると推計されています。

子育て世帯の**核家族**化も進んでいることから3世帯などの大家族で暮らしていたり，1つの家庭に多くの子どもがいたり，地域に子どもがあふれていたりしたような時代は過去のものとなったことがわかります。

街に子どもの声があふれ，けんかをしたり泣いたり笑ったりという喧騒が当たり前ではなくなってしまったとき，子育て家庭はどのような立場におかれるでしょうか。たとえば，子どもの声がうるさいことを理由に公園自体が廃止されたり，公園はあってもボール遊びが禁止であったりと，子どもを取り巻く環境は次第に厳しいものとなりつつあります。

このような状況を反映しているのか，国際意識調査（図1-4）の子どもを生み育てやすい国かという質問においても，日本の回答として「全くそう思わない」「どちらかといえばそう思わない」を合わせると，6割を超えており，他国と比較して突出して育てにくい国だと人々から認識されています。

2 少子化の原因

では少子化の傾向が続く原因には，いったいどんなものがあるでしょ

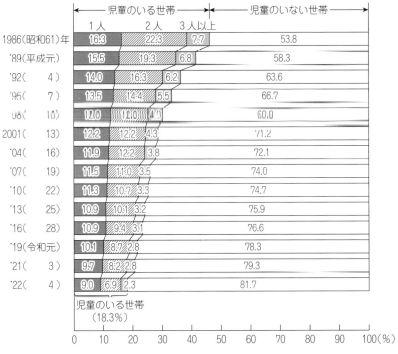

図1-2 児童の有（児童数）無の年次推移

注：1）1995（平成7）年の数値は，兵庫県を除いたものである。
　　2）2016（平成28）年の数値は，熊本県を除いたものである。
　　3）2020（令和2）年は，調査を実施していない。
出所：https://www.mhlw.go.jp/toukei/saikin/hw/k-tyosa/k-tyosa22/dl/02.pdf（2024年7月1日閲覧）

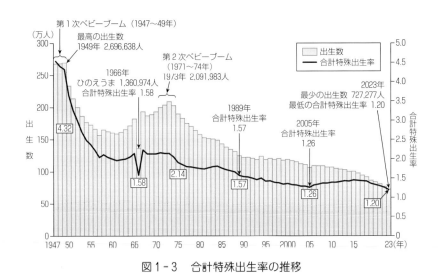

図1-3 合計特殊出生率の推移

出所：厚生労働省「令和5年（2023）人口動態統計月報年計（概数）の概況」
　　　https://www.mhlw.go.jp/toukei/saikin/hw/jinkou/geppo/nengai23/dl/gaikyouR5.pdf
　　　（2024年12月12日閲覧）

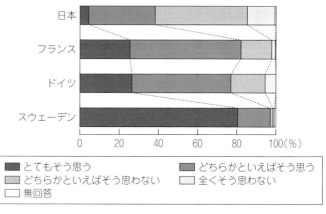

図1-4 子どもを生み育てやすい国だと思うか

子どもを生み育てやすい国、「思わない」が過去最多61％…国際意識調査で日本が突出
出所：内閣府（2020）「少子化社会に関する国際意識調査」
　　　https://www.yomiuri.co.jp/national/20210616-OYT1T50099/（2024年7月1日閲覧）

表1-1　日本における男女の平均初婚年齢

	男 性	女 性
1995年	28.5歳	26.3歳
2023年	31.1歳	29.7歳

出所：厚生労働省「令和5年（2023）人口動態統計月報年計（概数）の概況」
https://www.mhlw.go.jp/toukei/saikin/hw/jinkou/geppo/nengai23/dl/gaikyouR5.pdf（2024年12月12日閲覧）

うか。昨今では経済的要因以外に晩婚化と非婚化が指摘されています。晩婚化についてですが、厚生労働省の調査によると2023年時点の平均初婚年齢は男性31.1歳・女性29.7歳でした。表1-1のように、1995年と比較すると男女それぞれ3歳ほど結婚する年齢が遅くなっていることがわかります。

次に非婚化についてですが、『少子化社会対策白書 令和4年版』（内閣府, 2022）によると、2020年の**生涯未婚率**は、男性28.3％・女性17.8％という結果でした。生涯未婚率の推移（図1-5）をみると、年を追うごとにその率が高くなっていることがわかります。

晩婚化だけでなく、価値観が合う人との出会いがない、好きな相手がいても経済力に不安があるなどの理由から結婚に至らない不本意未婚の人たちや、最初から孤独を好みパートナーを求めない非婚の人たちの増加など、これらの複合要因で少子化の勢いが衰えないのです。

海外では**非嫡出子**などへの制度的不平等が少ないため未婚で子どもを産むケースもありますが、日本においては制度が整っていないこともあり、結婚と出産との結びつきが強くなるため、非嫡出子が約2％（図

ことば

生涯未婚率
将来的に未婚の状態が続くと想定される人がどれくらいいるかを表すもの。45～49歳、および50～54歳の未婚率の平均値から、50歳の時点で結婚の経験がない人の割合を求めたもの。

ことば

非嫡出子
法律上の婚姻関係にない男女の間に生まれた子どものことを指す。婚外子ともいう。

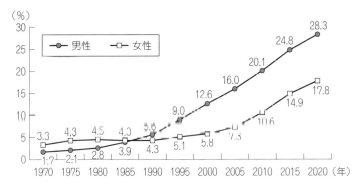

図1-5　生涯未婚率の推移

「男性の生涯未婚率28.3％」の一方で「年収900万円超の30代後半の男性，9割が既婚者」の現実が示す，残酷な未来図
出所：THE GOLD ONLINE
　　　https://gentosha-go.com/articles/-/50689（2023年4月5日閲覧）

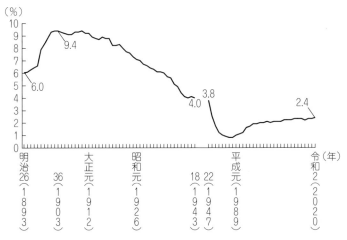

図1-6　婚外子の割合の推移

備考：1）1893(明治26)年から1898(明治31)年は内閣統計局「日本帝国統計摘要」より作成。
　　　2）1899(明治32)年から2020(令和2)年は厚生労働省「人口動態統計」より作成。
出所：男女共同参画局（2020）「婚外子の割合の推移」
　　　https://www.gender.go.jp/about_danjo/whitepaper/r04/zentai/html/zuhyo/zuhyoc02-02.html（2024年7月1日閲覧）

1-6，男女共同参画局，2020）と他国と比較して極端に低くなっています（図1-7）。

　そのため日本は，夫婦と子どもという伝統的家族観にとらわれすぎないよう社会の認識を変えたり，他国の制度を研究し制度的不平等を解消したりする必要があるといえるでしょう。

　次に晩婚化・非婚化以外の要因をみていきましょう。国民生活基礎調査（2022）によると，子育て家庭の共働き率は約80％です。両親ともに働きながら子育てをするわけですから，多忙な子育て家庭が増えているといえます。そのなかで，子育て家庭における子どもの数はどうなっているでしょうか。結婚持続期間15〜19年の夫婦の出生子ども数の分布が

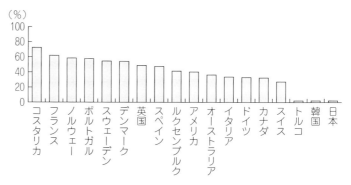

図1-7 婚外子割合の国際比較

出所：内閣府（2021）「令和5年度 年次経済財政報告」
https://www5.cao.go.jp/j-j/wp/wp-je23/h07_cz0201.html（2024年7月1日閲覧）

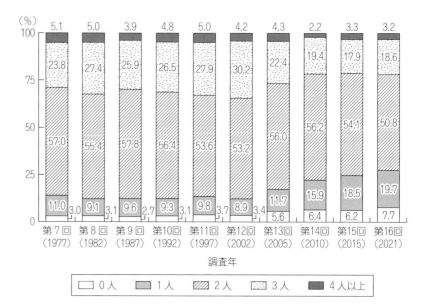

図1-8 結婚持続期間15～19年の夫婦の出生子ども数の分布

注：対象は結婚持続期間15～19年の初婚どうしの夫婦。第15回以前は妻の調査時年齢50歳未満，第16回は妻が50歳未満で結婚し，妻の調査時年齢55歳未満の夫婦について集計。出生子ども数不詳を除く。第16回について妻の年齢50歳未満に限定した場合，0人（5.5％），1人（18.1人），2人（52.9％），3人（20.2％），4人以上（3.4％）。
出所：国立社会保障・人口問題研究所（2022）「第16回出生動向基本調査 結果の概要」
https://www.ipss.go.jp/ps-doukou/j/doukou16/JNFS16gaiyo.pdf（2024年7月1日閲覧）

図1-8です。

この図によると2021年では子どもの数0人（7.7％），子どもの数1人（19.7％），子どもの数2人（50.8％），子どもの数3人（18.6％），4人以上（3.2％）となっており，婚姻している夫婦だけを取り出してみると，子ども2人をもうけている家庭が約半数であることがわかります。

しかし，それでも出生した子どもの数は，本来夫婦が希望していた子どもの数よりも少ないのです。出生動向基本調査（国立社会保障・人口問題研究所，2021）によると，夫婦が理想とする子どもの数は2.25人なの

に対し，夫婦の最終的な子ども数を示す「完結出生子ども数」は1.90人と過去最低を更新しました。

理想とする人数の子どもを持たない理由のトップが経済的要因です。国際意識調査（内閣府，2021b）において，子育てにかかる経済的な負担を複数回答で聞いたところ，日本では「学習塾など学校以外の教育費」が59％と支出項目のなかで最多でした。

内閣府の担当者は「日本は若い世代を中心に，生活の安定や将来の見通しが弱く，子どもを持つことをためらう要因になっている」と分析しています。先述した晩婚化・非婚化に加えて，子育てにかかる費用が嵩むことも大きな問題となっており，少子化に拍車がかかっていることがわかります。

第2節 子育て家庭への支援

1 孤育を支えるための支援

現代の子育て家庭ですが，共働きの増加だけでなくひとり親家庭の増加などもあり，その家庭ごとの状況が多様化してきています。図1-9をみると，ひとり親家庭数は微減にみえますが，婚姻数自体が減っているなかでほぼ横ばいだといえます。

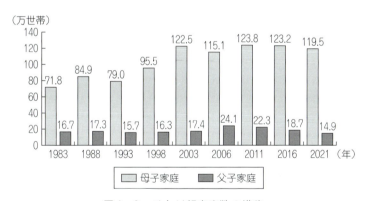

図1-9　ひとり親家庭数の推移

母子家庭・父子家庭，前回調査に比べ減少も…正規雇用率の男女差から所得格差に
ひとり親家庭，高校卒業後の進路にも影響
出所：厚生労働省（2022）「令和3年度　全国ひとり親世帯等調査結果の概要」

また文部科学省（2021）は「外国人児童生徒等教育の現状と課題 2021」において，日本語指導が必要な生徒が10年間で1.8倍になったと発表しています。同じく文部科学省（2022）の「『通常の学級に在籍する特別な教育的支援を必要とする児童生徒に関する調査』結果」によると，通常学

級(35人)であれば特別な支援を要する児童が1クラスに3人おり，特別支援学級に入る児童生徒数はこの10年で倍増しているということです。

このような傾向は，もちろん就学前保育においても同様で，多様化している子育て家庭の保護者はそれぞれに困難を抱えています。子育てについての困り感があっても相談先がないということもあり，その孤立感から**児童虐待**につながることもあります。このような孤独な育児を**孤育**といいます。社会としては，そういった子育て家庭が円滑に育児ができるよう，支援をしていかなければならないのです。それでは，なぜ社会が一般家庭を支援する必要があるのか，みなさんは考えたことがありますか。

かつては家庭のことは各自で責任を負うのだという自己責任論があり，それが支持されてきましたが，現在ではその家庭だけで子育てをするには負担感が大きくなってきているといわれています。またそれを裏付けるように児童虐待の数も増え続けているため，社会が積極的に各家庭に手を差し伸べるべきだという考え方が台頭してきたのです。

現在では，「子育て」は次代の担い手を育成する営みであること，子育て家庭だけが責任を負うものではなく，保護者が安心して育児にあたれるよう社会全体で支援する必要があること，こういった考え方が基礎になっており，2023年に新設されたこども家庭庁においても，「こどもまんなか」という施策がとられています。そのため**無園児**といわれるどこの園にも通っていない子ども(図1-10)についても対策がとられ始めました。

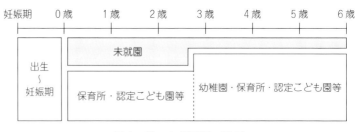

図1-10　未就園児の範囲

出所:『日本財団ジャーナル』2023年5月22日
https://www.nippon-foundation.or.jp/journal/2023/88688/childcare (2024年7月1日閲覧)

可知(2019年発表)によると3～5歳の未就園児は5.4万人に及んでいるとのことです。こども家庭庁は2024年から「**こども誰でも通園制度**」の試行として，およそ150の自治体での実施を想定し公募を行い，一部試行が始まっています。もちろんこれらの対策は子どものためでもありますが，どの園にも通っていないことで保護者が孤立感を深めてしまうことのないように，という意図があります。

2 男性の育児参加の効果と育児うつ

共働き家庭が約80%であることから、子どものいる家庭の保護者は仕事と育児の両立が必要になってきています。とはいえ、**性別役割分担意識**の強い日本では、共働きであっても家事・育児負担が女性に偏りがちです。実際のところ、男性の育児参加はどのような状況なのか確認してみましょう。2022年度の男性の育児休暇取得率をみると17.13%（女性の取得率80.2%）と振るいません。

そこで2022年10月、男性の育児休暇取得推進のために、国は「**出生時育児休業**」（通称産後パパ育休）の制度を新設しました。厚生労働省も、育児休業中の給付について、両親がともに14日以上の育児休業を取得した場合は、手取り収入が休業前の実質8割になっている現状を、実質10割になるよう引き上げる案を出しています。

このように、女性に偏りがちであった育児を改善していこうという動きには理由があります。図1-11をみるとわかるように、男性の家事・育児参加率と出生率はリンクするからです。

図1-11 3カ国の家事・育児の男女分担役割と出生率（2020年）

男性の育児分担で出生率低下を食い止められる？ 日本は欧米の半分以下 米ハーバード大教授が比較研究
出所：『東京新聞』2023年3月5日
https://www.tokyo-np.co.jp/article/234666 （2024年7月1日閲覧）

男性の家事・育児参加率が高いと、女性は第2子をもうける気持ちの余裕が出てくることがわかります。それだけでなく産後崩れがちな心身のバランスを整えるうえにおいても、出産した女性以外に家事・育児ができる人がいることは必要不可欠です。

女性が慣れない育児をするなか、自分以外に頼れる人がいない場合、追い詰められた気持ちになり孤独感が高まり、そして落ち込んでしまい、**産後うつ**につながる可能性もあります。ホルモンバランスの変動が産後うつの主たる要因なので、その変動が落ち着けば自然に改善されますが、長引く場合はなんらかの対応が必要になります。病院に行くだけでなく、周囲の人がうつ状態にある人を休ませたり睡眠がとれるよう取り計らったり、体を動かすよう支援したり、この症状には原因があると理解させ

ことば

性別役割分担意識
男女を問わず個人の能力等によって役割の分担を決めることが適当であるにもかかわらず、「男は仕事・女は家庭」「男は主要業務、女は補助的業務」等のように、男性・女性という性別を理由として役割を分ける考え方を指す。

出生時育児休業
従業員が、子どもの出生後8週間以内に最大4週間まで取得することができる制度を指す。

ことば

産後うつ
分娩後の数週間、ときには数カ月後まで続く極度の悲しみやそれに伴う心理的障害がおきている状態を指す。女性が産後うつを発症する割合は諸説あるが、およそ10～20%である。産後うつの発症原因としては、ホルモンバランスの乱れや育児不安、環境変化によるストレスなどの複合的な要因が考えられる。

たりする必要があります。

このように男性の育児参加は，新生児を抱える女性の心身の回復に役立ち，また次子をもうけようと考える前向きな要因にもなりうると覚えておきましょう。

第3節　生殖補助医療と喪失

1　晩婚と不妊の関係

みなさんは不妊治療という言葉を聞いたことがありますか。妊娠を希望しているのにもかかわらず妊娠に至らないため，治療を受けることを不妊治療といいます。WHO の発表によると，世界的にみてカップルの6組に1組は不妊治療に進むということです。日本においては2020年度の数字をみると，4.4組に1組となります。不妊の原因はさまざまで，男女のどちらか，あるいは両方に問題がある場合，また原因不明の場合もあります。

第1節第2項で晩婚化というキーワードが出ましたが，晩婚化と不妊治療には関係があります。晩婚だと高齢出産となることが多く，その場合は医学的にハイリスク妊娠に分類されます。それだけでなく年齢を経るごとに男女ともに妊孕性が減少するため，妊娠を希望していても妊娠に至らず不妊治療につながるケースが多いのです。

不妊治療は言い換えると生殖補助医療（assisted reproductive technology：ART ／高度生殖医療）です。日本では高度生殖医療で出生した子どもが増えており，2021年は過去最多で6万9797人でした。2021年の総出生数は81万1622人でしたので，11.6人に1人が生殖補助医療で生まれているということになります（図1-12）。

このように，生殖補助医療が進んできたため，厚生労働省は社会の要請をうけ，2022年に不妊治療の一部を保険の適用対象としました。生殖補助医療への支援を手厚くしたということで，これまで以上に生殖補助医療による出生は増えていくものと思われます。

2　生殖医療の進展とその影響

生殖補助医療を始める人は，医師からうまくいくケースばかりではないと最初にリスクを説明されることでしょう。たとえば無事に一人目を授かったとしても二人目不妊という言葉があるくらい，妊娠・出産は簡単ではないのです。

❀ことば

高齢出産
女性が35歳以上ではじめて子どもを出産することを指す。

ハイリスク妊娠
妊娠中・出産時・産後，母体または胎児（新生児）に，健康上の問題や合併症がおこる危険性がある，もしくは死の危険があるなど，なんらかのリスクを伴う可能性のある妊娠を指す。

妊孕性
生殖機能とほぼ同義で男女における妊娠に必要な機能を指す。

生殖補助医療
妊娠を成立させるためにヒトの卵子と精子，あるいは胚を取り扱うことを含むすべての治療あるいは方法を指す。

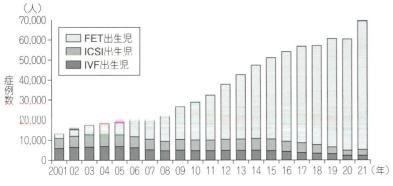

図1-12　生殖補助医療，体外受精による出生児数

出所：杉山産婦人科HP（2023年8月30日公表）
https://www.sugiyama.or.jp/information/shinjuku/NEWS-00449（2024年7月1日閲覧）

ことば

FET
Frozen embryo transfer
凍結融解胚移植

ICSI
Intracytoplasmic sperm injection
顕微授精

IVF
In vitro fertilization-embryo transfer
体外受精

　実際，生殖補助医療を使って出産に至る確率は10～30％といわれています。この確率の少なさから，何度挑戦しても妊娠に至らないケースや妊娠したものの流産してしまうケースなどがあるだろうと考えられます。

　人が愛着した対象を失うことを「対象喪失」といいますが，そんなとき人は悲しみや無力さ，後悔や孤独を感じることでしょう（第11章第2節4死の受容参照）。生殖補助医療を通じて妊娠に挑んでいる人たちは，こうした心理的状態にあるだろうと考えられます。

　また喪失とは死だけを意味するのではありません。たとえば子どもに障害があるとわかった場合も同じです。人が持つ何らかの対象への大きな期待や希望について，それが打ち砕かれるとき，喪失という感情になるのです。

　2015年にコロンビア大学教授のピーター・ベアマンらは，長期大規模疫学調査の結果「顕微授精に代表される生殖補助医療で生まれた子どもは，自然に妊娠して誕生した子どもに比べて自閉症スペクトラム障害であるリスクが2倍である」と公表しました。その他，ダウン症などの染色体異常による障害や脳の機能障害である自閉症など障害が生じる原因はさまざまです。授かった子どもに障害があると知ったとき，保護者は喪失の気持ちを持つだろうと考えられます。

　保育の現場においては，上記のような「喪失」を念頭に，保護者の様子がいつもと違うと感じたときには，さまざまなケースを想定して，言葉を選びながら声をかけ寄り添い支援しましょう。

第 4 節　豊かな子育て家庭支援にむけて

1　子育て支援とその担い手

　子育て支援を具体的に考えたとき，その支援の担い手とは誰なのでしょうか。日本においては，通常子どもが生まれると役所に届け出をします。そのことによって，その子どもは社会の一員として登録され，必要なときに役所から予防接種や定期健診などの通知が届きます。定期健診では生後 1 カ月健診や 3 ～ 4 カ月健診など成長とともに，医師や助産師が健診や助言をしてくれます。

　しかしこれはそのときだけのことであり，子育て家庭を支えるのは，保育所の保育士あるいは幼稚園教諭（認定こども園・保育教諭）などのような，日常的にコミュニケーションをとる人たちが主となるでしょう。保護者は，子どもを園に通わせることで，育児していくうえでの困りごと，たとえばミルクの飲み具合のことやトイレトレーニングなどのことを気軽に相談できるようになります。

図 1-13　子育てに悩む母親と相談にのる保育者

　さらに保育士は保育所や認定こども園だけでなく，障害児施設や児童発達支援センター等の児童福祉施設でも活躍していることから，より複雑な心理状況にある人への対応力も求められます。もちろん，幼稚園教諭の職務範囲においても同等の実力が必要とされます。保育の現場には発達障害を持つ子どもや外国籍の子どもなど多様な背景を持つ子どもが増加しているという現状があるからです。

　保育所保育指針の総則 1「保育所保育に関する基本原則」(1)のウには，以下のように保育所の役割として保護者支援が挙げられています。

> 　保育所は，入所する子どもを保育するとともに，家庭や地域の様々な社会資源との連携を図りながら，入所する子どもの保護者に対する支援及び地域の子育て家庭に対する支援等を行う役割を担うものである。

　ここで SDGs について考えてみましょう。世界にはさまざまな課題があり，人々はその危機感から2030年までに達成すべき具体的な目標を立

図1-14　SDGs

出所：国際連合広報センターHP
https://www.unic.or.jp/activities/economic_social_development/sustainable_development/2030agenda/（2024年7月1日閲覧）

てました。それが「持続可能な開発目標」（Sustainable Development Goals：SDGs）（図1-14）です。その17の目標のうち、3について取り上げます。到達すべき目標3は、「すべての人に健康と福祉を」というものです。

ここでは「あらゆる年齢のすべての人々の健康的な生活を確保し、福祉を促進する」ということがテーマとなっており、身体だけでなく精神的にも健康で差別されることのない、健康に恵まれた世界の実現が目指されているわけです。

少し話が大きくなってしまったようですが、保育という日々の営みのなかで、SDGsを意識した保育を行うことや保護者の困りごとを解決すること、それらがひいては、この目標3を達成することにつながるのだと考えるとよいでしょう。

2　「子ども家庭支援の心理学」新設の意味

これまでみてきたように、子育て家庭を取り巻く環境はめまぐるしく変わっています。保育所保育指針は、そのような状況に合わせ定期的に改定されていますが、2017年の改定ではそれと同時期に、「より実践力のある保育士養成」を目指し、保育士養成課程等の見直しも行われました。刷新された新カリキュラム（2019年度入学生から適用）では、新科目である「子ども家庭支援の心理学」が示されました。

この科目は、これまでにあった科目「保育の心理学」や「子どもの保健」「家庭支援論」などの内容を整理して新設されたものです。具体

には，「保育の心理学」からは生涯発達と初期経験の重要性が，「子ども
の保健」からは子どもの精神保健が，「家庭支援論」からは家庭の意義
と機能・子育て家庭を取り巻く社会状況が，この「子ども家庭支援の心
理学」へと教授内容を移されました。

この新科目の設定には，保育者を目指す人たちについて，心理学の習
得や理解にとどまらせず保育とリンクさせ，保育現場で心理学的知識を
活かせる人となってほしいというねらいがあります。

子ども家庭支援を簡単に説明すると，「支援を必要とする子育て家庭
に働きかけて，その家庭に必要な子育て支援が円滑に利用できるよう，
情報提供ならびに助言を行い，また各関係機関との連絡調整を実施する
こと」です。「心理学」とは人の心を解明する科学です。多様な支援
ニーズを持つ家庭が増加してきている現在，保育者はそれら一つひとつ
に対してニーズに合った子育て支援をしていく必要があります。

そのため保育者を目指す人たちは，この科目での学びをとおし心理学
的素養を培うことが必要なのです。第2章以降では子ども家庭支援につ
いて，その具体的な支援場面と心理的援助の方法を学んでいきましょう。

演習問題

① 「対象喪失」とはどのようなことを指すでしょうか（第3節第2項参照）。
② 子ども家庭支援の心理学という科目が創設されたねらいは何でしょ
うか（第4節第2項参照）。

【引用・参考文献】

男女共同参画局（2020）「婚外子の割合の推移」
https://www.gender.go.jp/about_danjo/whitepaper/r04/zentai/html/zuhyo/
zuhyoc02-02.html（2024年7月1日閲覧）

可知悠子（2023）「幼稚園，保育所に通わない3〜5歳の未就園児は5.4万人。
研究者に背景と課題を問う」『日本財団ジャーナル』2023年5月22日
https://www.nippon-foundation.or.jp/journal/2023/88688/childcare（2024年7
月1日閲覧）

国民生活基礎調査（2022）「児童のいる世帯における母の仕事の状況の年次推移」
https://www.mhlw.go.jp/toukei/saikin/hw/k-tyosa/k-tyosa22/dl/02.pdf
（2024年7月1日閲覧）

国立社会保障・人口問題研究所（2021）『人口統計資料集』
https://www.ipss.go.jp/syoushika/tohkei/Data/Popular2023/T07-10.htm
（2023年7月1日閲覧）

国際連合広報センターHP
https://www.unic.or.jp/activities/economic_social_development/sustainable_
development/2030agenda/（2024年7月1日閲覧）

厚生労働省（2022）「令和 3 年度　全国ひとり親世帯等調査結果の概要」
https://www.cfa.go.jp/assets/contents/node/basic_page/field_ref_resources/
f1dc19f2-79dc-49bf-a774-21607026a21d/9ff012a5/20230725_councils_shingikai_
hinkon_hitorioya_6TseCaln_05.pdf（2024 年 7 月 1 日閲覧）

厚生労働省（2023）『不妊治療と仕事との両立サポートハンドブック』
https://www.mhlw.go.jp/content/11909000/001073887.pdf（2024 年 7 月 1 日
閲覧）

久保井インキ（2022）「従業員の不妊治療に特別有給休暇と治療費の支援制度を
導入します」『PRTIMES』
https://prtimes.jp/main/html/rd/p/000000002.000076131.html（2024 年 7 月 1
日閲覧）

文部科学省（2021）「外国人児童生徒等教育の現状と課題 2021」
https://www.bunka.go.jp/seisaku/kokugo_nihongo/kyoiku/taikai/r04/
pdf/93855301_06.pdf（2024 年 7 月 1 日閲覧）

文部科学省（2022）「『通常の学級に在籍する特別な教育的支援を必要とする児
童生徒に関する調査』結果」
https://www.mext.go.jp/content/20230524-mext-tokubetu01-000026255_01.pdf
（2024 年 7 月 1 日閲覧）

内閣府（2021a）「子育てに関する当事者の意識・声（意識調査等から）」
https://www.cas.go.jp/jp/seisaku/kodomo_seisaku_yushiki/pdf/230328_
betten5.pdf（2024 年 7 月 1 日閲覧）

内閣府（2021b）「少子化社会に関する国際意識調査　子育てに関する当事者の
意識・声　妻の年齢別にみた理想の子どもの数を持たない理由【顕微受精児
の先天異常調査】　自閉症など発達障害の確率が増加と報告」
https://kuroda-imr.com/column/228（2019 年 1 月15日閲覧）

内閣府（2022）『少子化社会対策白書 令和 4 年版』日経印刷

日本経済新聞（2022）「未婚女性の子ども希望数1.79人，初の 2 人割れ」2022年
9 月10日
https://www.nikkei.com/article/DGXZQOUA08AYC0Y2A900C2000000/
（2024 年 7 月 1 日閲覧）

日本 WHO 協会（2023）「世界では 6 人に 1 人に不妊の影響」
https://japan-who.or.jp/news-report/2304-11/（2024 年 7 月 1 日閲覧）

大神優子（2023）「保育者養成校における心理学教育の役割」『保育と心理学
心理学ワールド』日本心理学会
https://psych.or.jp/publication/world085/pw04/（2023年11月 9 日閲覧）

総務省統計局（2021）「人口統計基本集計　結果の概要（2020）」
https://www.stat.go.jp/data/kokusei/2020/kekka/pdf/outline_01.pdf（2024 年
7 月 1 日閲覧）

東京経済エデュケーション（2023）「発達障害の増加で『児童精神科の待機問
題』が深刻　通常学級の11人に 1 人，特別支援学級の子も倍増」
https://toyokeizai.net/articles/-/698503（2024 年 7 月 1 日閲覧）

全国保育団体連絡会編集（2023）『保育白書　2023年版』ちいさいなかま社

第2章 子育ての経験と親としての育ち

学習のポイント

- 子どもと関わる機会がないまま親になった人の支援を考えてみましょう。
- 子どもの成長に応じて変化する保護者の悩みをどう支援できるでしょう。
- 子育てをとおして，親として，働く人として何が成長するか考えてみましょう。

第1節 成長し続けること

1 子どもから大人へ

本章のテーマは「**成長**」です。といっても，子どもではありません。大人の成長，親としての成長について考えていきます。イメージしやすいように，まずは事例から考えていきましょう。

> 【事例2-1 子どもの自分から見た大人，大人の自分から見た大人】
>
> 幼い頃，1歳上の兄がとても大きく見えた。小学生の頃は，中学生が随分と大人に見えて憧れた。そして，中学生になると高校生が大人に，高校生になると大学生が大人に，大学生になると社会人が大人に見えた。さて。今度は自分の番。いざ大人になったわけだが，思い描いていたほど，大人じゃないなぁ。知らないこと，できないことがたくさん。むしろ，知っていること，できることの方が圧倒的に少ない。どうやら，大人になったら完成，というわけではなさそうだ。大人になってからも，成長は続くようだ。

みなさんには事例のような経験はないでしょうか。ほんの少し年上なだけで，相手がすごく大人に見える。中学や高校であれば，部活の先輩など1・2学年上なだけで，大人びて見えなかったでしょうか。そして，反対に自分が先輩の立場になったときに，そこまで大人にはなっておらず，後輩の立場から見えていたものとのギャップを感じたり，先輩として成長しようと必死に努力したりした経験もあったかもしれません。

事例2-1にあるように，子どもはいうまでもなく，大人であっても，経験や努力をとおして成長します。大人が成長する機会としては，仕事

プラスα

成長

成長に似た単語として，発達，成熟，学習，育ちなどがある。学術的には区別されるものであるが，本章ではこれらをすべてまとめて「成長」として表現する。

がイメージしやすいでしょう。職務を遂行することをとおして，日常業務のなかで使う知識・スキルはもちろん，考え方や感情との向き合い方なども成長していきます。そして，成長の機会は，保護者が子育てをしているなかでも訪れます。

2　子育てへの自信

　上述したように，保護者は子育てのなかで，大人として，そして親として成長していきます。子どもが0歳であれば，親も親0歳です。次の子どもが生まれれば，2人の子どもを持つ親として親0歳です。初めてのこと，わからないことだらけのなかで子どもと関わり，不安や喜びを感じながら，親として育っていきます。それでは，子育てのなかで保護者が成長することに対して，保育者はどう関わっていくことができるでしょうか。

　この点について，『保育所保育指針解説』（厚生労働省，2018）では，「保育士等が保護者の不安や悩みに寄り添い，子どもへの愛情や成長を喜ぶ気持ちを共感し合うことによって，保護者は子育てへの意欲や自信を膨らませることができる。保護者とのコミュニケーションにおいては，子育てに不安を感じている保護者が子育てに自信をもち，子育てを楽しいと感じることができるよう，保育所や保育士等による働きかけや環境づくりが望まれる」（下線引用者）とあります。この箇所から，保護者が自分の子育てに不安を持っていること，子どもが成長する姿を見て，それを保護者と共感し合うことをとおして，自分の子育てに自信を持つようになるという成長プロセスを見ることができます。また，『保育所保育指針解説』では，「保護者の養育力」という言葉も出てきます。

　それでは，保護者の成長プロセスのなかで，子育てをとおして保護者の何がどう成長していくのか，そして保護者自身は自分の成長についてどう感じているのかをみていきましょう。

第2節　親になる

1　子どもを持つ意志

　「親になる」のは，どの時点でいえることなのでしょう。子どもが生まれたとき，妊娠したときというのがまず浮かびます。また，子どもが生まれてからしばらくして，親が「自分はこの子の親だ」という自覚を持ったとき，という場合もあるかもしれません。本章のテーマである「成長」

プラスα

保護者の養育力
同解説のなかでは，「保護者の養育する姿勢や力の発揮を支えるためにも，保護者自身の主体性，自己決定を尊重することが基本」とされている。保護者が主体性を持って自分で決めたと感じられるからこそ，養育力の発揮・向上につながるといえる。

ことば

養育行動

生存可能性を高めるために，養育者から子どもへ働きかけるものを養育行動という。反対に，生存可能性を高めるために，子どもから養育者へ働きかけるものはアタッチメント（愛着）という。アタッチメントについては，第3章・第7章を参照。

からみたとき，いずれも重要なプロセスです。さらに，これらより以前のプロセスも存在します。時間を遡ったところから，みていきましょう。

養育者が子どもの生存可能性を高める行動を「**養育行動**」といいます。具体例としては，授乳，抱き，住居の確保，敵からの保護などが挙げられます。また，このような養育行動役割を担うことは，「**親性**」と呼ばれています（田中，2021）。

養育行動も親性も，専門性を必要とするものではなく，親であれば当たり前に備えているものにみえるかもしれません。しかし，これらは，親になったからといって，即座に備わるものでは必ずしもありません。最近では，少子化が進み，幼い子どもと接することがないままに親になることも増えています。そこで実際には，子どもと関わるなかで適切な養育行動が身についたり，親性が芽生えたりすることになります。

このような状況に対して，親になるための意識・心理状態の準備，すなわち「**親性準備性**」を高める必要性も指摘されています（伊藤，2003）。具体的には，中学生・高校生の段階から，男女ともに家庭科での保育体験や赤ちゃんと触れ合う機会を設けることで，子どもや子育て，親になることに意識を向けるということになります。このように意識を高めるプロセスに加え，実際にともに子どもを育てるパートナーと出会い，互いの思いが一致して，「子どもを持つ」という段階に至ります。

2　育児準備

妊娠から出産の間には，モノ，場所，生活リズム，育児方法，気持ちなどさまざまな準備があります。準備にあたっては，さまざまな情報が必要になります。この点について，牧野らが行った国際比較調査があります（表2-1）。2006年の時点で，日本では「育児の本を読んだ」が最も多く，「親から教えてもらった」が続いています。「親戚や知人の子どもの世話」「小さい弟や妹の世話をした」といった子どもと直接関わる経験は，その次となります。また，「出産前教室」「両親学級」「ママパパ教室」などの名称で公的に開催される「地域の学級・講座に参加」も活用されています。一方，韓国を除く他の国では，子どもと直接関わる機会が上位に上がっています。20年近く前の国際比較ですので，国際的な傾向は変わっている可能性があります。しかし，現在の日本をみる限り，「子どもと直接関わる機会が少ない」という傾向は大きく変わっていないと推測されます。インターネット，スマホの普及により手軽に情報を得られる一方，どの情報が確かなものであるか判断できず，不安になる保護者もいることが予想されます。

表2-1　親になることについての学習・経験

	日本	韓国	タイ	アメリカ	フランス	スウェーデン
第1位	育児の本を読んだ 29.9	育児の本を読んだ 25.0	親戚や知人の子どもの世話 35.1	親から教えてもらった 54.6	小さい弟や妹の世話をした 28.1	親戚や知人の子どもの世話 38.8
第2位	親から教えてもらった 29.4	テレビなどで学んだ 14.8	小さい弟や妹の世話をした 32.4	親戚や知人の子どもの世話 39.2	親から教えてもらった 27.4	親から教えてもらった 38.7
第3位	親戚や知人の子どもの世話 28.6	親戚や知人の子どもの世話 14.2	親から教えてもらった 23.1	よits家のベビーシッター 37.7	親戚や知人の子どもの世話 19.3	よその家のベビーシッター 36.5
第4位	小さい弟や妹の世話をした 18.2	親から教えてもらった 11.2	育児の本を読んだ 11.4	小さい弟や妹の世話をした 36.0	よその家のベビーシッター 18.8	小さい弟や妹の世話をした 31.7
第5位	テレビなどで学んだ 11.3	学校の授業で学んだ 5.7	テレビなどで学んだ 8.0	育児の本を読んだ 25.5	育児の本を読んだ 15.5	育児の本を読んだ 31.1
第6位	地域の学級・講座に参加 10.9	小さい弟や妹の世話をした 4.9	よその家のベビーシッター 5.0	学校の授業で学んだ 13.2	テレビなどで学んだ 6.3	地域の学級・講座に参加 19.8
第7位	学校の授業で学んだ 6.6	地域の学級・講座に参加 3.4	学校の授業で学んだ 1.0	地域の学級・講座に参加 11.4	学校の授業で学んだ 4.2	学校の授業で学んだ 19.3
第8位	よその家のベビーシッター 1.4	よits家のベビーシッター 0.9	地域の学級・講座に参加 0.6	テレビなどで学んだ 10.8	地域の学級・講座に参加 2.0	テレビなどで学んだ 11.2
平均回答項目数	1.36	0.80	1.17	2.28	1.21	2.27

出所：国立女性教育会館（2006）『家庭教育に関する国際比較調査報告書』石井印刷

3　子どもを持つことへの不安

　第1節で『保育所保育指針解説』のなかから紹介したように，「自分の子育ての方法は合っているのだろうか」「また仕事に戻れるだろうか」など，子育てにはさまざまな不安がつきまといます（育児不安）。本章のテーマに沿って，「子どもを持つこと」への不安に関わるエピソードを1つみてみましょう。

🍀ことば

育児不安

育児のなかで生まれる，持続し蓄積された不安。現状や将来，育児のやり方や結果に対する漠然とした恐れを含む。その中身は社会情勢とともに変化しており，「子育てだけをしている焦り」や「夫の育児不参加への不満」も含まれる。

【事例2-2　あの瞬間に夫は父になった！　自覚ない夫が不安だった私に見せたい，今】
　息子を妊娠中，ちょっと不安に思っていることがありました。私の夫は父親になることにあまりピンとこないのか，妊婦健診についてきてくれたことも，お腹に話しかけてくれたこともなかったのです。私がお腹に話しかけていると「ぬいぐるみに話しかけるような気分なの？それ」とか言っていました。
　こんな調子で子どもが生まれて大丈夫なんだろうか。ちゃんと愛情を持って一緒に育ててくれる？　体は気遣ってくれるけど，お腹の子どもを可愛がるようなアクションが皆無だった夫。父親は妊娠を経験しないぶん，母親よ

りも親の自覚に目覚めるのが遅いなんて、よく聞きますが…。しかしいざ生まれてみると…。
助産師「はーい、お父さんも抱っこしてみて〜」
（抱っこすると…）夫「ボン♡♡♡♡♡」
　急〜に目覚めたな〜。それからというもの、夫は息子大好きマンに変貌しました。（…中略…）これを妊娠中の私に見せて、ちゃんと愛情（引くほど）芽生えるからまあ心配ないよって言ってあげたいです。

（出所：ちょっ子（2020）のマンガを文字化）

　この事例では、子どもを持つこと・父親になることへの実感がまだ芽生えていない母親の不安とその結末が記されています。妊娠し、子どもを胎内で感じることができるようになった母親と、そのような変化のない父親の対比が鮮明に出ています。事例では、実感がないのも芽生えたのも父親、それを不安に感じているのが母親という構図でしたが、逆のパターンもあるでしょう。また、自分自身が実感を持てず不安を感じていたり、さらにはそのことで自分を責めたりまでしていることもあるでしょう。一方で、事例の父親のように、子どもを抱っこすることで突如として実感を持つこともあります。また、子どもと触れ合い、関わることで、少しずつ実感が芽生えてくることもあるでしょう。焦ることなく、「実感がないから関わらない」ではなく、「実感がないからこそ、関わり続けてみる」ことで、気持ちの変化がみられるかもしれません（第3節も参照）。

第3節　親をする

1　親を始める

　子どもが生まれると、親をする、すなわち子どもを育てるという役割を果たすことになります。その際、自分が親になった実感や「この子は自分の子どもだ」と実感を持てると、違和感なく親を始められるでしょう。では、いつ、どのようなタイミングでこの実感が生じるのでしょうか。実は、実感が生まれるタイミングは、個人差が大きいものです。妊

ことば

親をする
生物として親になっても、子どもを育てるという親としての役割を果たすとは限らない。この2つを対比する際、リズムの良さから「親になる・親をする」などと表現する。

娠して胎児を感じられる母親であれば早く，そうでない父親は遅いといった男女の違いもありそうです。しかし，実際はそんな単純な話でもありません。この点について，1つ事例をみてみましょう（事例2-2も読み返してみると参考になります）。

【事例2-3　産んだ直後に感じたこと】
　はじめて我が子を見たとき，私は「我が子」と思えなかった。よく聞く，お産して思う「やっと会えた」「めちゃくちゃ可愛い」私も産んだらそう感じるのだと思っていたが，全然違った。まじで人間が私の中にいたのか!!!と思った。
　私が産んだ病院は即日母子同室だった。抱っこしていいのか，オムツの替え方もわからず，ましておっぱいの飲ませ方もわからなかった。「この子は誰だ？」もちろん私が産んだ子なのに，その事実は体になじまず，頭が混乱していた。うまく寝つけず，嫌な夢を見た。身体中が疲れていた。私は母親としてやっていけるのだろうか？　みんなあんなに幸せそうなのに，私は我が子を我が子と思えず，こんなんでこの先やっていけるのかな。唯一の救いはよく出るおっぱいだった。ただ，肝心の息子は寝てばかりで全然お乳を飲まず体重は減る一方だった。もちろん「可愛い」と思った。小さくてふにゃふにゃで守らなくては，と思った。でもその思いが「赤ちゃんだから」なのかそれとも「我が子だから」なのか，私にはわからなかった。退院して実家に帰ってからも，その思いは一緒だった。母親が息子をとても可愛がってくれるのが嬉しかった。
　夜間の授乳はそれほどつらくなかった。息子はよく寝た。お乳の飲み方もうまくなって，赤ちゃんとの触れ合い方が少しわかってきた気がした。そして，2週間健診のとき，私は気づいた。あれ？　なんか，もしかして……「お母さん…，もしかしていっくんってめちゃくちゃ可愛くない？　うちの子が一番かわいい!!」母「でしょ？　前から言ってるじゃない」健診に来ていた他の赤ちゃんを見て，息子にだけ感じる「確かな感情」があることに気付いた。この子の表情すべてが愛しく，元気でいてくれることが嬉しく，将来が楽しみであると同時に，昨日のこの子にもう会えないことが寂しい。きっとこれが愛なのだ。まだすべてが手探りだけど，あなたと一緒に生きていくのだ。

（出所：ハレ（2019）のマンガを文字化）

> **プラスα**
>
> 即日母子同室
> 出産したその日から同室にするか，それとも数日は別室で，様子を見てから同室にするかは，病院によって方針が異なる。

第2章　子育ての経験と親としての育ち

この事例に限らず，生まれた直後に子どもを愛しく思えない，ということはしばしばあるようです。たとえば，初産婦54名を対象にした調査では，54名のうち22名（約41％）が，出産直後に赤ちゃんに対して肯定的な感情を抱いていなかったのです（Robson & Moss, 1970）。予想した以上の高さかもしれません。事例2-3と同じく，幸いなことに，同研究では実際に子どもと関わることが増えるなかで愛情が出てくることも確認されています。

2　子育て中の手助けの必要性・不安

柏木（2011, 2013）は，子どもが生まれて「親になる」ことと，実際に子育てをして「**親をする**」ことを区別しています。「親をする」なかでのさまざまな経験をとおして，親として成長していくといえるでしょう。

子育てをするとき，特に第一子の場合，初めての連続でわからないこと，不安なこと，手が足りないことがたくさんあります。図2-1（服部・原田，1991）にみられるように，そのピークは2つあるようです。最初のピークは生後1カ月までの新生児期。赤ちゃんの生活リズムは安定せず，睡眠も細切れ，言葉はなく泣くことでしか伝えられない，自分で体も動かせない。そのような時期ですから，手助けが必要なのも，不安に感じるのも想像しやすいです。その後，手助けの必要性や不安はいったん落ち着くものの，もう1つのピークが訪れます。1歳前後です。こちらは，新生児期と比べて，あまり想像しにくいかもしれません。この時期は，歩き始めの時期であり，どこに行くのか何をするのかわからず，親としても目が離せなくなるため，助けが必要になります。この研究自体は今から30年ほど前に行われたものです。しかし，不安定な生活リズムや歩き始めなど子どもの発達時期は変わっていません。現代でも同様の点で保護者が手助けを必要としているといえます。

3　子どもの成長による悩みの変化

子育てには悩みがつきものです。常に，子どもの年齢や成長に応じて，新たな悩みが出てきます。たとえば鎌田（2023）は愛着発達，言語発達，食事行動および栄養摂取，自我発達に焦点を当て，就学前児の母親1713名にオンライン調査を行っています。1歳児においては言語発達や愛着発達に関して心配する傾向が強く，2～3歳児の母親においては食事行動と自我発達に関して心配する傾向が強いという結果が出ています。

また，悩みは，就学前で終わるわけではありません。子どもが小学校に進学した後も続きます。事例を1つみてみましょう。

プラスα

親をする
柏木（2011）は特に父親において，親になっても，親をしていない・できていないことを問題視し，家族心理学の観点から，父親も子育てができる社会の実現に向けた提案をしている。

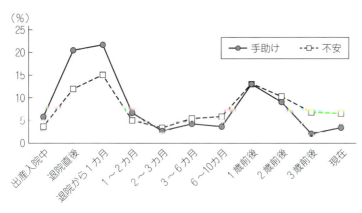

図2-1 母親が子育てで手助けを必要と感じた時期・不安を感じた時期

出所：服部祥子・原田正文（1991）『乳幼児の心身発達と環境』名古屋大学出版会より筆者作成

【事例2-4 「守る子育て」から「見守る子育て」に】
　我が家は三姉妹がそれぞれ幼稚園や小学校に入り，変化の年でもありました。それは，母親である私にとっては「フルタイム育児」からの解放でした。ずーっと子どもと家事のことを考え，危険やトラブルがないよう先回りして考えていたのが一転，好きな本や映画を見たり日中にブログを書いたりただぼーっとしてみたり…。その分，母親の知らない子どもの時間が増えました。特に小学生。
娘「今日ね～帰るとき〇〇君が蹴ってきた。すっごく嫌だったよ」
母「え！」
　娘本人から伝えられる，私にとっては"衝撃の事件"。過保護にしているつもりはありませんでしたが，娘が誰かに痛い思いをさせられたと知ると，やはり「なんとかしてあげたい」という気持ちになってしまいました。でもこんなとき，娘としては「ただの報告」だったり，「ただ共感してほしかっただけ」だったりもするんですよね。私が何かしらの「対応」をしようとすると，すごく拒否してきます。子どもにしてみれば，トラブルがあった子も友人関係であり，トラブル自体は一時的なもので，普段は仲良くしていることも多いのです。もちろん大ケガをしていたり，内容があまりに悪質だったりする場合は，それでも親が介入すべき場面はあると思います。そこの判断は難しいところですが，子どもが友達とトラブルになったとき，"親としての感情"には一旦フタをして見守ることも必要。娘たちの小学校生活のなかで，そのことに気づかされました。

プラスα

過保護
過保護と列挙される類似した語として過干渉がある。過保護・過干渉のいずれも，結果的に子どもの自立や自己決定力に影響があるとされる。

第2章 子育ての経験と親としての育ち

> 今まで痛い思い，つらい思いをしないように守ってきたけれど，<u>これから</u>
> <u>は自分自身で問題を解決できるように見守っていくのも大事なんだ。って直</u>
> <u>接守るよりめちゃくちゃハードル高いんですけど！</u>　気になる〜。
> （出所：田仲（2020）の記事・マンガから抜粋・文字化。下線は引用者）

プラスα

見守る
見守る育児・保育と対比される
のは先回り育児・保育であ
る。たとえば，子どもがコッ
プにジュースを注ごうとした
ときに，どうせこぼすからと
養育者が子どもの代わりに注
いでしまうといったものであ
る。このような先回りにより，
子どもが挑戦し，失敗する
チャンスを奪うことになって
しまう。

　保育でも「見守る」ことは重要な援助として考えられています。家庭
での子育てにおいても重要なところではあります。ただ，この事例から
得られる示唆はそこだけではなく，子どもが大きくなればなったで，や
はりその時期ならではの悩みが出てくるということです（事例では「見
守る」こと）。服部・原田（1991）の調査でも，子どもが何歳であれ常に
「今が一番悩んでいる」といった結果が出ていました。そうであるなら
ば，保護者が悩みを解決することの支援に加え，保護者が悩みと付き
合っていけるように支援することも，保育者の役割といえます。

第4節　親としての育ち

1　子育てをとおしての成長

　子育てをするなかで，親として，一人の人として，さまざまな側面で
成長していきます。加藤・永井（2019）は，乳幼児の保護者355名を対
象に表2−2にあるような質問項目について「非常に当てはまる」〜
「全く当てはまらない」を選択する意識調査を行いました。表2−2にあ
るものは，いずれも子どもが生まれる前よりも意識が高まったものです。
「計画性」「社会情勢」など大きく分けて7種類の意識の変化が見出され
ています。子どものことを思い，子どもと関わるなかで，「健康を考え，
食事を作る」「子どもへの関心が強い」といった子どもと直接関わるも
のだけでなく，「日本や世界の将来について関心がある」「常識やしきた
りを考える」など，子どもとは直接つながらなさそうなことへの意識も
高まっています。

　同様の結果は，加藤・永井（2019）よりも25年前に発表された柏木・
若松（1994）でも得られています。子育てによる成長は，時代を超えて
ある程度一貫して，同じような側面でみられるようです。また，これら
の調査では，父親よりも母親の方が，子育てをとおしての成長をより高
く感じているという結果が出ています。これまで，母親の方が子育てを
父親より多く担っていたことが，このような結果に反映されていると考
えることができます。すなわち，母親と父親の違いというより，どれだ
け子育てを自分の役割と意識しているかどうかの個人間の差といえるで

表2-2　親としての成長

種　類	質問の詳細
計画性	時間の使い方を考える 規則正しい生活を心がける 健康を考え，食事を作る 計画的にお金を使う
社会情勢	環境問題（大気汚染・食品公害）への関心がある 日本や世界の将来について関心がある 児童福祉や教育問題への関心がある 食事につかう食品の産地，原材料を気にする
伝統・協調	常識やしきたりを考える 仕事に関しての責任感を強く持つ 他人の迷惑にならないように心掛ける 伝統や文化は大切だと思う
前向きな思考	物事に積極的に取り組む 目標に向かって頑張る 自分の立場や考えはちゃんと主張しなければと思う
心の広さ	他人に対して寛大である 柔軟な考え方をする 自分本位の考えをしない 他人の立場をくみ取るよう意識する 小さいことにくよくよしない
生きがい	生きている張りがある 長生きしたいと考える 子どもへの関心が強い

出所：加藤孝士・永井知子（2019）「親になることによる生活意識の変化」『こども学研究』1をもとに筆者作成

しょう。今後，父親も子育てを担っていくことで，父親もこれまでより多くの成長を感じるようになるのではないかと期待されます。

2　仕事への波及効果

　育児をすることは，仕事の妨げとして捉えられがちです（能力向上や昇進など）。しかし，子育てによって成長するのは，親としての側面だけに限定されません。育児は，仕事に必要な能力の向上にも貢献します。浜屋・中原（2017）は，夫婦ともに正社員として働きつつ協力しながら子育てをしている407名を対象に，育児をとおして向上する仕事向きの能力を調査しました。その結果，表2-3にあるように，自分自身としての能力，そして他者と協働する能力が高まっています。男性の育児休業取得向上，**男性の家庭進出**が叫ばれる現在，子育てと仕事を対立するものではなく，互いによい影響を与えうるものと捉える視点も必要となってくるでしょう。

プラスα

男性の家庭進出

「女性の社会進出」と対になる言葉であり，日本の子育て状況を改善するためには，両方が達成されることが必要である。以下の書籍に詳しく，またわかりやすい。前田晃平（2021）『パパの家庭進出がニッポンを変えるのだ！　ママの社会進出と家族の幸せのために』光文社

表 2 - 3　子育てをとおして向上する職務能力

向上する能力	詳　細
業務能力向上	仕事のコツやノウハウをつかみ，自分で業務を進められるようになる
他部門理解促進	他部門の業務や立場を踏まえたうえで仕事を進められるようになる
部門間調整能力向上	部門をまたぎ他者と調整しながら仕事を進められるようになる
視野拡大	自身の仕事をより大きな立場や多様な観点から見つめられるようになる
自己理解促進	自身の仕事を冷静に振り返り，理解を深められるようになる
タフネス向上	仕事上の葛藤やストレスに対処していけるようになる

出所：浜屋祐子・中原淳（2017）『育児は仕事の役に立つ』光文社より筆者作成

演習問題

①　「我が子（赤ちゃん）が可愛いと思えない」と悩みを話してきた保護者に，保育者としてどのように対応しますか。

②　保育に関心がある人・ない人，既婚の人・未婚の人，子どもがいる人・いない人，さまざまな年齢・性別の人に「自分に母性があると感じるか」を尋ねてみましょう。

【引用・参考文献】

ちょっ子（2020）「あの瞬間に夫は父になった！　自覚ない夫が不安だった私に見せたい，今」Conobie，12月18日公開
　https://conobie.jp/article/18084（2024年2月1日閲覧）

浜屋祐子・中原淳（2017）『育児は仕事の役に立つ──「ワンオペ育児」から「チーム育児」へ』光文社

ハレ（2019）「産んだ直後に感じたこと」Instagram，10月26日公開
　https://www.instagram.com/p/B4Ee_mFFai1/?img_index=1（2024年2月1日閲覧）

服部祥子・原田正文（1991）『乳幼児の心身発達と環境──大阪レポートと精神医学的視点』名古屋大学出版会

伊藤葉子（2003）「中・高校生の親性準備性の発達」『日本家政学会誌』54(10)，801-812頁

鎌田雅史（2023）「子どもの年齢別にみた子育てに関する悩みについての実態調査」『就実教育実践研究』16　103-119頁

柏木惠子（2011）『父親になる，父親をする──家族心理学の視点から』岩波書店

柏木惠子（2013）『おとなが育つ条件──発達心理学から考える』岩波書店

柏木惠子・若松素子（1994）「『親となる』ことによる人格発達──生涯発達的視点から親を研究する試み」『発達心理学研究』5，72-83頁

加藤孝士・永井知子（2019）「親になることによる生活意識の変化──因子得点・構造・自由記述からみる量的・質的な変化に注目して」『こども学研究』

1，85-98頁

国立女性教育会館（2006）『家庭教育に関する国際比較調査報告書』石井印刷

厚生労働省（2018）『保育所保育指針解説』フレーベル館

前田晃平（2021）『パパの家庭進出がニッポンを変えるのだ！　ママの社会進出と家族の幸せのために』光文社

Robson, K. S., & Moss, H. A.（1970）"Patterns and determinants of maternal attachment," *Journal of Pediatrics, 77*, pp. 976-985.

田仲ぱんだ（2020）「『守る子育て』から『見守る子育て』に……。子どもが小学生になって実感したこと」Conobie，12月7日公開

　　https://conobie.jp/article/17971（2024年3月28日閲覧）

田中友香里（2021）「『親性脳』から探る個別型親性発達の支援に向けて」『発達心理学研究』32，196-209頁

第3章 親子関係・家族関係の理解

学習のポイント

● 個人と同様に、家族そのものにもある発達とはどのようなものでしょう。
● 母性とはどのようなものでしょう。また、父親に母性はあるでしょうか。
● 親と子どもに必要な「ほどよいへだたり」とはどのようなものでしょう。

第1節 子どもからみた親

親子関係や家族関係を考えていくために、まずは事例をみてみましょう。

【事例3-1　不思議な夢】
　家の近所を歩いていると、向こうから巨人がこちらに向かって歩いてきた。身長3mはあろうか。大きい。その大きさに圧倒されているうちに、目の前まで近寄ってきた。見上げないと、顔がよく見えない。よかった。私に微笑みかけているようだ…。ハッと目が覚めた。どうやら、子どもを寝かしつけている間に、自分も寝て、よくわからない夢を見てしまったようだ。この子はまだ1歳。小さい。自分の半分よりも低い身長。この子から見たら、私もあんなに大きく見えているのかな。「ただいま〜」。上の子が小学校から帰ってきたようだ。下に降りていくと、ランドセルを下ろしているところだった。「おかえり」。この子もあと何年かしたら中学生。身長も、私にどんどん近づいてきている。あっという間に大きくなるなぁ。

　乳幼児期の子どもは、親など自分を養育してくれる存在がなくては生きていけません。事例3-1にあるように、親は、見上げなければ顔も見えないほど大きな存在です。心の拠り所でもあります。しかし、子どもはあっという間に成長し、気がつくと親の身長に並び、追い越していきます。青年期にもなれば、親は絶対的な存在ではなくなり、**親の欠点も見えてくる**ようになるでしょう。このように子どもの心と体は、年を経るごとに変化します。では、親はどうでしょうか。

　子どもが成長するなか、親は変わらないままかというと、そんなことはありません。親は親で、成長します。また、親や子の成長に応じて、親子の関係も、家族の関係もまた成長します。そして、日々、家族の各

プラスα

親の欠点も見えてくる
青年期には、自分の価値観がつくられつつあり、親の価値観が相対化される。親もまた一人の人間であることを理解し、結果的に心理的離乳を果たしていく。

時期ならでは，大なり小なりの課題や問題が生じます。本章では，これらのことを学ぶとともに，保育者としてどう向き合っていくかを学んでいきます。なお，親の成長については，第2章で取り上げています。

第2節 家族ライフサイクル

1 エリクソンの生涯発達理論と家族ライフサイクル

　一人ひとりの人は，新生児から高齢者まで一生涯発達し続けます。この生涯発達について，エリクソンは8つの発達時期に区切りました。そして，各発達時期には，解決すべき課題があるとされます。代表例を挙げると，幼児期初期（1～3歳頃）の課題は，「自律性の獲得」です。具体的な行動としては，トイレトレーニングです。自分で自分の排泄をコントロール，すなわち律することができ，自分を誇らしく感じるようになるか，それともなかなかコントロールできずに恥ずかしさを感じるか。このような課題は，各発達時期に設定されています。詳しくは第7章を参照してください。

　次に，家族に焦点を当ててみると，赤ちゃんを育てている家族，受験勉強中の中学生がいる家族，子どもが就職した後も親と同居する家族，いずれも「家族」です。ただ，同じく「家族」と表現しても，それぞれは随分と違うでしょう。また，同じく「赤ちゃんを育てている家族」であるとしても，各家庭に違いは当然ありますが，大まかに想定される「家族の発達」があります。それを**家族のライフサイクル**といいます（表3-1）。

　家族のライフサイクルは，個人のライフサイクルを家族にも当てはめて考えるものです。すなわち，家族も発達し，個人と同様に誕生から終わりが存在し，各発達時期には課題があると考えます。保育現場において出会う家族の発達段階は，概ね「ステージ3」です。ここで問題となるのは，家族メンバー，特に保護者が自分の家族の状況をどのように理解し，どのように課題を受け止め，向き合おうとしているかということです。まずは事例をみてみましょう。なお，歳の離れたきょうだいがいれば，また構図が変わります。その場合，特に保護者は，学童期の子どもの親という役割と幼い子どもの親という役割を同時に担うことになります。また，さらに年齢の離れたきょうだいであれば，青年期の子どもの親という役割と幼い子どもの親という役割を同時に担うことになります。

エリクソン
Erikson, E. H.（1902-1994）
アメリカの発達心理学者。心理社会的発達理論，生涯発達と発達課題，青年期のアイデンティティなど，現代でもその影響力を残している。

家族のライフサイクル
ここで紹介しているものは，「結婚が継続し，子どもがいる家族」である。現在，家族の形態は多様になっており，離婚した家族，子どものいない家族など，それぞれの家族の発達が存在する。

表 3 - 1　子どもがいる家族のライフサイクル

ステージ	家族システムの発達課題	個人の発達課題
1．家からの巣立ち （独身の若い成人期）	源家族からの自己分化	親密性 vs 孤立 職業生活における自己確立
2．結婚による両家族の統合 （新婚期・家族の成立期）	夫婦システムの形成 実家の親との付き合い 子どもを持つ決心	友人関係の再編成
3．子どもの出生から末子の小 　学校入学までの時期	親役割への適応 養育のためのシステムづくり 実家との新しい関係の確立	世代性 vs 停滞 ┌第二世代───── │基本的信頼 vs 不信 │自律性 vs 恥・疑惑
4．子どもが小学校に通う時期	親役割の変化への適応 子どもを包んだシステムの再調整 成員の個性化	世代性 vs 停滞 ┌第二世代───── │勤勉さ vs 劣等感
5．思春期・青年期の子どもが 　いる時期	柔軟な家族境界 中年期の課題達成 祖父母世代の世話	┌第二世代───── │同一性確立 │　　　vs 同一性拡散
6．子どもの巣立ちとそれに続 　く時期：家族の回帰期	夫婦システムの再編成 成人した子どもとの関係 祖父母世代の老化・死への対処	┌第二世代───── │親密性 vs 孤立 │（家族ライフサイクルの第一段階）
7．老年期の家族の時期：家族 　の交換期	第二世代に中心的な役割を譲る 老年の知恵と経験を包含	統合 vs 絶望 配偶者・友人の喪失 自分の死への準備

出所：平木典子（1998）『家族との心理臨床』垣内出版および平木典子・中釜洋子（2006）『家族の心理』サイエンス社より筆者作成

プラスα

ひとり親家庭
厚生労働省（2022）によると，2021年度には母子世帯が119.5万世帯，父子世帯が14.9万世帯存在する。

2　乳幼児がいる家族のライフサイクルと課題

　つづいて，乳幼児のいる家族の事例として**ひとり親家庭**を取り上げ，その課題を家族ライフサイクルと結びつけて考えてみましょう。

【事例 3 - 2　ひとり親家庭】
　母子家庭のAちゃん。その若い母親が本当に珍しく早く迎えに来たことがあった。その後，担任である若い職員が園長のところに顔を真っ赤にしてやって来た。「聞いてください，園長‼」と言うので「どうしたの？」と尋ねると，「あのお母さん，今からコンサートに行くって言うんです！」と。園長は「ほう，そうなの。お迎えに来てくれたんだね」と言うと，担任は「でも早くお迎えに来たのにコンサート会場の託児に預けるんです，きっと」と言った。
　園長は，若い担任の憤りがどこにあるのか最初わからなかった。担任は，母親が早く迎えに来てくれて大喜びのAちゃんを見ている。しかし，Aちゃんがそのまま託児にスライドさせられることと，その母親が自分の余暇を楽しむため，Aちゃんを振り回す姿にとても憤りを感じていたようだった。「Aちゃんがかわいそうだ」と担任は泣くのだった。
（出所：本郷一夫・神谷哲司（2019）『子ども家庭支援の心理学』建帛社）

さて，事例を途中までみていただきました。あなたは，この事例を読んで，誰にどのような思いを抱いたでしょう。託児にスライドされる子ども，若いシングルマザー，憤る若い担任，その憤りを最初は理解できない園長。それぞれに対して思いを抱いたのではないかと思います。では，事例の続きをみてみましょう。

【事例3-2　ひとり親家庭（つづき）】

しかし，園長や他のベテランの職員は母親へのまなざしが担任とは異なっていた。Aちゃんの母親はまだ20歳代前半。同世代の友人がめいっぱい遊んでいるのを横目に見ながら，朝から晩まで働いている。低賃金の派遣社員として働いて一家を支えている。その母親がたぶん唯一の楽しみであった「自分のお気に入りのアーティストのコンサートのチケットを取ろうとして，"取った"」という事実と，そこにもう「よろこび勇んで行く姿」，さらに「ほったらかしではなく，早くちゃんと迎えに来て託児に預ける段取りをしている」ことのすべてが，園長たちはとても素晴らしいと思ったのだ。園長は，若い職員に「お母ちゃんが，そうやってコンサートに行けて，明日からまたホッコリした笑顔でお子さんに向かうことは，悪いこととは思わないな」と話した。他の職員も「そうだよね，"早く迎えに来た"と思ったら，"託児に連れて行かれる"ってことは"どうなの？"って思うこともわかるけど，お母ちゃんだって必死で頑張ってるんだから，そういうご褒美もあっていいんじゃないかと思うよ」と言った。憤って泣いていた若い職員はだんだん落ち着いて，「そうか，そうやって考えるのも必要なのかな」と言った。

（出所：本郷一夫・神谷哲司（2019）『子ども家庭支援の心理学』建帛社）

事例を最後まで読んでみて，あらためて誰にどのような思いを抱いたでしょうか。途中までとは，また違った思いが出てきたかもしれません。ここでは，家族のライフサイクルの観点から，母親をみてみましょう。ステージ3「子どもの出生から末子の小学校入学までの時期」，その中心的課題は「親役割への適応」です。一方，1つ前の時期の個人の発達課題には，「友人関係の再編成」とあります。この事例において，ステージ3にいる母親は子どものために朝から晩まで必死に働いています。一方で，事例で述べられているように，同年代の友人はステージ1か2，すなわちまだ子どもがいない状態で，自分がしたいことをして楽しんでいます。母親からすると，自分も同年代の友人たちのように楽しみたい気持ちもあるが，子どものために働かなければならないという葛藤の間に立っている状態です。その折り合いのつけ方が，「コンサートに行く」という時折の楽しみという形になっています。

子どもの今の状態だけに焦点を当てれば，若い担任のように母親を責める気持ちも生まれます。一方，長い目で子どもの最善の利益を考えた場合，子どもだけでなく家族にも焦点を当て，この事例のように時折の

プラスα

シングルマザー
ひとり親家庭のうち，シングルマザーに対して，シングルファザーへの注目度は低く，支援の必要性もあまり認識されていない。しかしながら，数は少ないものの一定数おり，シングルマザーとは異なる困難さがあるため，やはり支援が必要である。

第3章　親子関係・家族関係の理解

楽しみを実現できるように支援した方がよい場合もあるかもしれません。また，今回の事例では，母親が自分で葛藤に折り合いをつけていて，それを保育者も把握できたからよいものの，母親が葛藤を抱えつつ，誰にもその葛藤を伝えられず悩んでいることもあるかもしれません。そのような葛藤に気づき，支援することもまた，保育者の重要な役割となるでしょう。

第3節　乳幼児期の親子関係

1　親とは，親子とは

　一言で「親」といっても，見方次第でさまざまな特徴・役割が出てきます（表3-2）。たとえば，生物学の視点から，他の動物と同様の生物として「親」をみるならば，子どもに遺伝子を受け渡した人のみが親であり，その役割は子どもの保護と生命の維持となります。保育における養護，すなわち「生命の保持と情緒の安定」のうち，主に前者に該当する部分です。一方，人間は「社会的動物」ともいわれます。そこで心理・社会学的側面から「親」をみると，後者の部分，「情緒の安定」が重要なものとなります。より具体的には「安定した絆（アタッチメント，愛着）を結ぶ」ことです。ここでは，愛着に焦点を当てつつ，親子関係の様子をみていきましょう。

表3-2　親と親子関係

	親の定義	養育における親子関係の特徴・規定
1．生物学的	遺伝子を受け渡した人が親	親が子どもを保護して生命を維持する
2．心理・社会学的	生物学的つながりのない人でも親	子どもが親と情緒的な絆（アタッチメント）を結ぶ
3．法学的（民法）	父親：婚姻中の妊娠。再婚で婚姻して200日以内の出産の婚姻前懐胎として父 母親：分娩の事実で実母 子連れの再婚の場合：養子縁組の手続きで親（親権者）	未成年者ではその父母が親権者となる 1）実親子（生物学的つながり有） 2）養親子（生物学的つながり無）

出所：佐藤ちひろ（2019）「親子関係・家族関係の理解」原信夫・井上美鈴編『子ども家庭支援の心理学』北樹出版，53-64頁

プラスα

母子健康手帳
最近では父親の家事・育児への注目度も高まっている。父子保健法はないが，自治体によっては父子手帳を配布していることもある。

2　神話を壊す

　乳幼児期の親子関係というと，これまでは主に母子関係に焦点が当てられていました。妊娠を保健所に届け出に行くと渡されるのは「**母子健康手帳**（一般には「母子手帳」）」です。乳児健診を定めている「**母子保健法**」という法律もあります。

32

では、親子関係の実際はどのようなものなのでしょう。理解を進めるにあたり、まずは、事例からみてみましょう。

【事例3-3　育児でたまには考える】

子育て前によく聞いていた言葉「やっぱりママが一番」「母親には敵わない」。それを聞いた私は「そうか母親が一番なのか…私にかかっているとは…」と思っていた。

現在。子ども「いやああぁパパーパパがいい〜ママいらないっ」全然ママが一番じゃねえ。え、何なん？やっぱりママがいいって話じゃなかったの？パパにはおっぱいがないからママに敵わないんじゃなかったの？父親ばかりが育児をしてるならともかく、夫婦半々で育児してるのになぜ…。

安心してくださいっ。「やっぱりママじゃないと」とか言ってるそこの貴方っ。男がちゃんと育児すれば「パパじゃなきゃヤダ」ってなります‼

夫婦で一緒に子どもを見ているとき、食事の介助やオムツ替えなど、つい夫に任せてしまいがちだったのは事実。実際には、子どもは「ママじゃなきゃ」というわけではなく、自分の面倒を見てくれる人に懐くというだけの話なんじゃないでしょうか。「パパは母乳が出ないから」とよく言われる母性神話とは、一切関係がないのでしょう。

そんななか、夫が2日間出張で家を空けることに。出発時、子「パパー」「パパがいい」父母「大丈夫かいな…」帰宅後、父「ただいまー」「交代するよ」子「ヤダ〜ママがいいパパいらないっ」（手の平返し）父「なんでえ〜かなしい」。

子どもってのは面倒見た人に懐くもんだな…。今まで同じ時間面倒見てるつもりでも、実際には夫の方が面倒を見てたのかもしれない。母親じゃなきゃとか父親じゃなきゃとか寝言言ってないで、親としてやれることをしよう…。

「やっぱり母親には敵わない」という言説は、「育児において母親が特別な存在だから」ではなく「育児を行わない父親が多いから」生まれたものなのかもしれません。世の父親は「自分は妻よりも育児をしていないから子どもが懐かない」という事実を認めたくないために、「母親には敵わない」という言葉を使っているのではないか、と感じるところもあります。そんなぼんやりした言葉でごまかさず、はっきり認めよ、「俺が子育てしてないから子どもが懐かない」って。夫が育児に積極的で「パパじゃなきゃダメ」と言われるうちみたいな家庭もあるんだから！

（出所：直江（2020）のマンガを文字化。下線は引用者）

ことば

母性神話

「自分を犠牲にしてでも子どもに尽くすことが母親の愛（母性）であり、女性にはそれが生まれつき備わっている」という考え方。科学的根拠がないものの、存在するものとして広く信じられていることから「神話」と命名されている。母性は女性に生まれつき備わっているものではなく、子どもと関わるなかで育っていくものであり、子どもが生まれた時点で育っていないことはしばしばある。また、男性にも芽生えるものである。

アロマザリング

「アロ」は非・以外を意味する。したがって、アロマザリングは、マザー（母親）以外による子育てがもともとの意味となる。現在では父親や祖父母、保育者など家族以外も子育てを行うため、アロペアレンティング・アロケアといった呼び方もされる。

3歳児神話

「3歳頃までは母親のもとで適切に育てなければ、その後の発達に悪影響がある」という考え方。スピッツのホスピタリズム（施設病）、ボウルビィの愛着理論や母性剝奪（マターナルデプリベーション）が拡大解釈されて生まれたものであり、母性神話と同様に科学的根拠がないとされる。以下の書籍で、母親から離れて保育所に通うことで、むしろ子どもにも保護者にもよい効果が生まれることがデータに基づいて論じられている。
山口慎太郎（2019）『「家族の幸せ」の経済学──データ分析でわかった結婚、出産、子育ての真実』光文社

母子関係、親子関係について、みなさんが今まで持っていたイメージ・考えとこの著者の主張は一致するものだったでしょうか。また、著者の考えは、納得できるものだったでしょうか。もし納得できないとしたら、どの部分にどうして納得できないのでしょう。

実際のところ、この事例にあるように、子どもにとっては「母親じゃなきゃ」ということはないようで、単純に、継続的に自分の世話をしてくれる相手を慕うようです。また、第2章でも取り上げていますが、生まれた子どものことを最初は可愛く思えない母親が一定数います。そのように考えるならば、「母性」、すなわち子どものことを可愛く思い、お世話したいという性質は、母親が必ずしも最初から持っているものではないし、父親だから持てないというものでもありません。つまり、**母性は神話**、事実ではない、ということです（大日向、2015）。

3 母子関係

母性に科学的根拠がないにもかかわらず、現在の日本の子育てでは、母親が居住地区に知り合いがいないなか、一人でその多くを担わざるを得ない状況にあります（**ワンオペ育児、アウェイ育児**）。また、「母子一体」とも呼ばれるように、特に日本においては母親と乳幼児の距離が近いという特徴もあります。さらに、近すぎるがゆえに過保護・過干渉になったり、孤育てとなって虐待につながったりということも起きています。なぜこのような事態になってしまったのでしょう。

実は、母親だけが子育てを担う形は、それほど歴史が長いものではなく、1960年・70年代あたりの高度経済成長の頃に生じたものです。それまでの時代では、子育ての形は違っていました。昔と今の子育ての違いを模式図化したものが図3-1です。昔は夫婦共働きできょうだいも多かったため、親からの養育・愛情はきょうだいメンバーに分散していました。しかし、養育不足・愛情不足になっていたわけではありません。その分、祖父母や地域も子育てに参加して補われていたといえます（左の円グラフ）。歳の離れたきょうだいも、その担い手となっていました。このような、母親以外による子育てを**アロマザリング**と呼びます（根ヶ山、2021）。保育者もアロマザリングの担い手といえます。

一方、近年では、核家族化、少子化が進むことで、祖父母、地域、歳の離れたきょうだいからの補いがなくなっています（右の円グラフ）。また、**3歳児神話**と性別役割分業により母親に家事・子育ての役割が集中してしまうこととなりました。

もう1つ、母親と子どもの距離が近い、という点についても補足が必

図3-1　今と昔の子育て比較

出所：永野典詞・岸本元気（2016）『保育士・幼稚園教諭のための保護者支援』風鳴舎より筆者作成

要です。子どもと親がお互いに愛情を感じ，お世話したい・お世話されたい，近寄りたい，触れ合いたいという思いは必要なことです。このことは，「求心性」と呼ばれます。後述する愛着行動（子どもが不安などを感じたときに，愛着対象に近寄っていく行動）も，求心性です。一方で，親と子どもとの間には，ときに，「離れたい」という思いも生まれます。幼い子どもの場合の探索行動がわかりやすい例です。子どもと同様に，親も，常に子どものそばにいたいときだけでなく，子どもから離れたい，他のことがしたいと思うときもあります。これを「**遠心性**」と呼びます。この関係を表したのが図3-2です。なお，ここでは便宜上「親」と表現していますが，母親，父親，祖父母，保育者なども含みます。

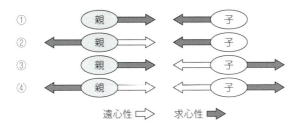

図3-2　親子における遠心性と求心性の組み合わせ

出所：根ヶ山光一（2021）『「子育て」のとらわれを超える』新曜社より筆者作成

①の場合は互いに近づこうとしており，④の場合は互いに離れる，または互いに別のことに関心が向かっているため，方向性が嚙み合っています。一方，②では子が近づこうとしているのに親が離れようとしている，③は②と反対に，親が近づこうとしているのに子が離れようとしている，ということで方向性が一致しません。これまで，子どもの探索行動（遠心性），母親と子どもの求心性は研究対象となってきました。しかし，母親が子どもから離れようとする，離れたがることもある（遠心性）ということは注目されてきませんでした。そのとき，昔の子育てであればアロマザリングが成立して，母親以外が受け皿となりました。し

かし，今の子育てでは，母親が子どもから離れたがっているときに，その受け皿がなく，離れることができない状況にあるといえます。ここに，保育者の役割が発生します。このことについて根ヶ山（2021）は，「母親と子どもは離れすぎてはいけないが近づきすぎるのも問題で，『ほどよいへだたり』が必要である。そして健全なへだたりが成立するためには，母子が家族や保育士など，まわりの豊かな世界に開かれてなくてはならない」（v頁）と述べています。

4　当事者意識と「ほどほど」

事例3-3「育児でたまには考える」でみたように，母親は子育てが得意，父親は不得意という単純な分類ではありません。女性は，生物として「産む性」ではあります。しかし，だからといって，必ずしも「育てる性」というわけでありません。育てるのが得意な女性も苦手な女性もいます。男性も同様です。これは，性差よりも個人差が大きいといえます。さらに重要なのが，個人差よりも慣れ・上達の部分です。慣れ・上達のためには，「自分は子育ての当事者である」という意識を持つことが必要となります。

事例3-3で「そうか（…中略…）私にかかっているとは…」と気負ったものとして当事者意識を考えると，「完璧にしなければ」と意気込んでしまうこともあるかもしれません。しかし，気負いすぎると，子どもも保護者も息苦しくなってしまいかねません。実際に子育てをする際の心持ちとしては，小児科医（精神分析医）のウィニコットが提唱した「ほどほどの母親」（good enough mother）が参考になります。ウィニコットによれば，子どもがまだ幼い頃は，母親は子どもの生理的欲求をすべて満たそうとします。これは，ある程度は必要なことかもしれません。一方，成長するにつれ，欲求に完璧に応えようとはしなくなります。つまり，ほどほどです。ほどほど，と聞くとネガティブな印象を抱くかもしれません。しかし，そうではありません。「ほどよいへだたり」（根ヶ山，2021）とあったように，完璧ではなくほどほどでもよいではなく，ほどほどであることこそ，子どもの健全な育ちに必要なのです。また，遠心性があり，母親がしてくれないからこそ，子どもは自分の意思を認識したり，自分で自分のことをしたりするようになるわけです（自立）。なお，ここでは「ほどほどの『母親』」と表現していますが，現代においては父親も育児をするようになってきていますので，「親」もしくは「養育者」という意味で捉えた方が適切といえます。

人物

ウィニコット
Winnicott, D. W.（1896-1971）
イギリスの児童小児科医，精神分析医。乳児期における移行対象，安全毛布（セイフティ・ブランケット），対象関係論などを提唱した。

プラスα

対象関係論
精神分析における方法論の一つ。複数いる主張者のうち，ウィニコットにおいては，母親が育児に没頭する原始的没頭から，ほどよい母親状態を経て母子分離していく過程が重視される。

第 **4** 節　愛着と子育て

1　愛着の中核

　表3-2で，親の心理・社会学的役割に「子どもと情緒的な絆（アタッチメント）を結ぶ」ことが挙がっていました。アタッチメント（愛着）の中核的意味は，単なる絆ではなく，「子どもが不安や恐怖などネガティブな心身の状態に陥ったとき，愛着対象にくっつくことで安定を取り戻そうとする傾向」のことを指しています。第7章にもあるとおり，愛着は乳幼児期に形成され，いくつかのタイプがあります。

　愛着の詳細は第7章で学んでいただくとして，ここでは印象深い例を一つ挙げて愛着概念の意味理解を図りましょう。数年前に話題となった漫画『鬼滅の刃』の一シーンです。

> **【事例3-4　兄弟の愛着】**
> 弟「兄ちゃん　怖いよ　夜に独りぼっちだ」「俺の手を握ってくれよ　いつものように」
> 兄「しょうがねえなあ　いつまでも怖がりで」
> （出所：吾峠呼世晴（2016）『鬼滅の刃』第2巻，集英社，12-15頁より抜粋）

　『鬼滅の刃』では，人間が鬼の始祖から血を受け取ることで鬼に変わります。その際，人間だった頃の思いが姿や能力に反映されることがあります。この弟は，手だらけの「手鬼」となりました。そして，主人公たちに討伐され，その存在を消す間際の回想シーン（事例の部分）では，怖いときに兄に手をつないでもらって安心したことを思い出しています。愛着対象（兄）への思いや兄との思い出が，鬼としての姿や最期の瞬間にまで表れる，それくらい，愛着は人にとって重要なものであるといえます。

2　愛着の影響

　『鬼滅の刃』の事例にもあったように，愛着は乳幼児期だけに働くものではありません。また，愛着対象は母親だけでなく，継続的に養護してくれる存在であれば，同時に複数持つことができます。保育者もその一人となります。

　乳幼児期の後の人生，人間関係においても重要な役割を果たします。というのも，乳幼児期の大人との愛着関係が，その後の人間関係のモデ

ルとなるためです。愛着対象との間に安定した愛着を形成できれば，その後の人間関係も，安定したものとなる傾向があります。反対に，不安定な愛着を形成していると，人間関係が不安定になる可能性が高くなります。それだけではありません。細田（2019）は，いくつかの先行研究をまとめる形で，乳幼児期の**愛着形成に不具合**がある場合に，中学生頃になって生じる問題を以下のように挙げています（図3-3）。

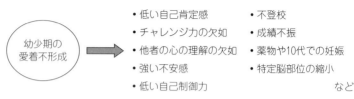

図3-3　幼少期の愛着形成ができないで起きること
出所：細田千尋（2019）「親子関係による脳の異常が強く影響」『President Woman』より筆者作成

> **プラスα**
>
> **愛着形成の不具合**
> 最近では「愛着障害」として注目が高まっている。保育現場でも，発達障害かと思ったら実は愛着障害だったといった事例も見られる。細田（2019）と同様に，乳幼児期の愛着不形成がその後に悪影響を及ぼすことを論じたものとして以下の書籍がある。
> 岡田尊司（2019）『死に至る病——あなたを蝕む愛着障害の脅威』光文社

愛着が多様な側面に問題を引き起こすことがわかります。また，この図で挙げられているほかに，いじめ加害を経験した子は，そうでない子よりも親に対する愛着の程度が低いことも紹介されています。このように，乳幼児期の愛着関係は，乳幼児期を超えてその後の人間関係に大きな影響を及ぼすことが判明しています。なお，800名を乳幼児から成人になるまで追跡調査した結果，そのうちの60％の人は，20歳になっても乳幼児期に形成された愛着タイプから変化していないという研究もあります（Booth-LaForth et al., 2014）。

最後に，愛着と，本章でみてきた「ほどよいへだたり」「ほどほどの母親」の関係について考えてみましょう。ネイティブアメリカンに伝わる「子育て四訓」といわれるものがあります。以下のようなものです。

　乳児期は，肌を離さず
　幼児期は，肌を離せ，手を離すな
　少年期は，手を離せ，目を離すな
　青年期は，目を離せ，心を離すな

子どもは成長するにつれ，自立し，親から離れていきます。子育て四訓は，親離れ，子離れについて，各発達時期の親子関係，親の心構えを示すものです。根ヶ山（2021）でいう「遠心性」です。この教えが成立するのも，子どもが親離れして自立していけるのも，土台となるところで安定した愛着が形成されており，「求心性」が成立しているからといえるでしょう。

演習問題

① 事例3-2を読んで考えたことを話し合ってみましょう。
② 親が子どもから離れたくなるときがあることについて，賛否やその理由を話し合ってみましょう。

【引用・参考文献】

Booth-LaForth, C., Groh, A. M., Burchinal, M. R., Roisman, G. L., Owen, M. T., & Cox, M. J. (2014) "Caregiving and contextual sources of continuity and change in attachment security from infancy to late adolescence," *Monographs of the Society for Research in Childe Development*, 79(3), pp. 67-84.

吾峠呼世晴 (2016)『鬼滅の刃』第2巻，集英社

平木典子 (1998)『家族との心理臨床——初心者のために』(シリーズ「心理臨床セミナー」②) 垣内出版

平木典子・中釜洋子 (2006)『家族の心理——家族への理解を深めるために』サイエンス社

本郷一夫・神谷哲司 (2019)『子ども家庭支援の心理学』建帛社

細田千尋 (2019)「親子関係による脳の異常が強く影響——いじめ加害者になってしまう子の3つの共通点」『President Woman』10月14日公開 https://president.jp/articles/-/30243 (2024年3月21日閲覧)

厚生労働省 (2022)「令和3年度 全国ひとり親世帯等調査結果の概要」

永野典詞・岸本元気 (2016)『保育士・幼稚園教諭のための保護者支援——保育ソーシャルワークで学ぶ相談支援 (新版)』風鳴舎

直江あき (2020)「子どもには母親が一番」「俺が子育てしても懐かない」は "いろいろな意味でウソ" なんじゃないか，というお話. ねとらぼ，1月6日公開 https://nlab.itmedia.co.jp/nl/articles/1912/17/news119.html (2024年2月1日閲覧)

根ヶ山光一 (2021)『「子育て」のとらわれを超える——発達行動学的「ほどほど親子」論』新曜社

岡田尊司 (2019)『死に至る病——あなたを蝕む愛着障害の脅威』光文社

大日向雅美 (2015)『増補 母性愛神話の罠』日本評論社

佐藤ちひろ (2019)「親子関係・家族関係の理解」原信夫・井上美鈴編『子ども家庭支援の心理学』北樹出版，53-64頁

山口慎太郎 (2019)『「家族の幸せ」の経済学——データ分析でわかった結婚，出産，子育ての真実』光文社

第4章 多様な家族とその理解

学習のポイント

● 家族にはさまざまな形があることを理解しましょう。
● 多様な家族を社会が支援する意義について考えましょう。
● 社会資源をどのように活用すればよいのかを考えましょう。

第1節 現代における多様な家族

1 ひとり親家庭

第二次世界大戦後の日本では一組の夫婦とその子どもから成る**核家族**が主流になりました。その結果，それ以前の伝統社会における「しがらみ」から解放された個人は，家の存続のためではなくて徐々に自分の意志で比較的自由に結婚を考えられるようになっていきました。そして現代ではさらに個人化が進んでさまざまな家族の形態がみられるようになりました。

こうしたなかで，**ひとり親家庭**とは20歳未満の子どもを扶養しているが，何らかの理由によってパートナーである配偶者がいない家庭のことです。愛育研究所（2023）によれば，1975年から2021年にかけてひとり親家庭の総世帯数に対する割合には大きな変化がみられません。しかし，母子家庭は平均して約64万8000世帯，同様に父子家庭は約8万4000世帯であり，常に母子家庭の方が多い状況がみられます（表4-1）。また，ひとり親になった理由では，母子家庭，父子家庭ともに離婚の方が死別よりも多い傾向がみられます。ひとり親家庭となった理由としては，この他に結婚せずに配偶者を持たないまま子どもを育てる**選択的シングルマザー**と呼ばれる人々もいます。こうした人たちが子育てに困ったこととして，田中（2022）は，経済的な理由で子どもの可能性を広げてやれないこと，子どもと十分に関われないこと，頼る人がいないことを挙げています。

プラスα

大家族
比較的大人数の家族が同じ場所で生活する家族のことであり，核家族と対になる概念である。

表4-1 母子・父子推計世帯数の推移（1,000世帯）

区 分	母子世帯	総世帯に対する割合（％）	父子世帯	総世帯に対する割合（％）
昭和50年	374	1.1	65	0.2
60	508	1.4	99	0.3
平成2	543	1.3	102	0.3
7	483	1.2	84	0.2
12	600	1.1	88	0.1
17	691	1.5	79	0.2
22	708	1.5	77	0.2
24	703	1.5	81	0.2
25	821	1.6	91	0.2
26	732	1.5	101	0.2
27	793	1.6	78	0.2
28	712	1.4	91	0.2
29	767	1.5	97	0.2
30	662	1.3	82	0.2
令和元年	644	1.2	76	0.1
3	623	1.2	63	0.1

出所：愛育研究所編（2023）『日本子ども資料年鑑2023』KTC中央出版，200頁

2 ステップファミリー

　ステップファミリーとは，再婚の有無を問わず，法律上の婚姻関係がたとえなかったとしても少なくとも両親のうちの一人が自身と生物学的に血縁のない，つまり実子ではない子どもを含む家庭のことです（図4-1）。これは，後述する養子縁組家庭に移行する場合もありますが，実にさまざまな種類があります。たとえば，子連れ同士の男女の再婚によって新たに血縁のないきょうだいができる場合，子持ちの実父は再婚だが，継母は初婚でその後新たに子どもが誕生した場合，またはその逆の場合などの例があります。このようにこれまで一緒に暮らしていた家族にそれまで他人だった人が入るために家族同士の間でしばしば心理的な問題が生じる場合があります。このことから家庭内での問題を解消するために，ときとして周囲からの支援が必要なこともあります。

図4-1　子を中心にしてみた場合のステップファミリーの例
出所：SAJ・野沢慎司編（2018）『ステップファミリーのきほんをまなぶ』金剛出版，12頁を参考にして筆者作成

3 養子縁組家庭・里親家庭

　養子縁組家庭とはもともと嫡出子ではない子どもとの間に親子関係を設定して，実子のように財産相続などの権利義務を発生させるもので

ことば
ステップファミリー
「継ぐ」を意味するstepと「家族」であるfamilyからできた言葉であり，継親子関係のある家族の呼称である。

ことば
継母・継父
父親の妻で自分の実母ではない人を継母といい，母親の夫で自分の実父ではない人のことを継父という。

ことば
嫡出子
法律上の婚姻関係にある夫婦の間に生まれた子どものこと。

す。そのために親子の間には血縁関係はありません。これは，家系の存続のため，実子のいない夫婦のため，そして親のいない子に家庭を与えるためといった理由から要請されてきました（餅川，2018）。養子縁組には，子どもが養親と縁組した後も実親子関係が存続する**普通養子縁組**と，養子と実親との法的な親子関係を解消して養子と養親が実親子と同じ関係を成立させる**特別養子縁組**があります。

里親家庭とは何らかの事情で保護者からの適切な養育が受けられない子どもに対して通常の親権を有さないで関わりを持つものであり，児童福祉法第6条の4で定められた制度です。そのために里親になる人はあらかじめ研修を受けて児童福祉審議会などから認定を受ける必要があります。また里親家庭では，里親と子どもとの間に特別養子縁組のような戸籍関係はありません。こうした里親には，さまざまな理由から家族と一緒に暮らせない子どもを一定期間，自分の家庭で養育する**養育里親**，専門的な研修を受けたうえで児童虐待などによって心身に悪影響を受けた子どもや，知的障害や非行傾向のある子どもを養育する**専門里親**，3親等以内の人が養育する**親族里親**，将来的に里子との養子縁組を目的とする**養子縁組を前提とした里親**の4種類があります。

4 国際結婚

外国籍の人と婚姻を結ぶ国際結婚は，文化人を中心として明治時代にもありました。しかし，昭和時代後期には配偶者不足から地方の農村部でもみられるようになりました。愛育研究所（2023）によれば，国際結婚は昭和から平成にかけて少しずつ増加し，夫が日本人で妻が外国籍の場合は3万5993件，その反対は8708件でともに2006年がピークとなっています。その後は徐々に下がっていますが，配偶者の国籍割合では中国，フィリピンや韓国などの割合が比較的多い状況です。ただし，離婚の割合に関しては，夫が日本人で妻が外国籍の場合は1万5570件，その反対は3834件でともに2009年がピークです。その原因としては，言葉，生活習慣や価値観の違いによる生活の破綻が考えられます。そのほかの問題として日本人とは異なる外見からその子どもがいじめに遭う場合があります。こうした家庭の子ども支援については第14章で詳しく学びます。

5 LGBTQ

近年，世界中で人々の間に性の多様化が認識されるようになってきました。**LGBTQ**における**L**とは**レズビアン**であり，女性に対して恋愛感情や性的指向をもつ女性のことをいいます。**G**とは**ゲイ**であり，男性に

プラスα

ジェンダーアイデンティティ
自己の属する性別についての認識に関するその同一性の有無または程度に関わる意識のこと。

対して恋愛感情や性的指向をもつ男性のことをいいます。Bとはバイセクシャルであり，両性愛者のことをいいます。Tとはトランスジェンダーであり，出生時に医師により確認されて出生届に記入された性別が本人の自覚する性とは異なる人のことをいいます。また，Qとはクエスチョニングまたはクィアのことであり，性的指向や性自認が明確ではない人，定義づけられない人のことをいいます。

　男性と女性とでは，モノの好みや考え方などに違いがみられますが，人の場合，妊娠12〜22週頃にテストステロンというホルモンの影響で脳に男女の性差が現れると考えられています。このことから男女の間にみられる「らしさ」は誕生する前からあると考えられます。

　こうしたLGBTQのなかには家族を営む人もいます。この場合，男女間での結婚において子どもができてから離婚し，さらにその後に同性と再婚したことにより両親がともに男性であったり，女性であったりすることがあります。このことから保育者は子どもやその保護者がLGBTQである場合には，その人に対して「男らしさ」や「女らしさ」を求めるのではなくて「その人らしさ」を尊重することが大切でしょう。

第2節 多様な家族に関する課題と行政などからの支援や対策

1　行政などからの全般的な支援

　ここからは，こうした多様な家族に対する行政からの支援についてみていきます。多様な家族に限らず子どもとその保護者に対する法的な規定にはさまざまなものがあります。たとえば，日本が1994年に批准した国連の子どもの権利条約には，差別の禁止，子どもの最善の利益，生命，生存及び発達に対する権利，子どもの意見の尊重の4原則があります。たとえば，そのなかで「父母の一方又は双方から分離されている児童が定期的に父母のいずれとも人的な関係及び直接の接触を維持する権利を尊重する」（第9条第3項）と規定されています。

　1947年に公布された児童福祉法は，「全て児童は，児童の権利に関する条約の精神にのつとり，適切に養育されること」（第1条）と記されているように，18歳未満の児童の福祉や権利を保障して国民の責任を定めたものです。この法律は，これまで子どもの幸福な暮らしを支えてきました。そして，最近ではそれに基づく包括的な子育て支援強化を目的としてこども家庭センターの設置やこども家庭ソーシャルワーカーの運用が2024年に始まりました。

第4章　多様な家族とその理解

🍀ことば

テストステロン
男性における主要な性ホルモンであり，筋肉を増大したり，二次性徴を促進したりする働きがある。

プラスα

子どもの権利条約
正式名称は「児童の権利に関する条約」である。これは，1989年に国連総会において採択された。ユニセフではこれまで「4つの権利」について説明していたが，これは現在削除されている。

🍀ことば

こども家庭センター
2024年4月に子育て世代包括支援センターから改められたものである。子育て家庭を支援することが主な目的である。

こども家庭ソーシャルワーカ
子どもとその家庭の福祉を増進することを目的とした認定資格である。

国際結婚に関しては，1970年代頃から結婚生活の破綻から一方の親による子の連れ去りをめぐる問題が生じたことから1980年に国際的な子の奪取の民事上の側面に関する取り決めであるハーグ条約が採択されました。日本では2014年にこれを発効しています。この条約は，生活基盤が変化することや言語環境が変わることなどから子どもの不利益を避けるためのものです。日本の外務省は安易な連れ去りを予防して子どもの利益を守るための援助を行っています。

2　特に多様な家族に焦点を当てた支援

多様な家族に対しては，たとえばこども家庭庁（2024）の資料によると，ひとり親家庭に関しては収入が不安定か，低い世帯がみられており，その自立支援策として以下の4つの柱が掲げられています（図4-2）。

○ひとり親家庭等に対する支援として，「子育て・生活支援策」，「就業支援策」，「養育費確保支援策」，「経済的支援策」の4本柱により施策を推進。

子育て・生活支援	就業支援	養育費確保支援	経済的支援
○母子・父子自立支援員による相談支援 ○ヘルパー派遣，保育所等の優先入所 ○子どもの生活・学習支援事業等による子どもへの支援 ○母子生活支援施設の機能拡充	○母子・父子自立支援プログラムの策定やハローワーク等との連携による就業支援の推進 ○母子家庭等就業・自立支援センター事業の推進 ○能力開発等のための給付金の支給	○養育費等相談支援センター事業の推進 ○母子家庭等就業・自立支援センター等における養育費相談の推進 ○「養育費の手引き」やリーフレットの配布	○児童扶養手当の支給 ○母子父子寡婦福祉資金の貸付 　就職のための技能習得や児童の修学など12種類の福祉資金を貸付
など	など	など	など

図4-2　ひとり親家庭等の自立支援策の大系

出所：こども家庭庁（2024）「ひとり親家庭等の支援について　全体版」11頁

ひとり親家庭などへの支援施策としては，母子家庭が中心となっていた児童扶養手当が2010年からは父子家庭にも支給されるようになりました。従来からの終身雇用制度が揺らぐ社会においてこうした動きは加速し，2014年には**母子及び寡婦福祉法**が母子及び父子並びに寡婦福祉法に改められました。さらに2015年にはひとり親家庭や多子世帯の自立支援，そしてさらに児童虐待防止を目的とした**すくすくサポート・プロジェクト**が立ち上げられました。

ステップファミリーに関しては，親子の血縁関係が元々ないことから愛情を持てずに同居することによって，それが虐待に至る事例もこれまでたびたびありました。そのために何らかの問題を抱えた家庭に関する情報の把握をすることが求められています。また，養子縁組家庭や里親家庭に関しては，厚生労働省によって広告媒体を活用した啓発を行うこ

ことば

こども家庭庁

2023年に子どもがまんなかの社会を実現するためにこども家庭庁設置法に基づいて設立された内閣府の機関である。

ことば

寡婦

夫と死別又は離別し，再婚していない女性，夫のない独身の女性のこと。

とにより，特別養子縁組制度や里親制度などに対する社会的認知を高める取り組みがなされています。これは養親や里親になることを希望する人を増やすことを目的としたものです。そのほかにもステップファミリーで生じがちな児童虐待や性犯罪に遭った子どもに対する意見聴取や，**児童自立生活援助事業**において年齢要件を弾力化するなどの取り組みがあります。今後こうした支援はますます重要になるでしょう。

　また夫婦間の離婚に関しては，2012年に民法の改正（第766条）がなされました。それによると父母が子どもの監護について協議すべき事項として面会交流や養育費の分担が明記され，子どもの利益を最優先することが求められています。そして，さらに2024年5月には，これまで離婚後に父親と母親のどちらか一方が子どもの親権をもつ「**単独親権**」に加えて，父親と母親の双方に親権を認める「**共同親権**」を導入するという改正案が成立しました。

　そのほかLGBTQに関して，これまで日本では同性同士の婚姻が法的に認められていませんでしたが，自治体が独自に「結婚に相当する関係」としての証明書を発行する行政サービスである**パートナーシップ制度**が2015年から東京都の世田谷区と渋谷区で導入されました。こうした動きはますます広がっています。

　そして，さらに2023年6月には**LGBT理解増進法**（性的指向及びジェンダーアイデンティティの多様性に関する国民の理解の増進に関する法律）が公布されました。しかし，これに関してはトイレやお風呂に関する不安感や疑問点などが十分に解消されていないために人々の理解は進んでいません。こうしたことから人々がともにわかり合えるようにさらなる話し合いが必要でしょう。

3　社会資源の活用による支援

　子どもとその保護者を支援するには保育所だけではなくて身近な地域のなかにある専門機関，施設，情報，人材やネットワークを活用することが有益です。人々が抱えるさまざまな課題やニーズを満たすために活用されるこれらの要素を**社会資源**といいます。そして，日常生活をとおして多くの子どもやその保護者と接する機会が多い保育者にはこうした社会資源とつなげる窓口としての役割が期待されています。もちろん，保育者自身も社会資源のひとつですが，ここでは特に多様な家族と関わりの深い主な専門機関をみていきましょう。

プラスα

パートナーシップ制度の普及
2024年5月の時点で458以上の自治体が導入している。

ことば

LGBT理解増進法
「性的指向及びジェンダーアイデンティティの多様性に関する国民の理解の増進に関する法律」のことであり，性の多様性に関する理解を深めるために施行された。

ことば

児童福祉司
児童相談所に設置される職員であり、社会的援助活動などを行うことを目的としている。

プラスα

保健センター
健康相談・乳幼児健診などのようなサービスを主な業務としている。

●児童相談所

　児童福祉法に基づいて設置される行政機関であり、個々の子どもや家庭に最も効果的な援助を行い、子どもの福祉と権利を擁護することなどを目的としています。また、児童虐待の主な相談窓口にもなっています。そのために**児童福祉司**、医師、看護師、児童相談員、保育士、栄養士などの職員が配置されています。

●福祉事務所

　社会福祉法に基づいて設置される行政機関であり、都道府県及び市と特別区には設置が義務づけられています。福祉事務所は、福祉六法（生活保護法、児童福祉法、老人福祉法、身体障害者福祉法、知的障害者福祉法、母子及び父子並びに寡婦福祉法）が定める事務を司っています。

●保健所

　地域保健法に定められた公的機関であり、地域住民の健康増進、疾病の予防、環境衛生などを促進しています。これは、都道府県、政令指定都市、その他政令で定める市や特別区などに設置されており、このほかにも市町村が設置主体となった**保健センター**が運営されています。

●児童家庭支援センター

　子どもの保護者などからの相談に応じて適宜助言や指導を行うことにより福祉の発展を目的としています。そのほかの業務としては、児童相談所などとの連絡調整をしたり、里親の支援などを行ったりしています。

●児童発達支援センター

　2012年の改正児童福祉法により創設されました。医療型と福祉型の2種類があり、さまざまな障害の種類や症状が異なる子どもに対する支援を行っています。

　子ども家庭支援を充実させるために保育者はこれらの専門機関との連携・協働が今後ますます重要となってきます。

第3節　多様な家族が抱える心理的な課題とその支援のあり方

1　親子の絆

　前節では主に制度的側面を中心にして多様な家族に対する支援を概観しました。しかし、それだけで多様な家族の支援が十分になされているというわけではありません。ここで、たとえばステップファミリーに関する固有の問題として、SAJ・野沢（2018）のインタビュー記事をみてみましょう。

【事例4-1　継親と衝突して関係が悪化した場合】
　5歳のときに母親が再婚。「母親より仲がいい」「優しいお父さん」と思っていたが，中学校で出された課題のために実父の写真を探していたら，継父に見つかり喧嘩になった。（…中略…）その後お互いに無視する関係が5年間続いた。母親は継父側に立って自分を助けてくれなかった。その後はグレて夜遊びを重ねた。（Cさん，女性）
（出所：SAJ・野沢慎司編（2018）『ステップファミリーのきほんをまなぶ』金剛出版，174頁より一部を要約して引用）

　このようにステップファミリーでは新しい家族との折り合いが悪かったり，居場所がなくて疎外感に悩まされたりする人がいます。さらに極端な場合には，2018年に東京都目黒区で発生したように継父による痛ましい児童虐待に至る事例もみられます。そのほかには小榮住（2020）が指摘しているように，前家族関係をめぐる面会交流の未実施や中断，相談窓口が地域にないことなどによる問題もあります。そこで，ここでは個人の心理的側面を中心にして多様な家族の支援を考えていきます。

　子どもは誕生後に自分の親近者との間に絆を形成していきます。通常であれば，実親がその一番の担い手になります。しかし，親が再婚してできたステップファミリーや，LGBTQの場合にはどちらかの親と子の間に血縁関係がない場合もあります。では，親子の絆はどうなるのでしょうか。

　この点に関して**ボウルビィ**（1951=1967）は，養子縁組する場合，子どもの出生直後になされることが有益であると述べています。それは，その時期が早いほど養親は養子に対して実子に近い感情を抱くために親密感もあり，実の親子のような絆が形成されるからだとしています。かつては衛生状態や栄養が整った施設にいても養育者との関わりがないと，子どもの発育に悪影響があるという**ホスピタリズム**を見出した**スピッツ**などの影響により，3歳までは実母が養育しないとその子どもの心身に何らかの悪影響が生じるという**3歳児神話**が社会的に広く信じられていた時代がありました。しかし，第3章でみたようにアロマザリングでは実母以外の人が育児に関わっています。また現在では厚生労働省（1998）によってその合理性が否定されています。

　こうしたことから血縁関係がなかったとしても，実親以外の養育者が養子や里子と互いに絆を結ぶことは可能だと考えられます。もちろん，日常の業務で保育者が子どもと関わることにも問題はありません。しかし，養子や里子における親子の絆を考える場合，これとは別に第7章で詳しく解説される**アイデンティティ**の問題があります。次の事例をみてみましょう。

人　物

ボウルビィ
Bowlby, J.（1907-1990）
イギリスの児童精神医学者。WHOの依頼を受けて調査した結果から乳幼児と母親，もしくは母親の役割を果たす人物との人間関係の重要性を指摘した。

スピッツ
Spitz, R.（1887-1974）
乳幼児期における母子関係の重要性を指摘した児童精神分析医である。

ことば

DNA鑑定

デオキシリボ核酸（DNA）を検査することで行う個人識別を目的とした鑑定である。これは犯罪捜査や親子鑑定などに用いられる。

【事例4-2　病院での子どもの取り違え事件】

東京都立の産院のミスで出生直後に別の新生児と取り違えられた都内の男性（63）が，都を相手取り，実親と連絡がとれるかなどの調整や調査を求める訴訟を東京地裁に起こした。都は取り違えを認めた判決確定後もプライバシーを理由に実親を特定するための調査を拒んでいるといい，男性は「出自を知る権利」の侵害にあたると主張している。（…中略…）母親が偶然行った血液検査で，血縁関係ではあり得ない血液型の組み合わせだとわかり，DNA鑑定で「親子関係にない」との結果が出た。「頭が真っ白になった」。46歳のときだった。

（出所：朝日新聞デジタル（2021）より一部を要約して引用）

この事例では長年にわたって実の親子と信じて生活してきたわけですが，血縁関係がないことが判明して心に大きなショックが生じたことがわかります。野辺（2015）は，青年後期に「実は，あなたは養子だったんですよ」と真実告知を受けた人が心に混乱をきたす場合のあることを指摘しています。森（2005）は，養親が養子に対して何度も真実告知をして第1期（最初の真実告知），第2期（境遇の悲しみ・養子であることの不安・赤ちゃん返り），第3期（ルーツへの疑問・生い立ちのルール作り），第4期（ルーツ探し・生みの親への怒り・養母への反発），第5期（生みの親，養親への理解・境遇の受容）という段階があることを指摘しています。養子や里子の場合には，真実告知が後になればなるほど親への信頼が根底から覆されるために，それがかえってその子ども自身の心身に悪影響を及ぼすことが考えられます。したがって，養子や里子に対しては早期の真実告知が好ましいとされており，そのような研修が求められます。

2　ソーシャルワークによる支援

日本学術会議（2003）によれば，**ソーシャルワーク**とは社会福祉援助のことであり，質の高い生活（QOL）を支援して個人の**ウェルビーイング**の状態を高めることを目的とするものです。これは，特に多様な家族に限定されたものというわけではなく，それ以外のさまざまな問題を抱えた家族も対象としています。ソーシャルワークには個人を対象とした**個別援助技術**，集団を対象とした**集団援助技術**，地域を対象とした**地域援助技術**などの種類があります。そして保育者が保護者を支援する場合にもこのソーシャルワークの考え方が有効です。これには以下に挙げる**バイスティックの7原則**があります。

ことば

ウェルビーイング

身体的，精神的，社会的に幸せな状態にあること。

〔バイスティックの7原則〕

①個別化の原則

　クライエントが抱える困難や問題は，人それぞれで違っており，同じ問題は存在しないので，一人ひとり丁寧に対応することを心掛けるということ。

②意図的な感情表現の原則

　クライエントが持つ苦しみや悲しみなどのさまざまな感情や気持ちをありのままに表現することを認めること。

③統制された情緒関与の原則

　援助者はクライエントに対する過度な感情移入をさけて，自分の感情をコントロールする必要があるということ。

④受容の原則

　援助者の価値観を押し付けたり，クライエントの考えを否定したりするのではなくてまずは受け止めること。

⑤非審判的態度の原則

　クライエントの行動や思考に対して良し悪しといった判断をしないで客観的な態度を保つということ。

⑥自己決定の原則

　クライエントが自己決定することを促してそれを尊重するということ。

⑦秘密保持の原則

　クライエントの個人情報を保護するということ。関係のない第三者に職務上知り得たクライエントの家族構成や収入などの事柄を漏らさないこと。

　保育者はソーシャルワーカーではありません。職種によってその専門性に違いがありますので，保育者は自分がなすべき役割を正しく理解することが大切です。しかし，保育者はこうした技法を習得することによって心理的側面からクライエントに寄り添い，第2節で取り上げた専門機関につなげていくことができます。そうすれば虐待の恐れや面会交流の機会が乏しくて不安やストレスを抱えたステップファミリーはもちろんのこと，貧困に苦しむひとり親家庭，さらに発達障害のある子どもを抱える家庭など，さまざまな困難に苦しむ人々にとってのよき相談窓口になることができるでしょう。このようにソーシャルワークを援用した子ども家庭支援は保育の場面でも有効な手立てであるといえます。

　さまざまな事情から家庭の姿にはいろいろな形があります。しかし，その家庭が辿ってきた道筋を理解し，さまざまな障害や課題が解決する手助けとなるように保育者は何よりも受容の心を持つことが大切です。

ことば

クライエント
何らかの問題を抱えて相談しに来た人のこと。

ことば

ソーシャルワーカー
介護，福祉などの分野で相談援助を行い困難を抱えた人を支援する職業のこと。

第4章　多様な家族とその理解

演習問題

① 多様な家族の種類にはどのようなものがありますか。また，そのような人々にはどのように関わっていけばよいでしょうか。

② 専門機関との連携・協働についてその意義と注意点を考えてみましょう。

【引用・参考文献】

愛育研究所編（2023）『日本子ども資料年鑑2023』KTC中央出版

朝日新聞デジタル（2021）「『生みの両親に会いたい』産院で取り違えの男性，都に調査求め裁判」2021年11月5日
https://www.asahi.com/articles/ASPC566KDPC5UTIL00P.html（2024年5月14日閲覧）

Bowlby, J.(1951) *Maternal Care And Mental Health*, WHO（ボウルビィ，J. 著，黒田実郎訳（1967）『乳幼児の精神衛生』岩崎学術出版社）

外務省HP「ハーグ条約と国内実施法の概要」
https://www.mofa.go.jp/mofaj/fp/hr_ha/page22_000843.html（2024年9月3日閲覧）

橋本好市・直島正樹編著（2019）『保育実践に求められる子ども家庭支援』ミネルヴァ書房

橋本真紀・山縣文治編（2015）『第2版 よくわかる家庭支援論』ミネルヴァ書房

法務省（2012）『法務省だより　あかれんが』Vol.39
https://www.moj.go.jp/KANBOU/KOHOSHI/no39/1.html（2024年5月13日閲覧）

法務省HP「養子縁組について知ろう」
https://www.moj.go.jp/MINJI/kazoku/youshi.html（2024年5月25日閲覧）

こども家庭庁（2023）「こども家庭センターについて」
https://www.mhlw.go.jp/content/11907000/001127396.pdf（2024年5月14日閲覧）

こども家庭庁（2024）「ひとり親家庭等の支援について　全体版」
https://www.cfa.go.jp/assets/contents/node/basic_page/field_ref_resources/0a870592-1814-4b21-bf56-16f06080c594/6f861534/20240329_policies_hitori-oya_36.pdf（2024年5月13日閲覧）

こども家庭審議会（2023）「幼児期までの子どもの育ちに係る基本的なヴィジョン」
https://www.mhlw.go.jp/content/12201000/001177090.pdf（2024年6月23日閲覧）

小榮住まゆ子（2020）「わが国におけるステップファミリーの現状と子ども家庭福祉の課題——ソーシャルワークの視点から」『人間関係学研究』第18号，23-34頁

国立精神・神経医療研究センター（2019）「男性脳・女性脳をつくる新たなメカニズムの解明」National Center of Neurology and Psychiatry
https://www.ncnp.go.jp/activities/research1.html（2023年12月26日閲覧）

厚生労働省（1998）『厚生白書　平成10年版』

厚生労働省HP「児童相談所の概要　第1章　児童相談所の概要」
https://www.mhlw.go.jp/bunya/kodomo/dv11/01-01.html（2024年1月3日閲覧）

厚生労働省HP「ニュース＆インフォメーション　里親家庭を募集しています！」広報誌『厚生労働』
https://www.mhlw.go.jp/houdou_kouhou/kouhou_chuppan/magazine/2016/dl/1610_03.pdf（2024年6月21日閲覧）

MARRIAGE FOE ALL JAPAN「日本のパートナーシップ制度　結婚の自由をすべての人に　Marriage for All JAPAN」
https://www.marriageforall.jp/marriage-equality/japan/（2024年5月13日閲覧）

松本峰雄監修（2023）『よくわかる！　保育士エクササイズ⑫　子ども家庭支援論演習ブック』ミネルヴァ書房

餅川正雄（2018）「日本の養子縁組制度と法定相続に関する基礎的研究」『広島経済大学研究論集』41，3，53-75頁

森和子（2005）「養親子における『真実告知』に関する一考察——養子は自分の境遇をどのように理解していくのか」『文京学院大学研究紀要』Vol.7(1)，61-88頁

森上史朗・柏女霊峰編（2015）『保育用語辞典（第8版）』ミネルヴァ書房

中坪史典・山下文一・松井剛太・伊藤嘉余子・立花直樹編（2021）『保育・幼児教育・子ども家庭福祉辞典』ミネルヴァ書房

日本学術会議（2003）「ソーシャルワークが展開できる社会システムづくりへの提案」第18期社会福祉・社会保障研究連絡委員会

野辺陽子（2015）「非血縁親子における『親の複数性・多元性』の課題」『比較家族史研究』29，129-145頁

大豆生田啓友・三谷大紀（2021）『最新保育資料集』ミネルヴァ書房

大浦賢治（2017）「養子縁組と里親家族から考える3歳児神話」『小田原短期大学研究紀要』47，11-20頁

大浦賢治（2021）『実践につながる新しい子どもの理解と援助——いま、ここに生きる子どもの育ちをみつめて』ミネルヴァ書房

SAJ・野沢慎司編（2018）『ステップファミリーのきほんをまなぶ——離婚・再婚と子どもたち』金剛出版

汐見稔幸・無藤隆監修（2018）『平成30年施行　保育所保育指針　幼稚園教育要領　幼保連携型認定こども園教育・保育要領　解説とポイント』ミネルヴァ書房

田中聡子編著（2022）『ひとり親家庭に寄り添う支援』ふくろう出版

藤後悦子監修（2022）『社会的子育ての実現』ナカニシヤ出版

山本陽子・大浦賢治編著（2024）『実践につながる　新しい保育内容「人間関係」——共生を育む保育を目指して』ミネルヴァ書房

家族・家庭の意義と機能

学習のポイント
- 家族、家庭とは何かについて理解しましょう。
- 家族・家庭の意義と機能、その変化について理解しましょう。
- 家族やその機能が変化するなかでの家庭支援のあり方を考えましょう。

第1節 家族・家庭とは

　これまでの章でも「家族」や「家庭」という言葉がたくさん出てきましたが、あらためて「家族」とは、「家庭」とは、一体何をもってそのように呼んでいるのでしょうか。ときに「家族」と「家庭」という言葉は、厳密に区別せず同じような意味で使われることもありますが、これらはそもそもどのように定義されているのでしょうか。そのことについてまずみていきたいと思います。

1　家族とは

　前章でも学んだように、今日家族は多様化しています。そのようななかでこれを一義的に説明しようとすることは難しいともいわれていますが、一般的な「**家族**」（family）の定義として、『広辞苑（第七版）』を取り上げてみましょう。これによれば、「家族」とは、「夫婦の配偶関係や親子・兄弟などの血縁関係によって結ばれた親族関係を基礎にして成立する小集団。社会構成の基本単位」と説明されています。この定義では、家族は、配偶関係や血縁関係による親族関係を基礎にした「集団」ということになります。また、家族社会学においては、家族とは、「夫婦・親子・きょうだいなど少数の近親者を主要な成員とし、成員相互の深い感情的かかわりあいで結ばれた、幸福（well-being）追求の集団である」（森岡・望月，1997）との定義があります。これらどちらの定義にも共通しているのは、家族とは、夫婦の配偶関係や親子・きょうだいなど近い血縁関係を基礎とした「集団」であるという点です。

しかし，実際には，これらの定義に当てはまらないケースがあります。たとえば婚姻による配偶関係ではなくとも，互いにパートナーとして認め合い家族として生活している**事実婚**やLGBTQのカップルもいます。また血縁関係ではなくとも養育する・される関係である養子縁組の親子などもいます。このように家族の多様化が進む今日の社会において，家族の構成員を制度などの外的な条件のみで限定せず，当人が特定の相手を家族であると認めていればそれは家族であるとする考え方は広がってきているといえます。

上野（1994）は，「誰を自分の家族とみなすか」という当事者自身の認識のことを「**ファミリー・アイデンティティ（家族同一性）**」という概念として提唱しました。上野は，自分の家族を自分の周りの人間関係のどこまでとみなすかという個々人の認識について調査し，その認識の範囲は，血縁関係であることや同居しているといった一般的な家族の定義には当てはまらないケースや自分が飼っているペットを家族と認識しているケースがあることを明らかにしました。また一方が相手のことを家族であると思っていても，もう一方は相手を家族とは思っていないという双方で認識が異なるケースもあるといいます。

このように現代において家族とは，血縁関係や配偶関係，同居などといった外的な条件のみで定義されるものではなく，個人がある特定の人に対して家族であると認識すれば家族であるとする，心理的な境界によって定められている側面があるといえます。

また先の森岡による定義では，家族とはさらに，「成員相互の深い感情的かかわりあいで結ばれた」集団と説明されています。これは，愛であれ憎しみであれ，夫婦でも親子でも，互いに無関心ではいられない，感情的に深くからみついた結ばれ方をしているということが示されています。確かに家族というのは，多くの人にとって，愛おしさや思いやり，慈しみ，信頼感など，自分にとって「かけがえのない存在」「大切な存在」として肯定的な，好意的な感情を抱く存在であります。

しかし，ときとして家族同士で気持ちの行き違いや衝突，葛藤などの感情を抱く場合もあります。家族ではない他人であれば気にならないようなことでも，身近にいる家族だからこそわかって欲しいと期待したり，わかっているはずと勝手な思い込みをしたりすることもあるかもしれません。そして自分が望むような気持ちや態度，行動などが相手にみられない場合に，不満や反発心，葛藤などを感じ実際にぶつかり合うことも人なり小なり，またその内容はさまざまではあっても誰しもが経験することではないでしょうか。

🍀**ことば**

事実婚
法律上の要件（婚姻の届出）を欠くが，事実上婚姻と同様の状態にあることを指す。事実婚に対して，婚姻の届出をしたものを法律婚という。

🍀**ことば**

ファミリー・アイデンティティ（家族同一性）
社会学者の上野千鶴子は，家族を成立させている意識のことを「ファミリー・アイデンティティ」と名づけた。ファミリー・アイデンティティとは，何を家族と同定（identity）するかという「境界の定義」である。つまり誰が誰のことを家族だとみなしているか，という当事者自身の意識のことである。

第5章　家族・家庭の意義と機能

またこの家族の定義ではさらに「幸福追求」の集団であると説明されていますが，ここでの「幸福」とは，「心身の状態を満たされて幸せと感ずる状態」とされています。そして欲求の内容やその度合い，またどのような状態を幸せであると感じるかは，人によりまた状況によっても差がありますが，誰しも幸福を求めて生きており，家族という集団のなかでも幸福を願い，追求することは一般的な感覚といえるでしょう。しかし，同じ家族同士であっても，それぞれの願うことが相入れない場合，ときにすれ違いや衝突なども起こります。

　たとえば親が子どもの幸せのためと思って起こす行動が，子どもの側からは願うことではない場合や，子どもが生まれるまでは特に衝突することのなかった夫婦が，子どもが生まれ家事育児の分担や養育方針などで意見がぶつかることが増えたなど，家族みなが一緒に幸せになりたいと願いながらも互いの気持ちに折り合いがつかない場合に，悩みや葛藤などが生じることもあるでしょう。家庭を支援する場合においてはこのような家族のなかでのそれぞれの立場や思い，願い，関係性にも配慮した支援のあり方を考えていくことが大切です。

2　家庭とは

　それでは次に「**家庭**」(home) の定義は，どのようになされているのでしょうか。一般的にこの言葉が使われる場合の意味として，『広辞苑(第七版)』によれば「夫婦・親子など家族が一緒に生活する集まり。家族が生活する所」とされています。また，『日本大百科全書』では，「家族を中心とした諸個人の生活空間およびその雰囲気」と説明されています。先にみたように，「家族」が人の「集団」という意味を持つことに対して，「家庭」は，その集団である家族が生活する「場所」「空間」を意味するといえます。ただし，家庭は，単に物理的な「場所，空間」という意味だけでなく，そこでの「雰囲気」をも含んだ概念として捉えられているといえます。また「家庭円満」「**家庭崩壊**」など家族内の成員間の関係性を表す意味で使われることもあります。

家庭崩壊
家族の絆や関係性が乱れ，家庭がうまく機能しなくなる状態。

3　世帯とは

　これまでみてきたように「家族」という言葉がどのような実態を意味するのか，時代によってもまた人によっても捉え方は変わってきます。そのため「家族」と呼ばれるすべてのその実態を一義的に定義しようとすることは難しく，またその定義の仕方により家族や家庭の捉え方が変わることから，日本においては「家族」や「家庭」とは別に，それらの

実態を把握するための枠組みとして国勢調査などでは「世帯」という用語が使われてきました。「世帯」の定義は、「住居および生計を共にする者の集団」(『広辞苑（第七版）』）とされています。この定義を用いる場合、先に示した家族の定義には当てはまるケースであっても、同じ家族内の成員であっても住居と生計を別にしている場合は、「世帯」としては別ということになります。たとえば、家族のなかに単身赴任や自宅から遠方地域への進学などで住居と生計をほかの家族と別にしている者がいる場合は、同じ家族ではあっても別の世帯になるということです。

第2節 家族の形態とその変化

1 家族の形態

家族の形態には、主なものとして核家族と拡大家族があります。**核家族**とは、夫婦を基本単位とした家族形態であり、"一組の夫婦と未婚の子ども"で構成される家族ですが、"一組の夫婦のみ"、"一人の親とその子ども"といった構成も核家族に含まれます。

拡大家族は、親夫婦とその子どもの夫婦（またその子ども）が同居する家族です。この拡大家族には、親夫婦と一組の子ども夫婦（またその子ども）が同居する**直系家族**と、親夫婦と複数の子どもがそれぞれ結婚してできた夫婦（またその子ども）が同居する**複合家族**があります。現代の日本では複合家族は稀です（図5-1）。

> **プラスα**
>
> **核家族と拡大家族**
> アメリカの人類学者マードック（Murdock, G.P.）が1949年に提唱した語である。

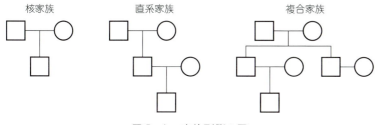

図5-1 家族形態の図

これまでの日本において、社会状況の変化に伴い家族の形態は変化してきました。家族形態の変化について、家族構成の面と、家族規模の面からみていきましょう。

2 家族構成の核家族化

まず家族構成における変化についてみていきます。戦前は、家族は親から子へ、子から孫へと代々引き継がれることで、主に拡大家族の形態

ことば

「家」制度

1898（明治31）年に制定された明治憲法下の民法において規定された日本の家族制度。家長の統率のもとに，家産に基づいて家業を経営し，非血縁者を跡取り養子にしてでも，先祖から子孫へと，世代を超えて家系が存続繁栄することに重点を置く制度。

プラスα

第一次産業・第二次産業・第三次産業

第一次産業とは，農業・牧畜業・水産業・林業・狩猟業などの産業のことである。第二次産業とは，製造業・鉱業・建設業・ガス電気事業などが含まれる。第三次産業とは，商業・運輸通信業・金融業・公務，その他サービス業が含まれる。

がとられていました。跡取りの子ども（多くは長男）は親元に残り，結婚して子どもを持つという三世代同居が繰り返される**直系家族制**（「家」制度）が存在していました。第二次世界大戦後，日本国憲法の制定とそれに基づく民法の改正により「家」制度が廃止され，個人の尊厳と男女平等を基盤とした新しい家族制度として，一組の夫婦を基本単位とした**夫婦家族制**が導入されました。これにより，家族の形態として，一組の夫婦と子どもからなる核家族が増えていくことになりました。

また核家族化が進んだ背景として，社会における産業構造の変化が影響したこともいわれています。図5-2は，産業別就業者数の推移を示したものです。戦後しばらくは農業・漁業などの**第一次産業**の就業者数が最も多かったのですが，1950年以降それは減少し続けます。一方，**第三次産業**の就業者数は増え続け，高度経済成長期にも入り1950年代後半には第一次産業の就業者数を上回ります。このような産業構造の変化に伴い，農村部などの地方から都市部に労働力人口が移動し，親元から離れて暮らす核家族が都市部を中心に増えていきました。

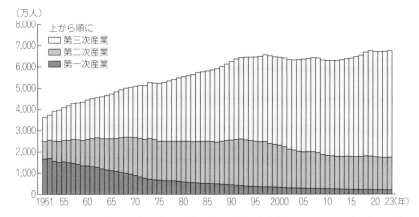

図5-2　産業別就業者数の推移（第一次～第三次産業，1951～2023年，年平均）
資料出所：総務省統計局「労働力調査」
出所：労働政策研究・研修機構（2024）「統計情報　早わかりグラフでみる長期労働統計」

表5-1は，世帯構造別に世帯数の推移を示したものです。"夫婦のみ"，"夫婦と子ども"，"ひとり親と子ども"を合わせた核家族の割合が増える一方で，三世代世帯が減っています。また核家族のなかでもその類型別にみると，増減の傾向の違いがみられます。子どもがいない夫婦のみの世帯やひとり親世帯の割合は増えており，夫婦と子どもから成る世帯は減っています。また家族構成の変化における近年の特徴として，単独世帯の割合は増加傾向にあり，現在では世帯数としてほかと比べて最も多くなっています。このことの背景には，高齢化や未婚化があると考えられます。

表5-1 世帯構造別世帯数および平均世帯人員の推移　　　　　　　　　　　　　　（1,000世帯）

	総数	世帯構造						平均世帯人員
		単独世帯	夫婦のみ	夫婦と未婚の子ども	ひとり親と夫婦の子ども	三世代世帯	その他の世帯	
1986年	37,544	6,826	5,401	15,525	1,908	5,757	2,127	3.22人
1992年	41,210	8,974	7,071	15,247	1,998	5,390	2,529	2.99人
1998年	44,496	10,627	8,781	14,951	2,364	5,125	2,648	2.81人
2004年	46,323	10,817	10,161	15,125	2,774	4,512	2,934	2.72人
2010年	48,638	12,386	10,994	14,922	3,180	3,835	3,320	2.59人
2016年	49,945	13,434	11,850	14,744	3,640	2,947	3,330	2.47人
2022年	54,310	17,852	13,330	14,022	3,666	2,086	3,353	2.25人

注：2016年の数値は熊本県を除いたものである。
出所：厚生労働省（2023）「2022（令和4）年　国民生活基礎調査の概況」より筆者作成

3　家族規模の縮小

次に家族規模の面から家族形態の変化をみていきます。図5-3は，世帯人員別に世帯数の推移を示したものです。これをみると，4人以上の人員の多い世帯は減少傾向にあることがわかります。それに対して，一人世帯，二人世帯は増加傾向にあり，特に一人世帯でその傾向は著しいことがみてとれます。表5-1の平均世帯人員の推移をみても，減少傾向にあることがわかります。子育て家庭においては，かつて多くみられた三世代世帯など大家族であれば，祖父母の手を借りたり，きょうだい間で面倒を見合ったり，多くの手で分担しながら子育てができ，誰かにだけそれが偏るという状況は起こりにくいのですが，家族の人員が少なければ家事や育児の負担は少数の人や一人で担うことになり，「ワンオペ育児」ともいわれる一人で育児の負担を負う状況にもつながりやすくなります。これはたとえ家族がいても，たとえば夫は仕事で忙しく育児に携われなかったり，介護にも手を取られていたりするなど，実質頼れる人，自分が動けないときの代わりの人がいない場合は，一人で家の

ことば

ワンオペ育児
ワンオペレーション（One Operation：一人作業）による育児の略語。養育者が一人きりで育児のすべてをこなさなければならない状況を指す。責任の重さや気軽に相談できる相手がいないことなど疲労感や孤独感を抱えやすい。

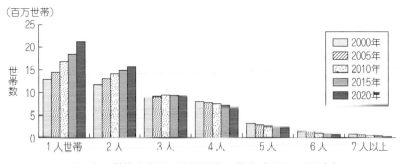

図5-3　世帯人員別一般世帯数の推移（2000～2020年）
出所：総務省（2021）「令和2年　国勢調査」

ことをやりくりせねばなりません。今は共働き家庭が増え、家族が少人数であれば、仕事と子育ての両立にはさまざまな困難が伴います。ひとり親家庭であれば一人で両方を担わなければならないためなおさらでしょう。もし育児を担う誰かが動けなくなりその交代要員がいなければ、家族だけで子育てをすることが立ち行かなくなってしまいます。そのような家庭の状況にも配慮しながら、保育者は支援や関わり方を考えていく必要があります。

第3節 家族・家庭の機能とその変化

1 家族・家庭の機能

家族や家庭には、どのような意義があるのでしょうか。すなわち、家族、家庭は、誰（何）にとって、どのような機能つまり役割を果たしているのかについて、またその機能は、時代や社会の移り変わりのなかでどのように変化してきたのかについてみていきます。

家族の機能とは「家族が社会の存続と発展のために果たさねばならないさまざまな活動（それを怠ると社会が消滅・崩壊の危機を迎えるような活動）、および内部のメンバーの生理的・文化的欲求を充足する活動」（石川，1997）と説明されています。ここからは、家族の機能には、社会に対して果たされる側面と、家族内の個々の成員に対して果たされる側面とがあることが理解できます。

2 家族の機能の変化

社会学者オグバーンは、社会の産業化すなわち農業中心の社会から工業中心の社会へと移行するにつれて、家族の機能が変化したことを論じました。産業化以前の農業中心の社会で家族が果たしていた機能として次の7つを挙げています。

①生産単位としての経済機能
②メンバーを社会的に位置づける地位付与の機能
③子どもに基礎的・専門的な知識や技術を伝え教育する機能
④家族メンバーの生命・財産を守る保護機能
⑤日常的な信仰活動を通じて家族メンバーの精神的安定と結束を図る宗教機能
⑥家族全員の安らぎを図る娯楽機能
⑦家族メンバー同士の慈しみや思いやりといった愛情機能

オグバーン
Ogburn, W. F.（1886-1959）アメリカの社会学者。オグバーンは、家族でなされるさまざまな仕事を調査して、産業化により家族機能が縮小したことを提唱した。

オグバーンは社会の産業化により，これら7つの家族機能のうち愛情機能を除く6つの機能は縮小したと論じました。

日本においても戦前は，先にもみたように農業を中心とした第一次産業に従事する人が多く，また第二次，第三次産業においても，家族が自営の生産単位として経済活動を担う形が多くみられました。しかし，戦後は第一次産業従事者が減少するとともに，第二次，第三次産業従業者が増え，そのうち家庭の外に出てサラリーマン（賃金労働者）として働く人が増えていきました。そのことで家族で生産活動を行う経済機能は次第に縮小し，企業などが主に担うようになっていきました。

また教育する機能についても，主に家族で家業を営んでいた時代は，その職業に必要な知識や技術が親から子へ伝達され，つまり家族が教育機能を果たしていましたが，家庭の外に出て働くようになると，その機能を果たす必要がなくなっていきました。そして家業以外の職業に就くため，社会に出るために必要な教育は，さまざまな種別の学校や専門的な知識や技術を教える機関が担うようになりました。また今日では，塾や習い事など子どもの教育を行う機会は家庭以外に多く存在します。

保護機能についても，今は生命や財産の保護は警察や銀行，さまざまな制度に依存していますし，病人は病院に，高齢者は福祉施設に保護を委ねています。乳幼児の保護も保育所などに一部託されています。娯楽機能についても，かつては家族で余暇を過ごすことで楽しみや安らぎを得ることを図っていましたが，今日ではレジャー産業などがその役割を多く担うようになっています。

このように，家族が果たしていた多くの機能は，次第に弱まったり，家族以外の専門的な社会機関などが担うようになったりと，家族機能の縮小と外部化が進んでいきました。しかし，そのような全体としての傾向のなかで，家族の愛情機能だけは逆に強まったとされています。家族が一緒に家業を営むなど共同で活動する機会の多かった近代化以前と比べ，現代では，家庭を離れての就労や就学，家庭内でも家族が別々に自分の好きなタイミングでやりたいことをして過ごすことが増え，家族で直接関わり合う機会は減っています。仕事や学校など各自の生活スケジュールの都合もあり，家族全員揃って食卓を囲むことが難しい家庭も珍しくはないでしょう。外での仕事や学業などで生じる緊張，ストレスや疲れ，家族間で物理的に離れている時間の多さは，家族に対して心の安らぎや情緒的なつながりを求めることに関係しているともいわれています。

国民が家庭の役割つまり機能に関してどのように考えているかを知る

ことば

家業
代々，その家に伝わってきた職業。

ことば

レジャー産業
余暇を楽しむ人々のために，遊戯・娯楽施設などさまざまなサービスを提供する産業のこと。

第5章

家族・家庭の意義と機能

> **プラスα**
> 「国民生活に関する世論調査」
> 内閣府が毎年実施する,現在の生活や今後の生活についての意識,家族・家庭についての意識など,国民の生活に関する意識や要望を種々の観点で捉え,広く行政一般の基礎資料とするために行う世論調査。

参考資料として,「国民生活に関する世論調査」(2023年)の結果をみてみましょう。この調査では,「あなたにとって家庭はどのような意味を持っているか」との質問項目がありますが,これの回答結果を示したものが図5-4です。多いものから「休息・やすらぎの場」(62.5%),「家族の団らんの場」(61.9%),「家族の絆を強める場」(43.0%)となっています。昨今の国民一般の意識としても,家族は休息・安らぎ,団らん,家族の絆を強める場であると考えられていることがわかります。またその一方で,「こどもをしつける場」(7.5%),「親の世話をする場」(9.8%)は低く,かつて家族が主に担っていた教育機能や保護機能に含まれるしつけや介護が,家族の役割,機能であるとの意識はそれほど高くないといえます。このように家族の愛情機能は,ほかの機能と比較して現代において多くの人から重視されていることがうかがえます。

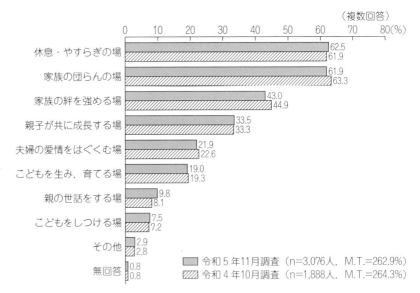

図5-4 家庭の役割

出所:内閣府(2024)「国民生活に関する世論調査(令和5年11月調査)」

3 子育てにおける家族・家庭の機能

これまでみてきたように,家族の機能の多くが外部化されてきたわけですが,子育て家庭においては,子どもにとって,子どもが成長,発達し自立していくうえで,重要な機能を家族・家庭が果たしています。

松本ら(2019)は,子どもが育つ場としての家族,家庭の役割として次のことを挙げています。1つ目に,子どもに衣食住を提供し,生存と生活を保障することです。2つ目に,情緒的つながり,つまり安心して甘えられる関係が築けるということです。多くの家族では血縁関係を基

礎として情緒的つながりが形成されますが、たとえ血縁関係がなくとも、たとえば養親と養子との関係のように、継続的に生活をともにし、世話をされるなかで、信頼関係、情緒的つながりは形成されうるのです。3つ目に、家族において子どもの社会化がなされます。人は生まれて自分の属する社会の価値、規範、行動様式などを、家族、地域、学校などで学習していきます。家族は生まれて初めて出会う社会であり、そこで子どもは家族とともに生活しながら、言葉、生活習慣、価値観、人との関わり方などを身につけていきます。4つ目に、さまざまな経験ができる場としての役割です。今日では家族構成の変化やきょうだい数の減少、家事の簡便化などを背景に、子どもが家庭で経験できる生活や人間関係の内容は変わってきています。5つ目に、子どもが育つために、学校、保育所、地域の遊び場、病院など、子どもが自分の力では利用できない**社会資源**を適切に利用することも家族の役割として挙げられています。

またマズローが示した人間の基本的欲求という観点から、家族の機能を考えることもできます。この**基本的欲求**である①生理的欲求、②安全の欲求、③所属と愛の欲求、④承認の欲求、⑤自己実現の欲求は、低次の①生理的欲求から⑤自己実現の欲求に向けて5段階の階層になっており、低次の欲求が充足されると、より高次の欲求の充足を求めるようになるとされます(図5-5)。家族は、これに属する成員個人がこれら基本的欲求を充足するうえで、大きな役割を果たしています。特に幼い子どもにとって、生理的欲求や安全の欲求は、自分の意思や力でこれを充足させることは難しく、またそれより高次の欲求についても多くの場合はまず家族のなかで満たされる経験をします。また親(養育者)も、「親になりたい」「子どもを育てたい(もちたい)」などの、承認欲求や自己実現の欲求を満たすことができ、家族がその機能を果たしているといえます。

社会資源
生活上のニーズを満たしたり、福祉的な課題を解決したりするために必要に応じて活用できる人・モノ・制度・サービスなどのこと。社会資源は人別すると、法律や制度で定められた機関、施設、専門職から提供されるフォーマル(公的)なものと、家族、友人、近隣などから提供されるインフォーマルなものがある。

マズロー
Maslow, A. H. (1908-1970)
アメリカの心理学者。人間の健康的な側面を重視した人間性心理学を確立した。

基本的欲求
①生理的欲求は、生命維持に不可欠な食欲や睡眠、排泄などの欲求。②安全の欲求は、危険、病気などの回避、安定した生活への欲求。③所属と愛の欲求は、家族、仲間などの集団に所属したい、受け入れてもらいたいという欲求。④承認の欲求とは、他者から認められることや自尊心に対する欲求。⑤自己実現の欲求は、なりたい自分になることへの欲求。

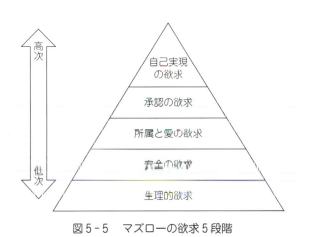

図5-5　マズローの欲求5段階

このように子どもが育つうえで，家族の役割はやはり重要なものでありますが，そうであるから家族で責任をもって子育てを担うべきという世間や周囲の考え方，また子育てをしている養育者自身がそのような観念が強いと，それが重いプレッシャーとなりうることには注意を払わねばなりません。特に周囲に相談できる人や場所がない場合，自分の責任で子育てをしなければと負担や悩みを一人で抱え，それが養育者自身の心身の不調を来たしたり，不適切な養育や虐待につながってしまう恐れがあるからです。

4　家族の機能の変化と子ども家庭支援のあり方

　社会の変化のなかで家族の機能の外部化が進み，子どもの保護や教育についても幼稚園，保育所などが担う部分が増えたからといって，保育施設が何でもどんどん請け負っていけばよいということにはなりません。子どもが心身ともに健やかに育つために，家族こそが担う機能，家族でしか担えない機能が何であるかを考えつつ，それがうまく機能していない場合に必要な支援が求められます。

　その際，その家族が機能を果たせるよう助言，情報提供などの働きかけをするのか，外部のどこか（誰か）が補うのか，あるいは代わりに担うのか，個々のケースによって適切な支援，対応の仕方は違ってくるでしょう。そのため子ども家庭支援の担い手の一人である保育者は，日頃から個々の家庭の状況を気にかけ，把握に努め，何か問題や課題がみられた際に，保育現場，保育者としての立場で対応すべきことか，ほかの専門機関に任せるべきことなのか，職場内で話し合い，外部機関と連携し判断しながら対応することが求められます。

　また家族機能が縮小したからといって家族の負担が軽くなったわけではありません。現代家族の多くは核家族であり，家族の規模もかつてと比べ小さくなっています。子育てにしても介護にしても家族にその負担が重くのしかかり，さらに家族内の特定の誰かに負担が偏ってしまう状況も生じかねません。

　うまく機能していない家庭に対して，機能するようになることを目指しつつも，それがどの家庭でも果たせるようになるとは限らないことも踏まえ，場合によっては，家庭の機能を補ったり，代替したり，ほかの社会資源に委ねたり，連携・協力したりするなど，対応の仕方はそのつどケースごとに検討していく必要があります。今日家族の多様化が進むなか，保育者にはより一層，それぞれの家族にとって必要な支援を考え対応しようとする姿勢が求められるのです。

演習問題

① 日本において家族形態はどのように変化してきたか，そのことが子育て家庭にどのような影響を及ぼしているかまとめてみましょう。

② 家族機能の縮小や外部化とはどのようなことか，また家族の機能としてより重視されているのはどのようなことか考えてみましょう。

【引用・参考文献】

橋本真紀・山縣文治編（2015）『よくわかる家庭支援論〔第2版〕』ミネルヴァ書房

橋本祐子・西本望編著（2019）『子ども家庭支援論』（乳幼児 教育・保育シリーズ）光生館

井村圭壯・今井慶宗編著（2015）『現代の保育と家庭支援論』学文社

石川実編（1997）『現代家族の社会学――脱制度化時代のファミリースタディーズ』有斐閣

厚生労働省（2021）『令和2年度版 厚生労働白書』

厚生労働省（2023）「2022（令和4）年 国民生活基礎調査の概況」
https://www.mhlw.go.jp/toukei/saikin/hw/k-tyosa/k-tyosa22/dl/14.pdf（2024年3月25日閲覧）

マードック，G. P. 著，内藤莞爾監訳（1978）『社会構造』新泉社

松本園子・永田陽子・福川須美・森和子（2019）『実践 子ども家庭支援論』ななみ書房

マズロー，A. H. 著，小口忠彦訳（1987）『人間性の心理学――モチベーションとパーソナリティ 改訂新版』産業能率大学出版部

森岡清美・望月嵩（1997）『新しい家族社会学（四訂版）』培風館

内閣府（2024）「国民生活に関する世論調査（令和5年11月調査）」
https://survey.gov-online.go.jp/r05/r05-life/gairyaku.pdf（2024年3月25日閲覧）

中釜洋子・野末武義・布柴靖枝・無藤清子編（2019）『家族心理学――家族システムの発達と臨床的援助〔第2版〕』有斐閣

中坪史典・山下文一・松井剛太・伊藤嘉余子・立花直樹編（2021）『保育・幼児教育・子ども家庭福祉辞典』ミネルヴァ書房

労働政策研究・研修機構（2024）「統計情報 早わかりグラフでみる長期労働統計」
https://www.jil.go.jp/kokunai/statistics/timeseries/html/g0204.html（2024年6月5日閲覧）

新村出編（2018）『広辞苑（第七版）』岩波書店

総務省（2021）「令和2年 国勢調査」
https://www.stat.go.jp/data/kokusei/2020/kekka/pdf/outline_01.pdf（2024年3月25日閲覧）

上野千鶴子（1994）『近代家族の成立と終焉』岩波書店

第6章 ライフコースと仕事・子育て

学習のポイント

● 自分自身の将来のライフコースをイメージしてみましょう。
● 男女共同参画におけるワーク・ライフ・バランスを理解しましょう。
● 自分自身が望むライフコースを進むために必要なことを考えてみましょう。

第1節 ライフコースと性別役割

1 ライフコースとは

前章では家族や家庭の意義と機能について，また家族の機能が変化していることについて説明がありました。近年，人々の生き方が多様化しているといわれていますが，これには家族の機能の変化と社会の変化が相互に関係していると考えられます。本章では，あなたが望むライフコースを考えていきますが，あなたが将来理想とする人生のプランはどのようなものでしょうか。表6-1，6-2は男女の人生プランを示したものです。ここで試しに自分自身のプランやパートナーに求めるプランをそれぞれ選んでみましょう。また，家族や身近な人が選んだ人生プランはどれか，あわせてみてみましょう。

国立社会保障・人口問題研究所は2022年に，これらのプランのような結婚と出産に関する全国調査の結果を発表しました。「女性のライフ

表6-1 女性の人生プランの分類

非婚就業プラン	結婚せず，仕事を一生続ける
DINKS プラン	結婚して子どもをもたず，仕事を一生続ける
両立プラン	結婚して子どもをもち，仕事も一生続ける
再就職プラン	結婚して子どもをもち，結婚か出産を機に退職し，子育て後に仕事を再開する
専業主婦プラン	結婚して子どもをもち，結婚か出産を機に退職し，その後は仕事をもたない

出所：国立社会保障・人口問題研究所（2022）「第16回出生動向基本調査（結婚と出産に関する全国調査）」を改変して筆者作成

ことば

DINKS
double income no kids の略で，共働きで子どもをもたない夫婦のこと。

表6-2 男性の人生プランの分類

非婚就業プラン	結婚せず,仕事を一生続ける
DINKSプラン	結婚して子どもをもたず,仕事を一生続ける
仕事中心プラン	結婚して子どもをもち,子育てをパートナーに任せ,仕事中心の生活を送る
両立プラン	結婚して子どもをもち,仕事を一生続けるが,積極的に子育ても行う
専業主夫プラン	結婚して子どもをもち,パートナーに仕事を任せ,家庭中心の生活を送る

出所:表6-1をもとに筆者作成

コース」の理想像は,男女ともに仕事と子育ての両立が初めて最多となりました。前回の調査結果(2015年)と比較してみると,「再就職コース」と「両立コース」の割合が逆転しました(表6-3,6-4)。

表6-3 女性の理想のライフコース

	2015年		2021年
両立コース	32.3%	増加 ↗	34.0%
再就職コース	34.6%	減少 ↘	26.1%

表6-4 男性がパートナーに希望する女性のライフコース

	2015年		2021年
両立コース	33.9%	増加 ↗	39.4%
再就職コース	37.4%	減少 ↘	29.0%

　ここに示されている**ライフコース**という言葉は,エルダーが提唱した概念で,「個人の生涯に起きる人生の道筋のこと」と定義されています。ライフコースと似た言葉にライフサイクルがありますが,これは別の意味で使われています。

　人は出生から一生涯を通じさまざまな出来事を経験しますが,誰一人として同じ人生を歩くことはありません。あなたは,これまでどのような人生を歩み,これからどのような人生を描いていきたいですか。一度考えてみましょう。

2　ライフコースと性別役割による分業

　自分自身のライフコースを決める際,どのような要因で決めていくのでしょうか。自分らしく生きるために,自身の希望どおりにライフコースをたどっていければよいですが,外的要因によって決定せざるを得ないこともあります。実際,妊娠や出産のような性差による生物学的な役割は女性にしか担えないものもありますが,それだけでしょうか。次の事例をみてみましょう。

エルダー
Elder, Jr., G. H. (1934-)
アメリカの社会学者であり心理学者。

ライフサイクル
人の人生をいくつかの段階で構成されているとみなし,個人の一生を規則性で捉えること。

ことば

妊活
妊娠するために夫婦で活動すること。長期に及ぶと多額の費用がかかることがある。

【事例6-1　ライフコースの主体的な選択】
　キャリアウーマンとして働いていたAさんは3年前に結婚しました。Aさん夫婦は妊娠を希望していましたが，なかなか実現せず，妊活を始めることにしました。不妊外来へ通うために時間の融通が利く仕事に転職することにしました。妊活に集中するために退職も考えましたが，費用のために就業を継続することにしたのです。また，Aさんは出産や子育てのことを考え，「女性が働きやすい」と求人票に書かれている会社を選ぶことにしたのです。

【事例6-2　性別役割分業を意識した選択】
　若くして女性管理職となったBさんは1年前に結婚しました。キャリアを積んでいきたいと思っていたBさんは夫婦で話し合い，子どもをもたない選択をしました。そんなとき，予期せぬ妊娠が判明しました。悩みながらも仕事を継続しながら出産や育児をしようと決意しました。しかし，妊娠して体調が悪くなったことや，「女性なら出産や育児をして家族のために尽くす方が幸せだ」「これを機に働く夫を支えながら子育てに専念した方がよい」という周りの雰囲気から退職することにしました。せっかく築いたキャリアがなくなることや収入がなくなってしまう不安から気持ちが晴れませんでした。

ことば

幸福度
幸せだと感じる程度のことで，一人ひとりの心に関わる主観的なものの程度を指す。

　さて，AさんとBさんの違いは何でしょうか。そして，どちらの方が，**幸福度**が高いと思いますか。きっと，Aさんの幸福度が高いと思う人が多いかもしれません。どのような選択でも自分自身で決めることと幸福度には関連があるといわれています。調査によると，自己決定によって進路を決定すると，自らの判断で努力などをすることから達成感や自尊心により幸福度が高まると考えられています（西村・八木, 2018）。

3　女性のライフコースの多様性

　男性と女性のライフコースをみると，一般的に女性の方が多様化しているといわれています。男性の場合は，結婚や家事育児の有無があったとしても「就学→就業→結婚→定年等での退職」のような画一的なケースが多いのです。しかし，女性には結婚や妊娠出産，育児，パートナーの転勤や転職，介護など人生に大きな影響を与えるできごとが多くあります。**女性の労働力率**は，結婚や出産を機に減少し，育児が落ち着いた時期に再び増加する，いわゆる**M字カーブ**（図6-1）を描くという特徴がありましたが，近年，M字の窪みが浅くなってきていることがわかっています。浅くなっている要因はいくつかありますが，そのなかで，「女性が継続的に働くようになった」「非婚化や晩婚化などによって，独身者や子どものいない既婚者の労働力の割合が増加した」ことが挙げられます。労働力率のうち，正規雇用の比率を示すグラフを，その形から

ことば

女性の労働力率
15歳以上人口に占める労働力人口（就業者＋完全失業者）の割合のこと。

M字カーブ
女性の労働力人口の割合を年齢別にみると，「M」の文字のような曲線になること。特に20代と30代で離職する割合が高く，労働人口が少ない。

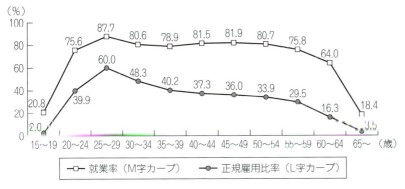

図6-1　女性の年齢別就業率と正規雇用比率（2022年）

出所：総務省（2022）「労働力調査（基本集計）」より筆者作成

L字カーブ（図6-1）と呼びます。20代後半あたりまでは正社員（正職員）が大半なのに対し，30代以降になるとパートタイマーや派遣社員などの非正規雇用が多いことを示しています。また，出産などから復職後，正社員として戻ったとしてもマミートラックにより，仕事上のキャリアを阻害されることがあります。

4　男性のライフコースと子育て

これまで，女性のライフコースをみてきましたが，ここでは，男性の子育てに関するライフコースについてみていきましょう。まず，次の事例をみてみましょう。

【事例6-3　育休取得の葛藤】
　20代後半の男性Cさんは結婚して，仕事もプライベートも充実した日々を送っています。そんなとき，妻の妊娠がわかり，今後の生活について，妻やCさんの両親を交えた家族会議を開くことになりました。妻は職場の制度を十分に使いながら，極力キャリアを保ちながら仕事を継続していきたいそうです。そのような妻の思いをCさんは理解し，支えたいと思いながらも，自分が育休を取ることで自分自身のキャリアに影響が出るのではないかと不安になっていたのです。

厚生労働省（2023b）の調査では，男性の正社員が育休を取得しない理由を複数回答で聞きました。その結果，最も多かったのは，「収入を減らしたくなかったから」（39.9％）で，続いて「職場が育休を取得しづらい雰囲気だった」「会社や上司，職場の育児休業取得への理解がなかったから」（22.5％），「自分にしかできない仕事や担当している仕事がある」（22％），「残業が多いなど業務が繁忙であった」（21.9％）となりました。

ことば

マミートラック
育児をしながら働く女性が，比較的責任が軽い仕事を任せられ，昇進や昇格の道から外れて，キャリア形成ができなくなること。

ライフコースを選択する際，「これが正解」というものはありません。あなた自身の希望や配偶者の思いをしっかり話し合い，納得できる結論を見つけるようにしましょう。

第2節　子育て期のワーク・ライフ・バランス

1　就業と子育てのバランス

まず，図6-2，6-3をみてみましょう。これは内閣府が2023年に発表した男女共同参画推進に関する調査のデータです。これを①仕事重視型（仕事に専念＋仕事を優先），②両立型，③私生活重視型（プライベート・家庭生活を優先＋プライベート・家庭生活に専念）に分けると，女性は，③が4割程度となっており，①は2割未満であることがわかります。

一方男性は，①が4割を超えており，③は2割未満となっています。②は男女ともに若干の差はあるものの大きな開きはありません。

仕事と生活の調和を目指す「ワーク・ライフ・バランス」は，すべての働く人を対象にしています。そのなかで，育児や介護のような家族的責任を担いながら働いている人々に焦点を当てた考えを「ファミリー・フレンドリー」といいます。これは，1980年代以降に欧米で普及したもので，仕事と家庭生活の両立を支援し，多様で柔軟な働き方を選択できる仕組みのことを指しています。

2　ワーク・ライフ・アンバランス

仕事と生活の調和が取れておらず，偏った状態にあることを，ワーク・ライフ・アンバランスといいます。これは，一人の人生の一部においては，自分に使えるありったけの時間を使って，とことんやりたい仕事や趣味などを突き詰めることで人生の満足度を高めるという意味で肯定的に捉えることができます。しかし，これが子育て世代の家族であればどうでしょうか。

そもそも，ワーク・ライフ・バランスの仕事と生活の比重は50：50（フィフティフィフティ）である必要はありません。仕事以外の家事や育児の生活にやりがいを感じ比重が大きくなっている場合，仕事の比重は軽くなり，生活の方に大きく傾くことになりますが，これも調和が取れた状態であるといえます。これがアンバランスになるのは，自分の意思とは反し，無理が生じる場合です。

子育て中にワーク・ライフ・アンバランスになってしまう要因のうち，

ことば

ワーク・ライフ・バランス
2007年に内閣府が定めた「仕事と生活の調和（ワーク・ライフ・バランス）憲章」によると，ワーク・ライフ・バランスが実現した社会とは，「国民一人ひとりがやりがいや充実感を感じながら働き，仕事上の責任を果たすとともに，家庭や地域生活などにおいても，子育て期，中高年期といった人生の各段階に応じて多様な生き方が選択・実現できる社会」とされている。

プラスα

ファミリー・フレンドリー企業
仕事と育児・介護とが両立できるようなさまざまな制度を持ち，多様でかつ柔軟な働き方を労働者が選択できるような取り組みを行う企業を厚生労働省は，ファミリー・フレンドリー企業と定義している。

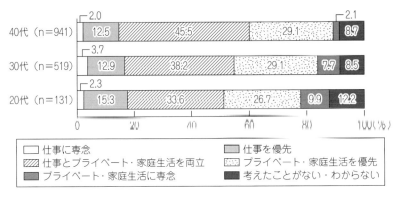

図6-2　仕事とプライベート・家庭生活のバランス（育児中の女性（現実））

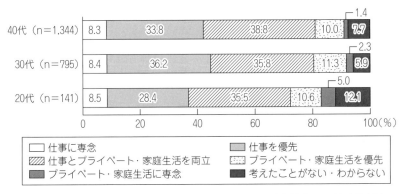

図6-3　仕事とプライベート・家庭生活のバランス（育児中の男性（現実））

出所：図6-2，6-3ともに，内閣府（2023）「令和4年度　新しいライフスタイル，新しい働き方を踏まえた男女共同参画推進に関する調査報告書」より筆者作成

ここでは，「ワンオペ育児」と「ひとり親」を取り上げてみます。

● ワンオペ育児

　厚生労働省が2023年に発表した「令和4年度雇用均等基本調査」によると，男性の育児休業取得率は17.13％で，過去最高となりました。しかし，政府がすすめている「こども未来戦略方針」では，2025年の男性の育休取得率の目標を50％と掲げていますので，今後もまた増加していくでしょう。さて，男性の育休率が依然として低いことから，男性が仕事をしている間，育児は女性が行っていることがわかります。共働き家庭や専業主婦家庭で母親が一人で育児を行うことを「ワンオペ育児」といいます。「ワンオペ」とは「ワンオペレーション」の略で，一人ですべてのことをこなすという意味で使われています。

プラスα

こども未来戦略方針
次の3項目を基本理念として掲げている。「若い世代の所得を増やす」「社会全体の構造・意識を変える」「全てのこども・子育て世帯を切れ目なく支援する」。

ワンオペ育児
⇒第6章第2節3参照

●ひとり親の育児

　ひとり親家庭の場合，一人で育児や家事を行うばかりでなく，家計までもワンオペで負担しなければなりません。ひとり親世帯の所得をみてみると，平均所得は331.7万円で，夫婦世帯の802万円と大きな経済格差があります（厚生労働省，2022）。

3　子育てと育児神話

　子どもを妊娠し，新しい命を生み出すことは，人生のなかで大きなイベントのひとつです。嬉しく思う一方で，はじめてのことに誰でも程度の差はあれ不安を感じることでしょう。子育て中の母親や父親が不安になったり罪悪感をもってしまったりする背景に「育児神話」があります。

　「神話」とは，根拠がないにもかかわらず，多くの人が信じてしまっている社会的な思い込みのことです。次の事例をみてみましょう。

【事例6-4　母性神話】

　アユミさんは妊娠して今後の生活がどうなっていくか不安ななか，「あなたも妊娠して母性が目覚めたでしょう。女性は子どもを産んでこそ一人前なのよ。子育ては大変なこともあるけれど，母親なら100％の愛情を注げるわよ」と言われました。自分の子どもとはいえ，そんなに愛情を注げるか自信がないアユミさんは「ママ失格かも」と余計不安になりました。

　母性神話とは，母親は自分のことより，子どもに尽くすことが母親の愛であり，女性にはそのような母性があるという考え方です。

【事例6-5　3歳児神話】

　これまで仕事上のキャリアを積み，子育てに理解がある職場で働いているマユミさんは妊娠がわかったときから保活をしています。保活が順調で予定どおり，子どもが0歳のうちに職場に復帰できそうです。そんなとき，「子どもが3歳になるまでは家庭で母親が育てないと，将来取り返しのつかないことになるよ。自分のやりたいことを優先して，子どもがどうなってもいいの？　子どもがかわいそうよ」と言われました。自分は母親として無責任なのかと罪悪感をもってしまいました。

　3歳児神話とは，「子どもが小さいうちは，特に3歳までは母親が子どものそばにいて，育児に専念すべきだ」という考え方です（大日向，2015）。「3歳児」というネーミングであることから年齢に目がいきがちですが，注目すべきは「母親がそばにいる」という点です。母親の復職を阻んでしまう一因になっています。この3歳児神話については，1998年版の『厚生白書』に，少なくとも合理的な根拠は認められないと記されています。

ことば

保活
子どもを保育施設に入れるために，保護者が行う活動のこと。入園のための情報収集や書類の準備，園見学などを行う。

プラスα

3歳児神話と『厚生白書』
1998年の『厚生白書（平成10年度版）』で，3歳児神話について，「少なくとも合理的な根拠は認められない」と言及されている。さらに，「母親が育児に専念することは歴史的に見て普遍的なものでもないし，たいていの育児は父親（男性）によっても遂行可能である」と記されている。
⇨第3章第3節参照

他にも次のような神話があります。
- 自然分娩神話　＝痛みに耐えて産むことこそが立派な出産（無痛分娩は甘えで，陣痛のない帝王切開では愛情が生まれない）。
- 母乳神話　＝母乳が出ないのは努力不足で母乳でこそ愛情が伝わる。
- 手作り神話　＝離乳食や子どものお弁当，園で使うグッズは手作りがよい。また，食材は無農薬や**オーガニック**のもののみを使い，手間暇かけることが愛情の印と考えること。

このような「神話」に過度に振り回されると，母親をはじめ子どもや子どもを取り巻く人にも大きな負担になります。子育てで大切なのは安心できる環境のなかで愛情をもって養育されることでしょう。

ことば

オーガニック（organic）
「有機」と訳され，有機栽培，有機農業によって生産される農作物や食品を指す。安全性が高く環境にやさしい反面，コストが高く長期保存ができないといった特徴がある。

4　海外のワーク・ライフ・バランス

海外には，子育て期間中のワーク・ライフ・バランスを保つために，さまざまな制度があります。ここでは，ユニークなものや参考になりそうなものを紹介します。

パパ・クオータ制：スウェーデンやノルウェーなどの北欧

クオータとは割り当てという意味で，育児休暇の一定期間を父親にも割り当てるというものです。父親が割り当てられた分の育休を取得しないと，全体の育休期間が短くなったり，育休中の手当がカットされたりする制度です。スウェーデンでは，父親・母親にそれぞれ一定期間の育休を割り当て，両方が取得する「パパ・ママ・クオータ制」が導入されています。

タームタイムワーク：イギリス

「タームタイム」とは学校の学期のことで，子どもの学校のスケジュールに合わせて働くシステムです。学校の学期中だけ働き，学校が夏期休みなど長期休みの期間は親も休暇を取り，子どもと一緒に過ごします。

> **時間貯蓄制度：オランダ　ドイツ**
>
> 残業や休日出勤などで働いた分の時間をお金等に変えるのではなく，時間を貯蓄し，その後，有給休暇に振り替えて利用できる制度のことです。また，オランダの「パートタイム」は日本のような非正規や有期雇用ではなく，正社員で週35時間の短時間労働のことをいいます。

> **ネウボラ：フィンランド**
>
> 妊娠中から子どもが6歳になるまで，妊婦健診や小児健診などの保健サービスと子育て支援サービスが一体となったサポートが受けられる制度です。収入や生活環境に関係なくすべての人が無料で同じサービスを受けることができます。

ことば

ネウボラ (neuvola)
フィンランド語で，「ネウボ (neuvo)」は助言・アドバイス，「ラ (la)」は場・場所を意味し，neuvola で「助言・アドバイスの場」という意味になる。

人物

エリクソン
⇨第3章第2節1参照

第3節　ライフコースの心理学

1　ライフコース・アプローチ

本章第1節では，私たちの一生を成長過程によって分けるライフサイクルについて触れました。ライフサイクル論を提唱した**エリクソン**は乳児期，青年期，成人期などのように8つの段階に分け，それぞれの段階に必要な発達課題を示しました。これに対し，誕生から老年期に至るまでをつなげて，人が一生の間にたどる人生経路に着目して対策を講じることをライフコース・アプローチといいます。ライフサイクル・アプローチは経路が1つしかありませんが，ライフコース・アプローチは人生の選択によって経路が樹形図のように多様化します。その例が図6-4です。これは，家族のなかの個人の生き方に焦点を当てたライフコースを示しています。人生に起きるできごとを経るごとにコースが分岐していきますが，これがライフコース・アプローチの特徴です。

図6-4では，学校を卒業後，就職するところまでは共通の道筋ですが，その後，結婚という大きな分岐点を迎えています。□内は，筆者がそれぞれのライフコースを進んだことにより起こる不安材料について書き入れました。どのコースを歩んでも何かしらの不安を抱えていることがわかるでしょう。また，この図には示されていませんが，高齢化の進展により，介護という大きな問題が生じることになります。介護を理由に離職したり，雇用形態を変更したりと，ライフコースの変更を余儀なくされるケースもあります。

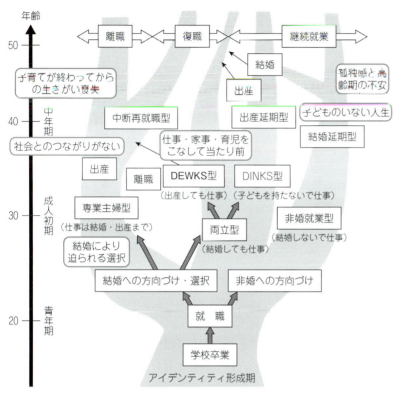

図 6-4　現代女性のライフコースの例

出所：岡本祐子・松下美知子編（2002）『新 女性のためのライフサイクル心理学』福村出版，13頁を筆者一部修正

ことば

DEWKS
double employed with kids の略で，子どものいる共働き世帯のこと。

自分自身の意思で選択したはずなのに，☐内にあるような不安を感じるのはなぜでしょうか。図は女性のライフコースを示していますが，男女ともに共通している2点の要因を挙げてみましょう。

①役割の移行と自分らしさ

　結婚や出産，介護などの人生での大きなイベントにより，周囲から「○○さんの奥様（ご主人）」「○○ちゃんのお母さん（お父さん）」「○○さんの娘さん（お嫁さんや息子さんなど）」と呼ばれることが多くあります。結婚前まで，「自分」だけであったのが，妻（夫）や母（父）という役割が増えることにより，自分が自分でなくなるような，自分らしさを失ってしまうという感覚に陥ってしまうことがあります。

②選択しなかった人生への後悔

　日々の生活のなかでも，「もし，あのとき，あの選択をしていれば」と思うことがありませんか。自分が選んだ選択は正しかったのか，選択しなかった人生を思い浮かべてみることもあるでしょう。ライフコース

を自由に選べるようになった結果，選択肢が増え主体的に選択できるようになると，何が正解かわからなくなってしまうことがあります。

2　ライフコース・レジリエンス

　前項ではライフコース・アプローチを取り上げましたが，人生には想定外のことがつきものです。個人的なできごとに加え，近年では国内のみならず世界の至るところで，私たちの想定を超えるような事態が起きています。そのひとつが2020年初頭から始まった新型コロナウイルスの感染拡大です。これにより，リモートワークが導入されるなど，新しい働き方が誕生しました。このような社会全体に起こる想定外のできごとや，個人が直面する事態によって，ライフコースの変更を余儀なくされることもあるでしょう。ライフコースの変更は少なからずストレスを感じるでしょうが，それに適切に対処し，すぐに立ち直る回復力（レジリエンス）をもっていると，うまく乗り越えられるといわれています。このレジリエンスは，誰もが先天的にもっている力とトレーニングなどを経て後天的に養う力をあわせたものです。ここでは後天的なトレーニングの方法を紹介します。体を鍛えるために筋力トレーニングを行うのと同じように，心理的な筋肉を鍛えることをレジリエンス・マッスルといいます。体の筋肉は数日筋トレをしただけでは身につきません。このレジリエンス・マッスルも同じで，平時からどれだけ鍛えられているかがカギになります。2つのトレーニング方法と，その例を紹介します。
①自分の思考トレーニング（ポジティブに捉える）
・失敗をするときはするので全力を尽くすが，後のことは失敗したときに考えよう。
・対話によって新しいアイディアが生まれるから積極的に話をしよう。
②今日の私のよさ見つけ（成功体験を増やす）
・話しにくそうな先輩に話しかけたら親身に相談に乗ってくれた。
・会議で自分の意見を述べたら，採用され褒められた　など。

3　ライフコース選択

　本章では，ワーク・ライフ・バランスを取り上げましたが，近年，これを発展させた**ワーク・イン・ライフ，ワーク・ライフ・インテグレーション，ワーク・ライフ・マネジメント**という概念が生まれています。総務省は2021年に発表した提言書のなかで，「『ワーク・ライフ・バランス』という言葉は，ワーク中心で人生というものを考えるニュアンスがあり，今後は，人生のなかに仕事があるという『ワーク・イン・ライ

❁ことば

レジリエンス（resilience）
回復力や弾力性（しなやかさ），適応力などを語源とする精神的回復力のことで，ストレスにしなやかに適応し，すばやく立ち直る能力。

❁ことば

ワーク・ライフ・インテグレーション
仕事と私生活をあえて分けない考え方のことで，人生の一部として統合（integration）して捉える。

ワーク・ライフ・マネジメント
仕事と生活を積極的にマネジメントすることで，生活や仕事の質を主体的に高めていこうとする考え。

フ』という言葉の方が馴染むという意見もあった」と記しています。もう少し，ワーク・イン・ライフについてみていきましょう。ワーク・イン・ライフは，仕事（ワーク）と人生（ライフ）を切り離して考えるのではなく，人生におけるさまざまな要素である家族や余暇，学びなどのひとつとして仕事があると考えます。つまり，仕事中心の人生でなく，仕事もまた人生のひとつの要素だと捉えるのです。

　自分の人生を受け身ではなく，どのように生きていきたいか主体的に考えていきましょう。たとえば人生で大事にしていきたい優先順位をつけてみたり，必ずやり遂げたいリストをつくったりするのもよいでしょう。それをヒントにし，自分らしく生きていくために自分らしい働き方を見つけていきましょう。

（演習問題）

① 自分自身が理想とするライフコースを，表6-1を参考にして就学から順番に書いてみましょう。

② 表6-1と6-2を参考に，家族や身近な人が選択した人生プランを聞き，選択した理由をインタビューしてまとめてみましょう。

【引用・参考文献】

国立社会保障・人口問題研究所（2022）「第16回出生動向基本調査（結婚と出産に関する全国調査）」

厚生労働省（2022）「国民生活基礎調査」

厚生労働省（2023a）「令和4年度雇用均等基本調査」

厚生労働省（2023b）「仕事と育児の両立等に関する実態把握のための調査研究事業」

内閣府（2023）「令和4年度　新しいライフスタイル，新しい働き方を踏まえた男女共同参画推進に関する調査報告書」

西村和雄・八木匡（2018）「幸福感と自己決定——日本における実証研究」『RIETI　独立行政法人経済産業研究所ディスカッション・ペーパー』22頁

岡本祐子・松下美知子編（2002）『新 女性のためのライフサイクル心理学』福村出版

大日向雅美（2015）『母性愛神話の罠』日本評論社

総務省（2021）「ポストコロナの働き方『日本型テレワーク』の実現——個人・企業・社会全体のウェルビーイングを目指して（提言書）」

第6章 ライフコースと仕事・子育て

第7章 乳幼児期の発達とその基本的な関わり方

学習のポイント

●発達初期の成熟について理解を深めましょう。
●発達の過程で獲得される能力について理解しましょう。
●発達に関する諸理論を具体的な姿と関連させ，支援のあり方について考えましょう。

第1節 胎児期・乳児期（0〜2歳）の発達

1 胎児期の発達

人の出生前の発達は，大きく3つの段階に分けられます。受精後2週目（妊娠4週目）までを**細胞期**，受精後8週目（妊娠10週目）までを**胎芽期**，その後，出生までを**胎児期**と呼びます。胎児期は，胎芽期の終わりから出生までの約32週間を指しますが，特に，出産前後の期間である妊娠22週0日から出生後7日未満の期間のことを**周産期**と呼びます。胎芽期の終わりには3cm程度の体長は，胎児期末期には平均50cm，体重は平均3200gにまで成長します。胎児はこの期間に，身体器官に加え，運動や感覚の基盤となる中枢神経系（脳・脊髄）を発達させていきます。感覚的な反応のうち，最も早くにみられるのが触覚による反応です。妊娠10週目頃には，胎児の鼻や唇のあたりを軽くなでると，その刺激から逃れるように頭を動かす反応が生じることが知られています（Hooker, 1952）。嗅覚や味覚に関わる神経組織についても，妊娠16週目頃には機能し始めていることがわかっています。聴覚については，妊娠20週までに内耳や中耳などの基本的な構造が完成し，徐々にさまざまな音に反応を示すようになります。特に，妊娠32週以降には，胎児は母親の声と見知らぬ女性の声の区別や，聴いた経験のある音声と新奇な音声の区別を行っていることも示されており，胎児期における聴覚的な学習を行っている可能性も示されています（Kisilevsky et al., 2009）。

近年では，DOHaD（ドーハッド）仮説にて提唱されているように，胎

🍀ことば

細胞期
受精卵が子宮に着床するまでの時期を指し，この期間に受精卵は，2細胞期，4細胞期，8細胞期，桑実胚へと分裂を繰り返しながら卵管内を移動し，最終的には子宮の内膜に着床する。

プラスα

流産，死産
周産期以前に胎児が亡くなった場合は流産と呼び，それ以降は死産と呼ばれ，人工妊娠中絶も母体保護法によって認められていない。

🍀ことば

DOHaD（ドーハッド）仮説
（Developmental Origins of Health and Disease）
胎児期や生後早期の環境が，成長後の心疾患や高血圧，糖尿病，精神神経疾患などの疾病リスクに長期的に影響を及ぼすという考え方。

児期における母体からの影響は見過ごすことのできない問題として取り上げられています（今福, 2018）。代表的なものとして，妊娠中の女性の飲酒や喫煙は，胎児にさまざまな悪影響を及ぼします。たとえば，妊娠中の母親の習慣的な飲酒は，**胎児性アルコール症候群**を引き起こすことがあります。喫煙により母体に取り込まれるニコチンや一酸化炭素は，末梢血管の収縮による血流の悪化や血液中の酸素欠乏を引き起こします。これによって，母体から胎児への栄養補給を阻害すると考えられています。

さらに，胎児期に母親の飲酒や喫煙にさらされた子どもは，**注意欠如多動症（ADHD）**の発症リスクや，攻撃，非行，犯罪などの外在化問題行動，認知機能の低下のリスクが増加することが実証されつつあります（Huizink & Mulder, 2006）。また，子どもへのこのような影響は，軽度の飲酒（1日にグラス1杯）の場合や，受動喫煙についても報告されています。そして，母親の飲酒や喫煙は胎盤の機能低下にもつながり，流産や早産（妊娠37週未満での出生），低体重出生（体重2500g未満での出生）のリスク因子としても指摘されています。

2　新生児期の発達

母親の胎内での在胎期間約40週を経て，赤ちゃんは誕生します。誕生から1カ月以内を新生児と呼びます。

●感覚能力の発達

胎外に出てきた赤ちゃんにとって，養育者を認識することは社会的関係を築き，自分が生き抜くうえで非常に重要な能力です。発達心理学では，乳児が母親や養育者などに対して愛着（アタッチメント）を形成する以前から，乳児は母親に対して選好を示すのではないかと考えられてきました。そこで，視覚，聴覚，嗅覚などのさまざまな感覚を手がかりにして，母親を識別する能力や母親への選好に関する能力の萌芽について研究が進められてきました。

聴覚は，先述のように胎児期の後半にはすでに機能し始めており，新生児が，声を手がかりに母親と別の女性の違いを区別できることも確かめられています（Mehler et al., 1978）。嗅覚についても，母親に対する選好が生じるという報告がなされています。たとえば，母親の母乳を染み込ませた布と授乳中の別の女性の母乳を染み込ませた布を乳児に呈示すると，乳児は自分の母親の母乳を染み込ませた布の方により頻繁に顔を向けることが示されています（Russell, 1976）。

また，出産後まもない母親は，乳児が着ていた衣服が我が子のものか

♣ことば

胎児性アルコール症候群
主に顔面の奇形や脳の発達異常，知的能力障害などの先天性疾患を引き起こす。

プラスα

注意欠如多動症（ADHD）
⇨第13章第3節4参照

プラスα

視覚の発達

視覚は，母親の胎外に出ることで急激に機能し始める。出生後すぐの時点では網膜や水晶体が十分に機能していないため，視力は0.01～0.02程度で，焦点距離も約20cm程度である。生後半年までに0.1～0.2程度になり，3～7歳頃までに成人に近づくといわれている（Braddick & Atkinson, 2011）。

ことば

原始反射

代表的な原始反射としては，口唇部周辺に触れるとそちらに向けて口を開けるルーティング反射，口唇部に触れたモノを吸う吸啜（きゅうてつ）反射，大きな音に対して腕を曲げてつかもうとする驚愕反射，乳児の頭を少し落とすと腕を伸ばしながら手をきつく握りしめるモロー反射，あおむけ姿勢の際に，顔を向けた側の手足が伸展し，反対側の手足が曲がる非対称性緊張性頸反射（asymmetric tonic neck response: ATNR），足の裏をかかとからつま先に向けてこするど，親指が反り返って他の指が開くバビンスキー反射などがある。これらは生後数カ月のうちに消失するが，その後も残存する場合，何らかの神経障害などが疑われるケースがある。その他に，随意運動に置き換わる原始反射としては，手のひらに刺激を与えると指を閉じて握ろうとする把握反射や，立った姿勢をさせた状態で足の裏を床に触れさせると，足を前に踏み出すような動きをする歩行反射なども挙げられる。

どうかを，匂いを手がかりに識別できるという報告もなされています（Porter et al., 1983）。これらのことから，発達初期には，嗅覚が母子間の関係を深めるうえで重要な役割を果たしていることが論じられてきました。

さらには視覚的な母親への選好についても，生後4日の新生児は，見知らぬ女性よりも母親の顔の方を長く注視することが報告されています（Bushnell et al., 1989）。しかし，スカーフなどで頭部を覆い，髪型や輪郭などの特徴が見えないようにすると，生後4日の新生児は母親への選好を示さないという報告もあります（Pascalis et al., 1995）。成人のように，目，鼻，口の配置といった内部の特徴を手がかりに顔を識別するようになるのは生後4カ月頃からともいわれており（Bushnell, 1982），視覚による母親の選好は発達初期においては限定的であるという見方が現時点では強いようです。

●原始反射・運動能力の発達

生後間もない新生児の行動には，原始反射と呼ばれる，生得的で自動的な行動反応がみられます。原始反射は，生後数週間から数カ月間で消失するか，随意運動（自らの意思に基づく運動）に置き換わっていきます。

原始反射の消失とともに発達してくるのが，随意的な運動機能です。運動機能は，首がすわり，座る，這う，立つ，歩く，走るという順序性をもって発達します。順序性をもつということは，ある1つの機能が働くようになると，その機能を基盤として次の機能が出現するという意味です。たとえば，首がすわった後にお座りが安定するようになります。また，運動機能の発達は，頭部から足先方向へ（頭─尾方向），身体の中心から手足の先の方向へ（中枢─末梢方向），そして跳んだり投げたりなどの粗大運動から小さなモノをつまんだり操作したりする微細運動（図7-1）へ，といった発達の方向性を持ちます。

図7-1　微細運動の様子

3　乳児期・トドラー期の発達

生後1年目を迎える頃，子どもは一人で立つことができるようになります。このよちよち歩きの時期をトドラーと呼ぶことがあります。この項では，トドラー期における発達の特徴的なものとして，言葉の発達，

自己意識の発達について概観します。

●言語発達

　誕生直後からしばらくは，いわゆる「オギャー」や「オンギャー」といった泣き声がみられ，2〜3カ月頃になると構音器官の成熟に伴って「クークー」という**クーイング**に変化します。やがて，「アーアー」という一定のイントネーションで母音を繰り返す**喃語**がみられるようになり，6カ月頃になると「baba」「dada」のような子音＋母音の音節を繰り返す喃語が増えていきます。1歳頃になると特定の意味を持った，母語に存在する語，つまり**初語**（有意味語）が出現します。初語は，社会的やり取りや人に関する語が多いことが報告されています（小林，2008）。

　1歳半を過ぎると，発話できる語が50語くらいに増えてきます。この時期はほとんどが単語のみで発話される一語文で，乳児は自分の欲求や興味関心を他者に伝えようとします。そして，2歳前後になると，それまでの時期より新しい語が頻繁に表出されるようになります。こうした語彙発達における急激な変化は**語彙爆発**（ボキャブラリースパート）と呼ばれます。この語彙爆発がスタートする時期あたりから，「わんわん来た」「ママ　あっち」のように，語と語を連結して二語文を発話する子どもが出始めます。さらには「○○ちゃんも　おさんぽ　いく」といった多語文を使用し始める子どもも増えていきます。この時期は，自分の周囲の環境への興味も高まり，大人に「なぜ」「どうして」という質問が増える時期でもあります。言葉の獲得のみならず，言葉を利用して他者とコミュニケーションをとる楽しさを知ることにつながるため，ときにしつこいと感じることがあるかもしれませんが，できる限り養育者や保育者は子どもの質問に共感的な応答をすることが大切です。

●自己意識

　生まれたばかりの乳児は，快・不快の2つの感情を示し，生後3カ月頃になると，快の感情から分岐して喜びが発現するとされています（Lewis, 2008）。その後，生後6カ月くらいまでには怒り，興味，悲しみ，驚きを示すようになると考えられています。

　1歳半頃になると，子どもは自分の持ち物がわかるようになったり，自分の名前を呼ばれると返事ができるようになったり，さらには会話のなかで自分の名前を使ったりする行動がみられるようになります。この「自分」についての認識のことを**自己意識**といいます。発達心理学の古典的な研究では，**マークテスト**と呼ばれる課題によって，鏡に映った自分を意識することができるのは，およそ2歳前頃であることが示されています。

ことば

マークテスト
子どもの顔のどこかに印をつけ，口紅（口紅を使うためルージュテストと呼ばれることもある）をつけ，鏡を見せたときに付箋や口紅に気づくかどうかで自己意識の形成を測る課題。

自己意識が発達する2歳頃には，怒りや悲しみ，喜びなどの基本的感情（一次的感情）とは異なった，社会的感情（二次的感情）が発達していきます。具体的な感情としては，照れや羨望，罪悪感や恥といった情動です。これらの感情は，他者から見られているという意識が前提となっており，あるふるまいが適切かどうかの規則を理解し始める認知機能の高まりに基づいた自己評価が生じることによって，自身のふるまいが規則に反していると評価する際に罪悪感や恥といった表出がみられるようになります。また，羨望は，自分の期待や希望といったイメージ（表象）と目の前の状況とのギャップや，他者と自己とを比較した結果生じるものと考えられます。

　このような自己意識のめばえは，子どもの強烈な自己主張，すなわち第一次反抗期（いわゆる**イヤイヤ期**）とも関連します。子どもは，それまでの養育者に依存していた状態から，自己の意思や主体性を主張するようになります。そのため，養育者の言うことを聞かなくなり，養育者の提案を拒否したり抗議したりするなどの行動がみられるようになります。養育者にとっては子どもが扱いにくい存在に映り，子育てにおける悩みが増える時期ではありますが，こういった他者との関わり合い（ぶつかり合い）のなかで，子どもは自己の心と他者の心は違うことを意識するようになり，自己制御を行うようになっていきます。

第2節　幼児期前期（3～4歳）の発達

1　対人関係の発達

　自己制御には，大きく2つの側面があると考えられています。1つは，**自己主張**です。自己主張は，自分の欲求や意志を他人の前で表現し，実現することを指します（柏木，1988）。たとえば，他児とのおもちゃの取り合いになる場面で，自分の優先権を示してそのおもちゃを自分のものにしようとする行動です。もう1つは**自己抑制**で，自分の欲求や意志，行動を状況に応じて抑制することを指します。おもちゃの例を再び挙げると，他児に優先権があるようなおもちゃがある状況で，自分の遊びたい気持ちを調整するような行動や，他児の遊びたそうな素ぶりを見ている際に，自分の遊びたい気持ちを調整する行動などを指します。

　自己主張と自己抑制の発達は，相対的に自己主張の方が早く，3～4歳頃に急激に発達した後はそれほど変化しないとされています。一方，自己抑制は3～6歳にかけて徐々に発達していくことが報告されていま

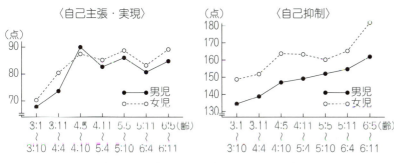

図7-2 柏木（1988）の自己主張・自己実現の発達的変化に関する図
出所：大浦賢治編著（2019）『実践につながる 新しい保育の心理学』ミネルヴァ書房、59頁

す（図7-2）。まずは自己主張が発達し，その後に自己を抑制する能力が発達していくと考えられます。子育ての慣習的な認識としては，自分の欲求や行動を調整する自己制御の側面が重視されやすいかと思います。しかし，自分の欲求や意志を表現することによって子どもは自分の目的を達成する必要がある場面も鑑みると，この両者を状況に応じて使い分けていくことが望ましいと考えられます。

2　遊びの発達

乳幼児期の子どもは，とにかくよく遊びます。そしてその遊びも，誰と・何で・どのように遊ぶのかを考えると，遊びの内容は非常に多様であり加齢とともに大きく変化していきます。

パーテンは，保育所での行動観察に基づいて，遊び場面における他者との関わり方の発達的変化について分析を行いました（Parten, 1932）。パーテンは，遊びに専念していない行動は3歳以降でみられなくなること，**一人遊び**，**平行遊び**は2～4歳にかけて徐々に減少するのに対し，**連合遊び**や**協同遊び**は3歳以降増加することを示しています。

第3節　幼児期後期（5～6歳）の発達

1　他者意図理解の発達

幼児期後期になると，他者の心についての理解も深まっていきます。特に大きく発達するのは「**心の理論**」と呼ばれる，他者の心の状態を推論する能力です。

子どもが心の理論を持つかどうかについては，発達心理学のなかでは主に誤信念課題を通過するかどうかによって研究されてきました。誤信

パーテン
Parten, M. B.（1902-1970）
アメリカの発達心理学者。観察から子どもの「遊び」を分類し，研究報告という形で発表した最初の研究者である。彼女の研究は，子どもの遊びをとおして社会性の発達を理解するうえで重要な視点を提供した。

ことば

一人遊び
話ができる距離に子どもがいてもその子とは違う遊びに一人で没頭している状態。

平行遊び
近くにいる他の子どもと同じ遊びをしているが，その子どもとのやり取りはみられず，自分の遊びに没頭している状態。

連合遊び
他の子どもと関わり合いながら遊んでいる状態。モノの貸し借りや会話はみられるが，はっきりとした役割分担はみられない。

協同遊び
他の子どもと関わり合いながら遊んでいる状態。役割分担やルールの共有がみられる。

心の理論
直接には観察できない心の状態（目的，意図，知識，信念，思考，欲求など）を，他者の行動から推測する能力のこと（Premack & Woodruff, 1978）。

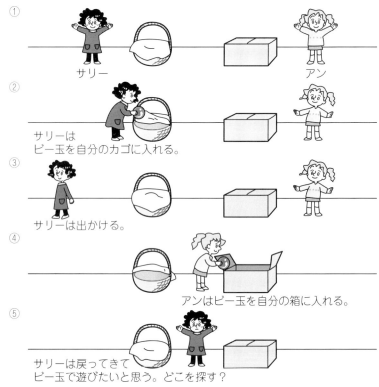

図7-3 サリー・アン課題の図
出所：大浦賢治編著（2019）『実践につながる 新しい保育の心理学』ミネルヴァ書房，80頁

念課題として有名なものに，**サリー・アン課題**（図7-3）があります（Baron-Cohen et al., 1985）。

この課題に正解するためには，サリーはアンがビー玉を入れ替えたことを知らないため，ビー玉はカゴに入っていると信じている，というサリーの誤った（現実とは異なる）知識や信念状態を理解する必要があります。3歳頃の子どもは，自分の知っている事実（ビー玉は箱のなかにあるという現実）に基づいて，サリーは箱を探すと答える傾向が多いのですが，欧米諸国を中心とした多くの文化では4歳後半から5歳にかけて多くの子どもがこの課題を通過するようになることが示されています。

このような心の理論の発達が進んでいくことで，友達同士のいざこざが生じても，相手の立場に立って考えることができるようになったり，自分たちで話し合って解決ができるようになったりしていきます。また，他者の心の状態を推測する能力の発達によって，相手の故意性（「わざと」）についても理解が進むようになることも示唆されています（鈴木ほか，2004）。友達とのふり遊びやごっこ遊びなどをとおして，ときにはいざこざなどの対人葛藤場面をとおして，自分とは異なる他者の心の理

ことば

サリー・アン課題
典型的なストーリーは「サリーとアンがいます。サリーはビー玉をカゴのなかに入れて部屋を出ていきました。サリーがいない間に，アンはカゴからビー玉を取り出して，箱のなかに入れ替えました。サリーが部屋に帰ってきました。サリーがビー玉を探すのは，どこでしょう？」

プラスα

日本の子どもを対象とした心の理論研究
日本の子どもは誤信念理解の獲得時期が欧米諸国の子どもに比べて遅れていることが指摘されている（Naito & Koyama, 2006）。その一方で，言語的質問を行わない非言語的な課題を用いた場合，日本の子どもの誤信念理解の獲得時期に遅れは認められないという結果も示されている（Moriguchi et al., 2010）。日本の子どもの通過時期が遅い理由としては，日本語と英語などの構文の違いなどが議論されている。

解が進んでいくため，ときには保育者が介入せずに見守る姿勢も大切になってきます。

2　社会化

　社会化とは，子どもが他者と協調し，社会の一員として生活するために必要な行動様式や価値観，規範を身につけるプロセスを指します。この時期の子どもは，社会のなかで求められる行動やルール（遊びの順番を守る，活動後の後片づけをするなど）を理解し，規範が内面化されていきます。また，ジェンダーに関する理解や観念（ジェンダー・ステレオタイプ）の形成が進んでいきます。周囲の人々との関わりが自己概念やアイデンティティの形成に重要な影響を与える時期です。

第4節　発達を支えていくための視点

1　共同注意

　共同注意とは，他者と同じ対象や出来事に注意を向けることで，他者と注意を共有することをいいます。乳児の社会性の発達過程において，生後9カ月以前は「自己─他者」あるいは「自己─対象」という二項関係的な世界との関わり方ですが，9カ月以降は「自己─対象─他者」という三項の関係のなかで世界と関わる三項関係的なコミュニケーションが成立するようになります。この三項関係的なコミュニケーションの成立を可能にしているのが，共同注意という能力です。共同注意的なコミュニケーション行動として代表的なものには，視線の理解，指さしの理解や産出，参照視，模倣，他者情動の理解などが挙げられます。

　視線追従は，共同注意の代表的な行動の一つです。生後9カ月頃から，乳児は他者が見ている方向に自分の注意を向ける，視線追従を行うようになります（Butterworth & Jarrett, 1991）。そして，視線の方向と視線が向けられた対象との関連性を理解するようになります（Senju et al., 2008）。指さしは，人さし指で対象を指さすことで，他者の注意をその対象に向けさせる身ぶりのことです。他者が行った指さしと指示された対象との結びつきを理解するということは，「意図的行為主体としての他者理解」（Tomasello, 1995）を行っていることとして解釈ができます。

　指さしを産出するということは，他者の注意を子どもが自発的に操作するようになることを意味します。共同注意的なコミュニケーションにおいては，叙述の指さし，要求の指さし，応答の指さしといった種類に

ことば

ジェンダー・ステレオタイプ
社会的・文化的に形成された性別（ジェンダー）に関する固定観念や思い込みを指す。日本の4～7歳の子どもを対象とした研究では，「賢い人」の話や「優しい人」の話を子どもに聞かせて，その人物が女性と思うか，男性と思うかを尋ねた。その結果，「女性＝優しい」というステレオタイプは4歳頃から一貫してみられることが示され，「男性＝賢い」というステレオタイプは，「女性＝優しい」というステレオタイプよりは明確ではないものの，7歳頃からみられる可能性が示された（Okanda et al., 2022）。

参照視
他者の表情を確認するように他者に視線を向けること。

プラスα

指さし理解の発達時期
視野内の指さし理解は8カ月，視野外の指さし理解は10カ月頃みられるようになる（黒木・大神, 2003；村上・大神, 2007）。

指さし産出の発達時期
叙述の指さしは13カ月頃，要求の指さしは13カ月頃，応答の指さしは15カ月頃みられるようになり（黒木・大神, 2003；村上・大神, 2007），コミュニケーション能力の発達において重要な項目として捉えられている。

分類されます。叙述の指さしは、自分の興味や関心のある対象に他者の注意を向けさせて共有しようとする行動です。要求の指さしは、子どもが自分の欲求を他者に伝えるための行動です。応答の指さしは、「○○どこ？」といった質問に対して指をさして答える行動です。

2　アタッチメント

　子どもは、自力では乗り切れそうにない危機的な場面に直面したとき、不安や恐れなどのネガティブな情動が活性化します。そして、信頼できる養育者に助けてもらうことで自分のネガティブな情動状態を落ち着かせます。不安や恐れを感じた子どもが信頼できる大人に接近することで安心感を獲得するという経験の積み重ねが、他者に対する信頼感の獲得につながり、後の社会性発達の土台となるとイギリスの児童精神科医の**ボウルビィ**（Bowlby, J.）は考えました。この考え方は、**愛着（アタッチメント）理論**として整理されています。

　愛着理論では、子どもが何かしらの危機にさらされ、不安や恐れといったネガティブな情動に襲われた際、養育者によってその困った状況が解決されることで、子どもは徐々に他者に対する信頼感を得ていくと考えられています。この信頼感をもとに、子どもは養育者を**安全基地**として利用し、外の世界へ探索行動に出ることができるようになります。アタッチメントの発達過程については、2、3年かけて4つの段階に分けられるとボウルビィは論じています。

　第一段階（出生～生後3カ月頃）は、他者に対して無差別的に愛着行動を示します。この時期の行動特徴としては、周囲の人物の動きを目で追う注視行動や、空腹や不快、眠気、体調の不調などを知らせるための泣きや発声といった信号行動が挙げられます。たとえば、子どもが不安や恐れを感じているとき、父親や母親といった特定の人物でなくても、誰かが対応してくれさえすれば子どもは落ち着くことができます。

　第二段階（生後3～6カ月頃）は、子どもは誰に対しても友好的にふるまう一方で、父親や母親といった身近な養育者に対して特別な反応を示すようになります。

　第三段階（生後6カ月～2、3歳頃）は、特定の人物を愛着対象として、それ以外の人物とは明確に区別するようになります。たとえば、見知らぬ人に抱っこされたときに泣いたり、初対面の人物に警戒心を示したりする人見知りがみられます。その一方で、認知、言語、運動面のさまざまな能力が発達して子どもができる行動の幅も広がっていきます。愛着対象への接近行動を積極的に行い、養育者を安全基地とした探索行動が

人物
ボウルビィ
⇨第4章第3節1参照

増えていくのもこの時期です。

第四段階（3歳頃以降）は，子どもは養育者の行動の背後にある目標や意図を推測し，それに応じて自分の行動を調節することができるようになります。このことにより，これまでより協調的な親子関係を築くことができ，子どもの自律性が高まっていきます。

アタッチメントの発達については，養育者との関わり方によって子どものアタッチメント・パターンの個人差がみられるようになります。これは，**エインズワース**が考案した**ストレンジ・シチュエーション**という実験観察法によって分類されています。アタッチメント研究は，その初期においては養育者と子どもとの関係性に着目して発展してきました。しかし，社会情勢の変化，共働き世帯の増加などに伴い，日中の子どもの世話をほかの親族や保育所が担うなど，父親・母親以外による養育の割合が増えています。このようななかで，これまで偏重されがちであった母親から視点を移し，ほかの複数の養育者と子どもとの愛着関係に焦点を当てた研究も多くみられるようになりました。親以外の人物による養育は**アロマザリング**と呼ばれ，特定の一人との愛着関係だけではなく，複数の人物と愛着関係を築くことの有効性についても議論されています。

3　アイデンティティ

人間の発達を段階的に捉える理論について有名なものとして，**エリクソンのライフサイクル理論**（心理社会的発達段階理論）が挙げられます。ライフサイクル理論のなかで中核となる考え方となっているのが**アイデンティティ**という概念であり，「自分らしさ」や「自分が自分である」という感覚を持つことをいいます。エリクソンは人間の成長を，生涯にわたって繰り返し葛藤を乗り越えていくものである，という観点から捉えました。その葛藤を心理的危機と呼び，発達段階ごとに示したのが，エピジェネティック図式です。図7-4に示されているように，エリクソンは，ライフサイクルを8つの発達段階に分けています。エリクソンは，生まれてから死ぬまで（ライフサイクル）の生涯発達を捉える理論を提唱したことでも，発達心理学において大きな貢献をしたといえます。

各発達段階における心理社会的危機について一つ例を挙げると，乳児期では母親をとおして世界を信頼できること（基本的信頼）を学ぶことが発達課題となっています。エリクソンは，周囲との相互作用のなかで親や世界を信頼する経験，信頼できない経験の両側面を経験し，バランスのよい状態（心理的活力：乳児期では「希望」）を獲得して次の発達段階に移行することがパーソナリティ発達において重要だと論じています。

エインズワース
Ainsworth, M.D.S. (1913-1999)
アメリカ出身の発達心理学者。ボウルビィの愛着理論を基に，愛着の形成には交流の質が大切であることを実証した。

ことば

ストレンジ・シチュエーション
具体的には，乳児，養育者，他者（ストレンジャー）の3人が一室に入り，養育者や他者が出入りした際の分離・再会場面で子どもがどのように行動するのかを観察する。この実験観察法によると乳児の行動は，回避型，安定型，アンビバレント型，無秩序・無方向型の4タイプに大別される。

プラスα

ワーキング・モデル
自分の周囲の世界のできごとを予測し，適切な行動を選択するための基盤という概念。愛着の内的ワーキング・モデル（内的作業モデル）は，アタッチメント理論において重要な概念と位置づけられている。

エリクソン
⇨第3章第2節1参照

		1	2	3	4	5	6	7	8
VIII	円熟期								自我の統合 対 絶望
VII	成年期							生殖性 対 停滞	
VI	若い成年期						親密さ 対 孤独		
V	思春期と青年期					同一性 対 役割混乱			
IV	潜在期				勤勉 対 劣等感				
III	移動性器期			自発性 対 罪悪感					
II	筋肉肛門期		自律 対 恥と疑惑						
I	口唇感覚期	基本的信頼 対 不信							

図7-4　ライフサイクル8段階の図

出所：大浦賢治編著（2019）『実践につながる 新しい保育の心理学』ミネルヴァ書房，55頁

　幼児期前期（初期）においては，自律性がキーワードとなります。自律性とは，自己の心身の状態の統制を，養育者など他者や外部によって行われていたものを自己によって統制していく状態である，とされています（鑪，1995）。乳児期に形成された他者への基本的信頼感は，他者に依存している状態を意味しますが，徐々に自分自身で統制していく必要があると論じられています。

　幼児期前期における自律性の例としては，トイレトレーニングが挙げられます。トイレトレーニングが始まるのはおおよそ2歳前後ですが，それ以前の子どもはオムツなどの着用によって，自らの排泄を統制する必要がほとんどありません。トイレトレーニングをとおして，自分の排泄のタイミングを統制していく成功体験を積んでいくことで子どもの自律性が育まれるといえるでしょう。

　一方で，このような自律性の学習が上手くいかない場合，つまり，排泄の失敗時に養育者が叱ったり適切な援助がなされなかったりすると，子どもは恥を感じたり，自分自身に疑いを向けるようになると考えられます。前述のように，恥や罪悪感，誇りなどの社会的感情は自己評価を

行う認知能力が基盤となっています。子どものすべての行動を成功体験につなげられるとは限らないため，失敗に伴う恥や疑惑，罪悪感はつきものです。しかし，自律性とのバランスが重要であり，子どもの姿を肯定し（子どもが肯定的な自己観を持てるようにし），次の活動への意欲を引き出していくような養育者の関わり方が大切であるといえます。幼児期以降のアイデンティティについては次章以降を参照してください。

（演習問題）

① 生後1年目の後半から急速に発達するコミュニケーション行動のことをまとめて何と呼ぶでしょうか。

② 第4節「発達を支えていくための視点」で概説した考え方について，どの時期にどのような行動が重要だと考えられているかを図にしてまとめましょう。

【引用・参考文献】

Baron-Cohen, S., Leslie, A. M., & Frith, U. (1985) "Does the autistic child have a "theory of mind"?" *Cognition*, 21(1), pp. 37-46.

Braddick, O., & Atkinson, J. (2011) "Development of human visual function," *Vision research*, 51(13), pp. 1588-1609.

Bushnell, I. W. R. (1982) "Discrimination of faces by young infants," *Journal of Experimental Child Psychology*, 33(2), pp. 298-308.

Bushnell, I. W. R., Sai, F., & Mullin, J. T. (1989) "Neonatal recognition of the mother's face," *British Journal of Developmental Psychology*, 7(1), pp. 3-15.

Butterworth, G., & Jarrett, N. (1991) "What minds have in common is space: Spatial mechanisms serving joint visual attention in infancy," *British journal of developmental psychology*, 9(1), pp. 55-72.

Hooker, D. (1952) *The prenatal origin of behavior*, Lawrence: University of Kansas Press.

Huizink, A. C., & Mulder, E. J. H. (2006) "Maternal smoking, drinking or cannabis use during pregnancy and neurobehavioral and cognitive functioning in human offspring," *Neuroscience and biobehavioral Reviews*, 30, pp. 24-41.

今福理博 (2018)「胎児期・周産期」開一夫・齋藤慈子編『ベーシック発達心理学』東京大学出版会，55-76頁

柏木惠子 (1988)『幼児期における「自己」の発達——行動の自己制御機能を中心に』東京大学出版会

Kisilevsky, B. S., Hains, S. M., Brown, C. A., Lee, C. T., Cowperthwaite, B., Stutzman, S. S., ... & Wang, Z. (2009) "Fetal sensitivity to properties of maternal speech and language," *Infant Behavior and Development*, 32(1), pp. 59-71.

小林哲生 (2008)『0～3さい はじめてのことば——ことばの疑問あれこれ』小学館

黒木美紗・大神英裕 (2003)「共同注意行動尺度の標準化」『九州大学心理学研究』4，203-213頁

Lewis, M. (2008) "The emergence of human emotion," In M. Lewis, J. M. Havilland-Jones, & L. R. Barrett (Eds.), *Handbook of emotions* (3rd ed.), New York: Guilford Press, pp. 304-319.

Mehler, J., Bertoncini, J., Barriere, M., & Jassik-Gerschenfeld, D. (1978) "Infant recognition of mother's voice," *Perception*, 7(5), pp. 491-497.

Moriguchi, Y., Okumura, Y., Kanakogi, Y., & Itakura, S. (2010) "Japanese children's difficulty with false belief understanding: Is it real or apparent?" *Psychologia*, 53(1), pp. 36-43.

村上太郎・大神英裕 (2007)「乳幼児期の社会的認知の発達——共同注意・言語・社会的情動を指標に」『九州大学心理学研究』8, 133-142頁

Naito, M., & Koyama, K. (2006) "The development of false-belief understanding in Japanese children: Delay and difference?" *International Journal of Behavioral Development*, 30(4), pp. 290-304.

Okanda, M., Meng, X., Kanakogi, Y., Uragami, M., Yamamoto, H., & Moriguchi, Y. (2022) "Gender stereotypes about intellectual ability in Japanese children," *Scientific Reports*, 12, 16748.

https://doi.org/10.1038/s41598-022-20815-2 (2024年10月29日閲覧)

大浦賢治編著 (2019)『実践につながる 新しい保育の心理学』ミネルヴァ書房

Parten, M. B. (1932) "Social participation among pre-school children," *The Journal of Abnormal and Social Psychology*, 27(3), pp. 243-269.

Pascalis, O., de Schonen, S., Morton, J., Deruelle, C., & Fabre-Grenet, M. (1995) "Mother's face recognition by neonates: A replication and an extension," *Infant behavior and development*, 18(1), pp. 79-85.

Porter, R. H., Cernoch, J. M., & McLaughlin, F. J. (1983) "Maternal recognition of neonates through olfactory cues," *Physiology & behavior*, 30(1), pp. 151-154.

Premack, D., & Woodruff, G. (1978) "Does the chimpanzee have a theory of mind?," *Behavioral and brain sciences*, 1(4), pp. 515 526.

Russell, M. J. (1976) "Human olfactory communication," *Nature*, 260(5551), pp. 520-522.

Senju, A., Csibra, G., & Johnson, M. H. (2008) "Understanding the referential nature of looking: Infants' preference for object-directed gaze," *Cognition*, 108(2), pp. 303-319.

鈴木亜由美・子安増生・安寧 (2004)「幼児期における他者の意図理解と社会的問題解決能力の発達——『心の理論』との関連から」『発達心理学研究』15(3), 292-301頁

鑪幹八郎 (1995)「自律 (性)」岡本夏木・清水御代明・村井潤一監修『発達心理学辞典』ミネルヴァ書房, 339-340頁

Tomasello, M. (1995) "Joint attention as social cognition," In Moore, C. & Dunham, P. J. (Eds.), *Joint attention: its origins and roles in developmental*, New York and London: Psychology Press, pp. 93-117 (トマセロ, M. 著, 大神英裕監訳 (1999)『ジョイント・アテンション』ナカニシヤ出版).

Van IJzendoorn, M. H., Sagi, A., & Lambermon, M. W. (1992) "The multiple caretaker paradox: Data from Holland and Israel," *New Directions for Child and Adolescent Development*, 1992(57), pp. 5-24.

学童期の発達とその基本的な関わり方

学習のポイント

- 学童期とはどのような時期か，その概要を理解しましょう。
- 発達段階，道徳性，対人関係という観点から学童期の発達について学びましょう。
- 学童期の子どもへの基本的な関わり方について，理解を深めましょう。

第1節 学童期とは

　学童期とは，小学校（初等教育）に就学している時期で，児童期に相当します。学童期には，教科教育が始まることで学業や運動の得意，不得意がはっきりすること，教師によって成績がつけられるようになることから，乳幼児期とは異なる新たな価値観が加わるようになります。小学校入学直後には，幼児教育と初等教育との間にある大きな違いから，**小1プロブレム**と呼ばれる問題行動が発生することもあります。また，**9，10歳の壁**と呼ばれるように，9，10歳前後に，考える力の発達は「具体」から「抽象」へと転換期を迎えるといわれています（渡辺，2011）。
　「令和5年度 全国学力・学習状況調査の結果（概要）」（国立教育政策研究所，2023）によると，小学校国語に関しては，子どもたちは，話や文章の中心となる語や文を捉えることは比較的できていますが，複数の情報を整理して自分の考えをまとめたり書き表し方を工夫したりすることに課題があると指摘されています。小学校算数に関しては，式を日常生活に関連づけて読み取ることはできていますが，図形を構成する要素などに着目して，図形の性質や計量について考察することに課題があると指摘されています。
　以下では，学童期の発達，学童期の子どもへの基本的な関わり方という観点から学童期に対する学びを深め，学童期の子どもおよびその家庭に対する支援に必要な知識を身につけていきましょう。

ことば

小1プロブレム
小学校入学直後，つまり，比較的制約・規則の少ない幼児教育から制約・規則の多い初等教育に移行する時期の児童にみられる問題行動。授業中に騒いだり，話を聞けなかったり，歩き回ったりなどして，学校生活に適応することができない。関連事項として，プラスα「幼保小の架け橋プログラム」も参照。

プラスα

幼保小の架け橋プログラム
子どもに関わる大人が立場を越えて連携し，架け橋期（義務教育開始前後の5歳児から小学校1年生の2年間）にふさわしい主体的・対話的で深い学びの実現を図り，一人ひとりの多様性に配慮したうえですべての子どもに学びや生活の基盤を育むことを目指す。幼児教育と小学校教育は，他の学校段階などの間の接続に比してさまざまな違いを有しており，「円滑な接続を図ることは容易でないため，5歳児から小学校1年生の2年間を「架け橋期」と称して焦点を当て，0～18歳までの学びの連続性に配慮しつつ，「架け橋期」の教育の充実を図り，生涯にわたる学びや生活の基盤をつくることが重要であるとしている（文部科学省中央教育審議会初等中等教育分科会，2023）。

ことば

全国学力・学習状況調査
小中学生の学力や学習状況を把握するために文部科学省が実施する調査。国・公・私立学校の小学校6年生，中学校3年生を対象とし，教科に関する調査（国語，算数・数学，英語）と生活習慣や学習環境などに関する質問紙調査からなる。

人物

ピアジェ
Piaget, J. (1896-1980)
スイスの心理学者。人の一生を，認知発達という観点から，感覚運動期（0～2歳），前操作期（2～7歳），具体的操作期（7～11歳），形式的操作期（11～15歳以降）という大きく4つの段階に区分した。

ことば

自己中心性
前操作期の特徴の一つ。3つの山のうち，子どもの側にある手前の山に家が建っている状態で，前操作期の子どもに何が見えるかをたずねると「家」と答え，反対側にいる人からは何が見えるかをたずねると，反対側にいる人からは山のかげになっていて見えないにもかかわらず「家」と答える（三つ山課題）。これは，自己と他者が未分化であるために生じる反応，自己の視点や体験をとおすことでしか物事を理解できず他者の視点に立つことが困難であるために生じる反応であるとされている。よって前操作期の子どもは，「え～!?　知らないの？　○○ちゃん（自分のこと）のおうちには，犬が2匹いるんだよ」といった発言をし，私たち大人を驚かせることがある。

第2節　学童期の発達

1　知的機能等の発達

　学童期は，乳幼児期とどのように異なるのでしょうか。以下では，発達段階という観点から違いをみていきましょう。発達段階とは，発達過程を質的に異なる一定の時期で区分したもので，階段をイメージするとよいでしょう。ただし発達は，上向きだけでなく，下向きの場合もありますので，できるようになることだけでなく，できなくなることもまた，発達といえます。

　学童期は，ピアジェの認知発達段階でいうと，おおむね**具体的操作期**に相当します。これは，具体的な状況においては論理的な思考が可能になる段階です。小学校の学習指導要領を参照すると，「具体」という言葉がたくさん出てきます。たとえば，国語科で物語を学習した後に学習発表会でその物語を演じたり，算数科で算数セットを使って数の学習をしたり，生活科で朝顔を育てたり街探検に行ったりするなど，具体的な経験をとおして学習を進めていきます。また，具体的操作期には**自己中心性**を脱することで（脱中心化），他者の視点に立てるようになります。国語科で「このときの登場人物の気持ちを答えなさい」といった問題が出題されることがありますが，これは，脱中心化していないと答えることが難しいでしょう。脱中心化していないと，登場人物の気持ちではなく，自分自身の気持ちを答えてしまう可能性があるからです。加えて，具体的操作期には**保存概念**を獲得します。たとえば，図8-1に示すように，同形同大のコップA，Bに同じ量の水を入れ，コップA，Bの水の量（液量）が同じであることを認めている子どもに対して，子どもの目の前でコップBの水を細長いコップCに移すと，前操作期の子どもは，コップCの方が水の量が多いと考えます。しかし具体的操作期の子どもは，コップA，Cの水が同じ量であることを理解できるようになります。

　つまり，保存概念とは，事物が変形しても性質は同一であるという判断を支えている概念です。液量の保存以外にも，数の保存，重さの保存，体積の保存に関わる概念があります。具体的操作期の子どもは，同一性（取り去られても付け加えられてもいないので前と同じであること），相補性（たとえば，液量の保存課題の場合，見かけ上は細長い方が高くなっているが，それは底面積が小さくなったためで，全体の量は変化しないこと），可逆性（たとえば，液量の保存課題の場合，元の容器に戻せば同じ量になること），な

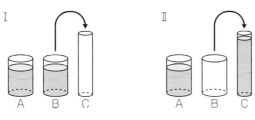

図8-1 液量の保存課題
出所：人浦賢治編著（2022）『実践につながる 新しい教養の心理学』ミネルヴァ書房, 85頁

などによって保存を説明できるようになります。

　また，**フロイト**の心理性的発達段階でいうと，学童期は，**潜伏期**に相当します。この段階は，**リビドー**と呼ばれる人間の欲求の根源をなす性的エネルギーが潜伏する時期であるとされ，学業や運動などに集中できる時期であるとされています。

　加えて，**エリクソン**は，フロイトの発達段階理論を生涯発達の視点で展開し，心理社会的発達段階を唱えました。学童（学齢）期（8〜12歳頃）の発達課題は「**勤勉性**」であり，これが達成されないと「**劣等感**」という心理・社会的危機に陥るとされています。

　なお，勉強が苦手な児童がどれだけ一生懸命勉強しても低い点しか取れない，という経験を繰り返すことによって，頑張ってもどうせ高い点は取れないだろう，という無気力状態に陥ることがあります。これは，**学習性無力感**と呼ばれる状態です。これを回避するためには，勉強したら報われるような（高得点が取れるような），児童の学力にあった個別対応の難易度の試験を実施できるとよいのかもしれません。ただし注意すべき点として，通常学級の一斉授業で学習内容を理解していくためには，約85以上の**知能指数**が必要とされています。知能指数がおおむね70〜84くらいの場合は**境界知能**と呼ばれ，定義上は**知的障害**とはなりませんが，学習・生活場面で困難を抱えている場合もあります。支援する側としては，こうした点にも注意を払っておく必要があるでしょう。

2　道徳性の発達

　2015年3月27日に学校教育法施行規則が改正され，「道徳」を「**特別の教科である道徳**」とするとともに，小学校学習指導要領，中学校学習指導要領及び特別支援学校小学部・中学部学習指導要領の一部改正の告示が公示されました。道徳科の評価の方向性としては，指導要録においては当面，一人ひとりの児童生徒の学習状況や道徳性に係る成長の様子について，一面的な見方から多面的・多角的な見方へと発展しているか

人物

フロイト
Freud, S (1856-1939)
オーストリアの精神医学者で，精神分析の創始者。リビドーと呼ばれる性的エネルギーが身体のどの部位にあるかという観点から，心理性的発達段階理論を唱えた。心理性的発達段階には，口唇期（0〜1歳半），肛門期（1歳半〜3歳），男根期（エディプス期，3〜6歳），潜伏期（6〜11歳），性器期（11歳〜）があるとされる。

エリクソン
⇒第3章第2節1参照

ことば

学習性無力感
セリグマン＆マイアーの実験によって明らかになった，学習された無力感。イヌに対して電気ショックを与える。実験前半では，イヌAは自分で電気ショックを止められる状況にあるが，イヌAが電気ショックを止めない限り，イヌBに対する電気ショックはやむことがない。すると，実験後半においてイヌBも自分で電気ショックを止められる状況になっても，イヌBは，コントロール不可能な，回避できない嫌なできごとを連続して経験したことにより，自分から電気ショックを止めようという動機づけ（やる気）を失ってしまった。つまり，無力感を学習してしまった。

プラスα

知能指数
⇒第13章第3節2参照

境界知能
⇒第13章第3節5参照

などの点に注目すること，また，道徳科における学習状況や道徳性に係る成長の様子の把握は，「各教科の評定」や「出欠の記録」などとは基本的な性格が異なるものであることから，調査書に記載せず，入学者選抜の合否判定に活用することのないようにする必要があることが記載されています（道徳教育に係る評価等の在り方に関する専門家会議（2016）「『特別の教科 道徳』の指導方法・評価等について（報告）【概要】」）。このように道徳は，特別の教科として，そして入学者選抜の合否判定に活用することのないように，といった条件つきではありますが，教科として学校教育で扱われることになりました。

　このような状況を受けて，以下では，道徳性がどのように発達していくのか，という観点から学びを深めていきましょう。以下のワークをみてみましょう。

〈ワーク1　A君とB君は，どちらの方が悪いでしょうか，どちらも同程度に悪いでしょうか，あるいは，どちらも悪くないでしょうか。それはなぜですか〉

　A君は，お母さんにご飯に呼ばれたので部屋に入ろうとした。ところが，部屋のドアのかげにイスがあり，そのイスの上にはお盆があり，お盆にはコップが15個のっていた。A君は，知らずにドアを開け，15個のコップはすべて割れてしまった。

　B君は，お母さんの留守中に戸棚のなかにあるジャムを食べようとした。イスの上にのぼって腕を伸ばしたけれども，ジャムには手が届かない。無理に取ろうとしたとき，そばにあったコップに手が触れて，コップが1個落ちて割れてしまった。

　どのように考えたか，自分の考えを近くの人と紹介し合ってみましょう。人によって，考え方が違う可能性がありますね。それではこの問題を，たとえば小学校1年生に出題すると，どのように考えると思いますか。近くの人と話し合ってみましょう。

　小学校1年生は，「たくさん割ってしまったから，A君の方が悪い」と考えることが多いのです。これに対して，私たち大人は，さまざまな観点から善し悪しの判断をするでしょう。私たちの判断は，一致するとは限りません。こうした違いは，ピアジェの認知発達理論による道徳性の発達という観点から説明することができます。ピアジェによると，規則を尊重する段階には，**他律的道徳性**と，**自律的道徳性**（9，10歳頃〜）という2つの段階があるとされています。

　他律的道徳性の段階とは，結果論的判断の段階で，行為の物理的結果に基づいて判断をします。ワーク1の場合には，損害が大きい方が悪い（A君の方が悪い）とみなします。この段階の特徴は，「先生（お母さん）がやっちゃいけないって言ったからダメなんだよ」「決まりだから変え

られないんだよ」というように，大人や権力者が決めた規則を，神聖で変えられないものであると捉え，規則に対して絶対的に服従します。また，上述のとおり，自己中心性がみられたりすると，他者（A君）の観点に立てません。つまり，「部屋のドアのかげにイスがあり，そのイスの上にはお盆があり，お盆にはコップが15個のっていた」ことをA君は知らない，ということがこの時期の子どもにはわからないのです。そのため「どうしてA君はドアを開けちゃったのだろう」という疑問をもつことになります。

　しかしその後，自律的道徳性の段階になると，行為の動機に基づいて判断（ワーク1でいえば，なぜコップが割れたのかという観点からの判断）を行うようになります。これを動機論的判断といいます。この時期になると，脱中心化し，他者の観点に立てるようになることから，そのような状態でコップがのせてあることをA君は知らなかったのだ，ということがわかるようになります。この段階になると，判断の基準が内面化されるようになるため，絶対的な善し悪しといったものは存在せず，何を善いとするか悪いとするかは人によって異なるようになります。裁判員裁判でも，裁判員全員の判断が完全に一致することはまれでしょう。相手の立場を尊重し，対等な関係のなかで解決策を考慮したり（相互的尊敬），友達との話し合いの結果，「こういう場合は，このルールは守らなくていいことにしよう」というように規則を修正したり，自分より年下の子どもと遊ぶ際にはハンディキャップをつけてあげたりといったように，規則を尊重しつつも仲間の合意を得ながら規則は修正可能であると考えるようになります。

〈ワーク2　許容度意識調査をやってみよう〉

　それぞれの質問に対して，当てはまる番号に丸をつけてください。丸を
つけ終わったら近くの人と4，5人のグループをつくり，すべての質問に
おいて選んだ番号とその理由を，同じグループのほかのメンバーに説明し
てみましょう。

	許せる	やや許せる	どちらでもない	やや許せない	許せない
1）生きているセミの羽をむしって遊ぶ幼稚園児	1	2	3	4	5
2）書店で1時間以上漫画の立ち読みをする小学1年生	1	2	3	4	5
3）赤信号でも横断歩道を渡る小学3年生	1	2	3	4	5
4）仮病を使って学校を休む小学6年生	1	2	3	4	5
5）道で拾った千円をこっそり自分のものにする中学1年生	1	2	3	4	5
6）親にかくれて酒を飲む中学3年生	1	2	3	4	5
7）学校で禁止されているアルバイトをする高校1年生	1	2	3	4	5
8）レンタルしたCDをコピーして友達に売る高校1年生	1	2	3	4	5
9）トイレでたばこを吸う高校3年生	1	2	3	4	5
10）親の写真を踏みつける大学1年生	1	2	3	4	5
11）テストでカンニングをする大学3年生	1	2	3	4	5
12）仮病を使って仕事を休む25歳の会社員	1	2	3	4	5
13）会社のボールペンを自宅で使っている30歳の女性	1	2	3	4	5
14）子どもの誕生日を忘れてプレゼントを渡しそこなった30歳の母親	1	2	3	4	5
15）高校野球の結果に友人とお金を賭ける35歳の会社員	1	2	3	4	5
16）目の前に70歳の高齢者がいてもシルバーシートに座っている35歳の男性	1	2	3	4	5
17）電車の通ることのない真夜中の踏切で一旦停止をしない40歳の運転手	1	2	3	4	5
18）時々会社で私用のコピーをする45歳の会社員	1	2	3	4	5
19）料理で残った油を台所から流す45歳の主婦	1	2	3	4	5
20）部活をさぼった中学生にビンタをする50歳の教師	1	2	3	4	5
21）制限速度ぴったりで車を走らせる55歳の女性	1	2	3	4	5
22）選挙違反の戸別訪問をする60歳の議員候補	1	2	3	4	5
23）道路で立ち小便をする65歳の高齢者	1	2	3	4	5
24）人前で入れ歯の掃除をする70歳の高齢者	1	2	3	4	5
25）許可を得ずに隣の家のほうきを使って自分の家の庭掃除をする75歳の高齢者	1	2	3	4	5

　出所：丹治光浩（2011）『中学生・高校生・大学生のための自己理解ワーク』ナカニシヤ出版．
　　　30-32頁を筆者一部改変

いかがでしたか。日頃一緒に過ごしている人同士であっても，許容度はかなり違っていたのではないでしょうか。このように，自律的道徳性の段階にいる大人の場合，善し悪しの判断は人によって異なります。

3　対人関係の発達

　乳幼児期の対人関係は，子どもと養育者，子どもと保育者のように，大人との関係が主でした。もちろん子ども同士の対人関係はありましたが，それは，養育者や保育者などの大人を伴った関係で，大人への依存を前提とした関係であったといえます。

　しかし学童期になると，大人を介さずに，自発的な組織構成を求め，子ども同士で対等で相互的な仲間関係を築くようになります。特に9, 10歳頃になると，仲間意識が強まり，**ギャング集団**と呼ばれる3〜10名前後の同性・同年代からなる凝集性の高い，遊び仲間集団をつくります。ギャング集団には，明確な役割分担やルールがあり，秘密基地をつくったり，メンバー間だけで通用する合い言葉を使ったり，特定の遊びを共有したりし，外見的な同一行動を重視します。ギャング集団は，閉鎖的・排他的な性質をもち，大人への反抗的な態度やときに反社会的行動を伴うことがありますが，こうした小社会のなかで規範や責任，役割分担について学び，社会性を育んでいきます。こうした時期を，**ギャング・エイジ**（徒党時代）といいます。

> **プラスα**
>
> **集団**
> 一次的で偶発的な集まりである群衆とは，区別される。

第3節　学童期の子どもへの基本的な関わり方

　ここでは，学童期の子どもへの基本的な関わり方として，学級集団はどのような特徴をもっているのか，学校でみられる不適応にはどのようなものがあるのかについてみていきましょう。

1　学級集団

　集団は，2人以上の人々によって形成される集合体で，①それらの人々（成員）の間で継続的に相互作用が行われ，②**規範**の形成がみられ，③成員に共通の目標とその目標達成のための協力関係が存在し，④地位や役割の分化とともに全体が統合されており，⑤外部との境界が意識され，⑥「われわれ感情」や集団への愛着が存在する，といった特徴をもっています（『最新　心理学事典』2024）。学校では，学級集団がつくられます。その枠のなかで，あるいはその枠を超えて仲良しグループがで

> **プラスα**
>
> **集団規範**
> メンバーの行動を規制するために集団によって確立されたルール。

きることがあります。学級集団のように教師によって意図的に構成された集団を**公式集団**（フォーマル・グループ），仲良しグループのように自然発生する情緒的色彩の強い集団を**非公式集団**（インフォーマル・グループ）といいます。学級集団の特徴として，制度的な公式集団のなかに，自然発生的な非公式集団を内包するという二重構造をもつことが挙げられます。

それでは，学級集団にはどのような機能があるのでしょうか。活動や作業を他者と一緒に行うことで，活動量や作業量が増加する場合があります。これを，**社会的促進**といいます。教室でクラスメイトと一緒に学習することによって，教科学習が促進されることも多いでしょう。一方で，班ごとに調べ学習をしたり掃除をしたりする際に，メンバー一人当たりの活動量や作業量が単独で行う場合よりも低下することがあります。みんなで目標を達成しようとするよりも，一人でやった方が活動や作業がはかどるという現象です。これを，**社会的手抜き**といいます。

2 反社会的行動と非社会的行動

学級集団は，さまざまなパーソナリティをもつ個人の集まりです。学級集団への適応が難しく，不適応が生じることもあるでしょう。学校でみられる不適応には，反社会的行動や非社会的行動があります。

反社会的行動とは，法や規範といった社会秩序から逸脱した行動です。学校現場では，いじめ，教師やクラスメイトへの暴力や反抗，器物損壊，授業妨害，校則違反といった形で現れます。近年の教育では，**矯正教育**の視点から再発の防止を目指す傾向があり，規則違反者に対して寛容さ（トレランス）なしに規則どおりに措置をする**ゼロトレランス**という考えに基づく指導が注目されています（西口，2010）。たとえば，書店で「万引きは犯罪です。いかなる事情があっても警察に通報し，職場，学校等に連絡します」といった掲示を見たことがある人もいるのではないでしょうか。これは，ゼロトレランスに基づく対応です。もちろん，反社会的行動をとった子どもに対して支援は不要ということではありません。児童生徒がそういった反社会的行動をとるに至った背景にも目を向け，養護教諭，スクールカウンセラー，スクールソーシャルワーカー，児童精神科医などとも**多職種連携**をしながら心理的援助を行うことも必要です。

これに対して，**非社会的行動**とは，人間関係に消極的であったり，逃避的であったりする行動です。内気や引っ込み思案といった態度，孤立，**緘黙**，他者との関わりからの回避行動，**不登校**といった形で現れます。

ことば

矯正教育
広い意味では，誤った行動を正常に導くための教育を指す。これは，学校や家庭をはじめ社会の各場面で行われる。狭い意味では，非行や犯罪を犯した者を矯正して社会に復帰させる教育を意味する。これは，刑務所，少年院などの施設で行われる（ブリタニカ，2024）。

多職種連携
さまざまな専門職種が連携・協働すること。必要に応じて，学校外の専門職種とも連携することが必要となる。

緘黙
発語に関する器官に器質的な障害はないが，話さない状態。特定の人と，あるいは特定の場面では語すが，それ以外の人と，あるいはそれ以外の場面では話さない場合を，選択性緘黙（場面緘黙）という。心因性であることが多い。

【事例8-1　クラスの一員として】

　小学校2年生のAさん（女児）は，選択性緘黙です。Aさんは，クラスメイトに話しかけられると，うなずいたり，首をふったり，笑顔を見せたりし，一見すると学級集団にとけこんでいるようにみえます。しかし，同じ幼稚園に通っていた人も含めて，Aさんが話すのをきいたことがある人はいません。年度末が近づき，保護者向けの学習発表会をクラスで行うことになりました。担任は，Aさんの保護者の了承を得たうえで，ピアノが得意なAさんにクラスのみんなが合唱をする際の伴奏をしてもらうことにしました。突然与えられた役割にAさんは驚きとまどっていましたが，当日はクラスのみんなの歌声に合わせて大役をなしとげました。

　みなさんは，担任の対応についてどう感じましたか。保護者だけでなく，Aさん自身にもあらかじめ相談したうえで伴奏役を担ってもらった方がよかったのかもしれません。しかし，あらかじめAさんに相談していたら，Aさんは首をふって依頼を断ったのではないでしょうか。発声を伴う合唱にAさんが歌声で加わることは，難しいでしょう。そこで担任は，Aさんの強みを発揮でき，合唱に欠かせない役割である伴奏役をAさんに担ってもらおうと考えたのでしょう。Aさんが集団の一員であることを感じられ**自己肯定感**を高められるような役割です。非社会的行動は，他者との関わりが乏しくなりがちで，社会性の発達に将来的に大きな影響を及ぼす可能性があります。よって関わり方としては，事例8-1のように，本人が力を発揮できるような，なおかつ本人にとって負担になりすぎない方法で他者との関わりを促すような支援を行うことが重要です。

プラスα

自己肯定感
⇨第15章第2節2参照

3　いじめ

　いじめ集団は，被害者，加害者，観衆，傍観者の4層構造からなり，いじめの性質は，加害者だけでなく，周りの子どもたちの反応によっても決まります（森田，2010）。いじめは，集団規範や他者の期待に対してどのようにふるまうかが複雑に絡み合っている問題であるといえます。被害者，加害者，周りの子どもたちのその時点での生活だけでなく，彼らのその後の人生にも大きな影響を及ぼす可能性があります。

　いじめ防止対策推進法によると，いじめとは，児童等に対して，当該児童等が在籍する学校に在籍している等当該児童等と一定の人間関係にある他の児童等が行う心理的又は物理的な影響を与える行為（インターネットを通じて行われるものを含む）であって，当該行為の対象となった児童等が心身の苦痛を感じているものをいいます。いじめ防止対策推進法では，いじめへの対応として，**重大事態**が起きた際には，学校や教育

委員会に弁護士や医師などの中立的第三者が参加する調査組織を設け、迅速に事実関係を調べて文部科学省や地方公共団体へ報告するよう義務づけています。いじめ防止対策推進法では、いじめを明確に禁止し、いじめにより当該学校に在籍する児童等の生命、心身又は財産に重大な被害が生じた疑いがあると認めるとき、いじめにより当該学校に在籍する児童等が相当の期間学校を欠席することを余儀なくされている疑いがあると認めるときを、重大事態としています。

4 不登校

不登校とは、何らかの心理的、情緒的、身体的あるいは社会的要因・背景により、登校しないあるいはしたくともできない状況にある者のうち、病気や経済的な理由による者を除いて、年間に連続または断続して30日以上欠席した者を指します。「令和4年度 児童生徒の問題行動・不登校等生徒指導上の諸課題に関する調査結果について」によると、小学校では10万5112人（全在籍児童生徒の1.7%）、中学校では19万3936人（全在籍児童生徒の6.0%）が不登校です（文部科学省、2023）。割合としては小さいと思われるかもしれませんが、小中学校全体で30万人弱が不登校です。また、仮に年間に連続または断続して29日欠席した児童生徒がいたとしても、不登校者数にはカウントされません。つまり、データとして発表されている以上に、登校しないあるいはしたくともできない状況にある児童生徒は存在しているといえるでしょう。なお、不登校者のなかには**起立性調節障害**をもつ人がいることも、近年知られるようになってきています。

ここまで、3つの節に分けて学童期について学んできました。これらの学びをもとに、学童期の子どもおよびその家庭を支援する際に注意すべきことについて考えてみましょう。

🍀ことば

起立性調節障害
起立に伴う血圧心拍反応の異常に起因する自律神経機能障害。立ちくらみや朝起き不良（起床困難）、倦怠感、動悸、頭痛、失神、いらいら、集中力低下などの症状を伴う。症状は午前中に強く、午後から夜にかけて軽快することが多い。不登校やひきこもりの原因となる場合がある（小学館、2018）。

演習問題
① エリクソンによると、学童（学齢）期（8〜12歳頃）の発達課題は何でしょうか。
② ギャング集団とは何でしょうか。

【引用・参考文献】
道徳教育に係る評価等の在り方に関する専門家会議（2016）「『特別の教科 道徳』の指導方法・評価等について（報告）【概要】」
https://www.mext.go.jp/component/b_menu/shingi/toushin/__icsFiles/afieldfile/2016/08/08/1375482_1.pdf（2024年1月31日閲覧）

「ギャング・エイジ」(2024)『日本大百科全書(ニッポニカ)』小学館

「緘黙症」(2024)『百科事典マイペディア』平凡社

「起立性調節障害」(2018)『日本大百科全書(ニッポニカ)』小学館

国立教育政策研究所(2023)「令和5年度 全国学力・学習状況調査の結果(概要)」

https://www.nier.go.jp/23chousakekkahoukoku/report/data/23summary.pdf (2024年3月30日閲覧)

「矯正教育」(2024)『ブリタニカ国際大百科事典 小項目事典』

文部科学省(2023)「令和4年度 児童生徒の問題行動・不登校等生徒指導上の諸課題に関する調査結果について」

https://www.mext.go.jp/content/20231004-mxt_jidou01-100002753_1.pdf (2024年3月30日閲覧)

文部科学省中央教育審議会初等中等教育分科会 幼児教育と小学校教育の架け橋特別委員会(2023)「学びや生活の基盤をつくる幼児教育と小学校教育の接続について――幼保小の協働による架け橋期の教育の充実」

https://www.mext.go.jp/content/20230308-mxt_youji-000028085_1.pdf (2024年3月30日閲覧)

森田洋司(2010)『いじめとは何か――教室の問題，社会の問題』中央公論新社

西口利文(2010)「問題行動の諸相ならびに予防と対応」西口利文・高村和代編『教育心理学』ナカニシヤ出版，101-111頁

大浦賢治(2022)「発達の可能性を探る――幼児期から児童期にかけて」大浦賢治編著『実践につながる 新しい教養の心理学』ミネルヴァ書房，77-90頁

「集団」(2024)コトバンク『最新 心理学事典』

杉本明子・西本絹子・布施光代編(2019)『理論と実践をつなぐ教育心理学』みらい

丹治光浩(2011)「価値観の個人差」丹治光浩『中学生・高校生・大学生のための自己理解ワーク』ナカニシヤ出版，30-36頁

渡辺弥生(2011)『子どもの「10歳の壁」とは何か?――乗りこえるための発達心理学』光文社

青年期の発達とその基本的な関わり方

> 学習のポイント
> ●青年期とはどのような段階か，その概要を理解しましょう。
> ●青年期に生じる可能性のある問題とその支援について考えましょう。
> ●キャリア発達について，理解を深めましょう。

第1節 青年期とは

1 発達段階

　青年期とは，子どもから大人への過渡期の段階です。レヴィンは，青年期の人を**マージナル・マン（境界人）**と呼びました。近代以前には，元服式や髪上など，大人になるための**通過儀礼（イニシエーション）**がありましたが，現代では**成人式**などはあるものの，通過儀礼としての意味合いは薄く，子どもと大人の境目ははっきりとしません。笠原（1976）は，日本における青年期を，前青年期（10～14歳），青年期前期（14～17歳），青年期後期（17～22歳），ヤングアダルト期（22～30歳）に区分しました。しかし，青年期の扱いは，時代や国，文化によって異なるのが現状です。また，発達加速現象（本章102頁参照）と高学歴化によって青年期は拡大しています（遠藤，2000）。

　以下では，青年期の概要，青年期に生じる可能性のある問題とその支援，キャリア発達という観点から青年期に対する学びを深め，青年およびその家庭を支援するうえで必要となる知識を身につけていきましょう。

　青年期は，学童期とどのように異なるのでしょうか。はじめに，発達段階という観点から学童期との違いをみていきましょう。

　青年期は，ピアジェの認知発達段階でいうと，おおむね**形式的操作期**（11～15歳以降）に相当します。形式的操作期は，抽象的状況においても論理的な思考が可能になる段階です。具体物で表すことが難しい文字式，関数なども扱えるようになります。また，**仮説演繹的思考**が可能になることで，うつ状態や自殺企図といった問題も生じやすくなります。

プラスα
成人式
2022年の改正民法施行で成年年齢が20歳から18歳に引き下げられたが，多くの自治体では二十歳のつどいといった呼称で式典を実施している。

人物
ピアジェ
⇒第8章第2節1参照

プラスα
仮説演繹的思考
前提を認めるならば，結論もまた必然的に認めざるを得ないものを，演繹という。仮説演繹的思考とは，仮に～だとしたら，という仮説の前提を与えた場合に，その前提を認めるならば，結論もまた必然的に認めざるを得ないものをいう。たとえば，仮にライオンはハトより小さく（前提1），仮にハトはアリより小さい（前提2）とするならば，大小関係はライオン＜ハト＜アリと結論づけられる。

エリクソンは心理社会的発達段階理論において、アイデンティティ（自我同一性）の確立が青年期の発達課題であると唱えました。アイデンティティとは、**連続性**と**不変性**が自分にあり、かつ他者からもそのようにみられているという感覚です。アイデンティティが確立できないと、**アイデンティティの拡散**という心理・社会的危機に陥ります。自分は何をしたいのか、どう生きていけばよいのかがわからずさまよう状態です。ただし青年期は、大学や短期大学、専門学校などの学校に通っている人も多く、社会的な責任や義務（就労や経済的自立など）が猶予されており、自分探しを存分にすることができる時期でもあります。こうした期間を、**心理社会的モラトリアム**といいます。この期間には、アルバイト、ボランティア活動、趣味の活動などにおいてさまざまな対人関係を経験し、多様な役割を引き受け演じるなかで、自己、他者、社会に対する理解を含め、アイデンティティを確立していきます。これを**役割実験**といいます。

マーシャは、アイデンティティの状態（アイデンティティ・ステイタス）を、**アイデンティティ拡散**（アイデンティティを確立しようとすると混乱するタイプ・アイデンティティの確立を拒否するタイプ）、**早期完了（フォークロージャー）**（たとえば親が望む進路を選択するなど、一見アイデンティティは確立しているようであるが、実際は確立しておらず、自分の生き方が通用しない状況では混乱に陥るタイプ）、**モラトリアム**（アイデンティティを確立できないことに不満足、不安を感じ、克服しようと努力しているタイプ）、**アイデンティティ達成**（アイデンティティが確立しているタイプ）の4つに類型化しています。

つまり青年期は、自分とは何か、自分はどのような人生を送っていきたいのかを定めていく時期であるといえます。これには、**マズローの欲求階層説**における最も高次の欲求である自己実現の欲求が関わっているといえるでしょう。自己実現の欲求が生じるためには、それよりも低次の4つの欲求（生理的欲求、安全の欲求、承認（自尊）の欲求、所属と愛情の欲求）が満たされていなければなりません。つまり、青年期の発達課題を達成するためには、乳幼児期から継続的に、かつ安定的に欲求が充足され続けていることが必要なのです。

2 身体的変化

上述の笠原（1976）の区分における前青年期は、思春期に相当します。思春期は乳児期の次に成長が著しい時期で、この時期の突然の急成長を**思春期スパート**といいます。身長、体重いずれにおいても、女性の方が

人物

エリクソン
⇨第3章第2節1参照。

ことば

連続性
現在の自分が過去の自分、未来の自分とつながっているという感覚。

不変性
さまざまな立場や役割であっても私は私であるという感覚。

ことば

モラトリアム
法令によって国家が債務の支払いを一定期間強制的に猶予させる措置。元々は経済用語で、支払猶予と訳される。

マズローの欲求階層説
人間には、下位の欲求から順に、①生理的欲求（生命維持に必要な、生理的な基礎をもつ欲求）、②安全の欲求（生命の安全や安心を求める欲求）、③所属と愛情の欲求（グループに所属したり、他者からの愛情を得たいという欲求）、④承認（自尊）の欲求（自己に対する高い評価を求めたり、他者から尊重されたいという欲求）、⑤自己実現の欲求（自分自身を高め、完成させようとする欲求。この欲求を満たすことにより、精神的に最も成熟する）があるとされ、下位の欲求が満たされてはじめて、上位の次の欲求が生じると考えられている。

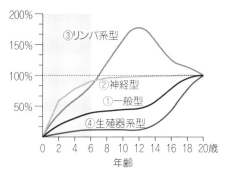

図9-1　スキャモンの発達曲線

出所：小倉直子（2019）「身体機能と運動機能の発達」大浦賢治編著『実践につながる 新しい保育の心理学』ミネルヴァ書房，63頁

第二次性徴
思春期に出現する性の特徴。生殖腺・生殖器官の差異は，第一次性徴という。

人　物

フロイト
⇨第8章第2節1参照

スキャモンの発達曲線
人体の各器官の発達過程を4つの型に分類したスキャモンによる発達曲線。出生直後と思春期に著しく発達する一般型（内臓器官，筋，骨，血液など），成人の発達を100%としたときに6歳頃までに90%に到達する神経型（脳，神経など），思春期を中心に急速に発達する生殖型（精巣，卵巣など），思春期前に最大値に到達し，その後成人するまで減少していくリンパ型（胸腺，リンパ節など）に分けられる。

心理的離乳
子が養育者に依存していた状態を脱して，一人の大人として自立すること。

男性よりも早くにスパートします。また，男性の場合は筋骨の発達，声変わり，女性の場合は皮下脂肪や乳房の発達などがみられます（**第二次性徴**）。こうした変化は，身長の増大とほぼ同時期に始まります。外見だけでなく身体内部にも変化がみられ，子孫を残す能力をもった性的存在へと変化していきます。**フロイト**の心理性的発達段階理論でも，11歳頃から**性器期**と呼ばれる発達段階に入るとされています。性器期は，身体的成熟に伴い，性器性欲と呼ばれる性的欲求が出現する段階です。精巣，卵巣などの**生殖型**が思春期に著しく発達することは，**スキャモンの発達曲線**でも示されています（図9-1）。

　また，**発達加速現象**といって，現代は先進国の都市化の進んだ地域において，性的成熟に入る年齢が，前の世代に比べて早期化しています。たとえば前の世代と比べて，思春期スパートの時期が早まったり，男子の精通年齢，女子の初経（初潮）年齢が早まったりといった現象がみられます。

3　対人関係の発達

　青年期には，身体的変化だけでなく，精神的変化もみられます。特に思春期は，第1にホルモンの直接的影響，第2にホルモンの変化によってもたらされた第二次性徴を介した影響，第3に受験などの社会的文脈を含めた影響によって，否定的な感情や行動が生じます（遠藤，2000）。

　青年期は，**心理的離乳**がみられる，第2の誕生の時期です。12～15歳頃には**第二次反抗期**がみられます。この時期は，自分を取り巻く伝統的な慣習や権威などには反抗するものの，権威をかさに着ることのない，理解ある年長者に対しては反抗することなく，全面的に信頼を寄せ，従順に従うといった意識的な反抗がみられます（滝沢，2024）。

また，青年期には，大人とのタテの関係だけでなく，仲間とのヨコの関係もより一層拡大していきます。幼い頃の仲間関係は，一時的で壊れやすく（例．引っ越しをしたりけんかをしたりすると関係が切れてしまう），功利的・自己中心的で（例．Aちゃんの家には自分の家にはないゲームがあるので一緒に遊ぶ），行動的・表面的である（例．近くに住んでいたり，習い事が一緒だったりする子と一緒に遊ぶ）ことが多いのですが，発達に伴って持続的で，互恵的で，共感的・内面的な関係を築くようになります。

さらに詳しくみていきましょう。13～15歳頃になると，3～5人ほどの複数の同性がいる仲良し集団で，親友と呼ばれるような友人関係を築くようになります。これを**チャム集団**といいます。チャム集団は，学童期のギャング集団と違って内面的な類似性を重視します。そして高校生以降になると，内面的類似性だけでなく，互いの異なる部分も尊重し合うようになり，男女が混ざった**ピア集団**を形成するようになります。

加えて，青年期の対人関係には**恋愛関係**も含まれます。恋愛のスタイルとして，エロス，ストルゲ，ルダス，マニア，アガペー，プラグマという**6つのラブ・スタイル**が主要な類型として認識されています（e.g., Lee, 1977, 1988; 金政，2010）。乳幼児期の**アタッチメント**関係は，青年・成人期の恋愛・夫婦関係に大きな影響を及ぼします。乳幼児と養育者の間の関係と，青年・成人期の恋愛・夫婦関係との間には共通点があり（金政，2010），乳幼児期のアタッチメント形成の重要性が示されます。

第2節 青年期に生じる可能性のある問題とその支援

以下では，青年期に生じる可能性のある問題として，反社会的行動の一つである非行，非社会的行動であるひきこもり等について学んだあと，支援に必要な知識として，ライフスキル，ストレスとストレス・コーピングについて学んでいきましょう。

1 非 行

『令和5年版 犯罪白書』によると，少年による刑法犯の検挙人員は，長らく大幅な減少が続いていましたが，2022年は19年ぶりに前年から増加しました（法務省，2023）。法務総合研究所が行った調査によると，調査対象となった少年院在院者，保護観察処分少年で小児期逆境体験（Adverse Childhood Experiences：ACE）を有する者（ACE該当数が12項目中1項目以上の者）は，それぞれ87.6%，58.4%であること，調査対象者全

プラスα

恋愛関係
従来の研究では異性愛を対象とすることが多かったが，恋愛の対象は，必ずしも異性であるとは限らない。
⇨第4章のLGBTQを参照

6つのラブ・スタイル
エロス（Eros）は，美への愛で，恋愛を至上のものと考えるスタイルである。相手の外見を重視し，ロマンチックな行動をとりやすい。
ストルゲ（Storge）は，友愛的な愛で，穏やかで友情的な恋愛のスタイルである。
ルダス（Ludus）は，遊びの愛で，恋愛をゲームとして捉えるスタイルである。
マニア（Mania）は，熱狂的な愛で，独占欲の強さや相手への執着，嫉妬といった特徴をもつスタイルである。
アガペー（Agape）は，愛他的な愛で，相手のために自分を犠牲にすることもいとわないスタイルである。
プラグマ（Pragma）は，実利的な愛で，恋愛を地位の上昇などの手段と考えているようなスタイルである。付き合う相手を選ぶ際，社会的な地位や経済力などの基準をもっている（金政，2010，49頁）。

アタッチメント
⇨第7章第4節2参照

ことば

少年
少年法で20歳に満たない者。非行少年は，犯罪少年，触法少年，ぐ犯少年の3つに分けられる。犯罪少年とは罪を犯した少年（犯行時に14歳以上であった少年），触法少年とは14歳に満たないで刑罰法令に触れる行為をした少年，ぐ犯少年とは，保護者の正当な監督に服しない性癖等の事由があり，少年の性格又は環境に照らして，将来，罪を犯し，又は刑罰法令に触れる行為をするおそれのある少年をいう。

ことば

少年院

家庭裁判所から保護処分（少年の更生を目的として家庭裁判所が科す特別な処分）として送致された少年に対し，その健全な育成を図ることを目的として，矯正教育や社会復帰支援等を行う法務省所管の施設。

保護観察

犯罪を犯した人または非行のある少年が，社会のなかで更生するように，保護観察官及び保護司による指導と支援を行うもの。施設外，つまり，社会のなかで処遇を行うものであることから，社会内処遇といわれる。

小児期逆境体験

(Adverse Childhood Experiences：ACE)

小児期に虐待を受けたり機能不全家族との生活を送ったりすることによる困難な体験をいう。法務総合研究所による調査では，「親が亡くなったり離婚したりした」「家族から，殴る蹴るといった体の暴力を受けた」「家族から，心が傷つくような言葉を言われるといった精神的な暴力を受けた」「母親（義理の母親も含む）が，父親（義理の父親や母親の恋人も含む）から，暴力を受けていた」「家庭内に，うつになったり，心の病気にかかったりしている人がいた」「家族から，十分に気にかけてもらえなかった」「家庭内に，飲酒などアルコールの問題を抱えている人がいた」「家庭内に，自殺を試みた人がいた」「家庭内に，違法薬物を使用している人がいた」「家族から，食事や洗濯，入浴など身の回りの世話をしてもらえなかった」「家庭内に，刑務所に服役している人がいた」「家族から，性的な暴力を受けた」という12項目の体験の有無について，少年に回答を求めている（法務省, 2023）。

体では左の注に示した困難な体験のうち，「親が亡くなったり離婚したりした」（54.8%）の該当率が最も高く，次いで「家族から，殴る蹴るといった体の暴力を受けた」（47.4%），「家族から，心が傷つくような言葉を言われるといった精神的な暴力を受けた」（35.6%）の順であることが示されています（法務省, 2023）。こうしたデータからは，少年だけでなくその家庭をも支援することの重要性が示されます。

2　ひきこもりなど

　青年期の心理社会的問題としては，**高校中退，スチューデント・アパシー，ニート，ひきこもり**などが挙げられます。文部科学省（2022）によると，高校中退者は年間で約4万3000人，中退率は1.4%です。1980年代からみると中退率は徐々に下がってきていますが，中退者は一定の割合で存在します。また，スチューデント・アパシーとは，学業領域固有の無気力状態で，アルバイトや趣味などの活動には意欲的に取り組むことが特徴的です。ニート（NEET）とは，Not in Education, Employment, or Training の頭文字をとった名称で，教育を受けていない，雇用されていない，職業訓練をしていない状態を指します。こうした社会参加活動をしておらず，統合失調症などでなく，自宅中心の生活が6カ月以上続いている状態を，ひきこもりといいます。ひきこもりというと自宅や自室から一歩も出ない状態を思い浮かべる人もいるかもしれませんが，自宅近くのコンビニ等への買い物には出かけるという状態であっても，ひきこもりの定義に当てはまる場合があるということです。「出歩いていてもひきこもり」（石井, 2014）という場合もあるのです。また，自宅中心の生活が6カ月以上続いてはじめて，定義上のひきこもりと呼ばれる状態になるため，自宅にこもりがちの人は，実際にはもっと存在しているといえるでしょう。ひきこもりの心理状態として，対人関係の困難，行動への不安と無気力，特有の強いこだわり，生活リズムの崩壊があります（石井, 2014）。厚生労働省は，ひきこもりに関する取り組みとして，都道府県，市区町村と連携して**ひきこもり支援推進事業**を行っています。これには**ひきこもり地域支援センター設置運営事業**と**ひきこもりサポート事業**があります。

3　ライフスキル

　文部科学省「スクールカウンセリング」のwebページには，WHO（世界保健機関）が定義したライフスキルについて記載されています。これによると，ライフスキルとは，どの時代，どの文化社会においても，

表9-1　ライフスキル

1　意思決定 （Decision making）	生活に関する決定を建設的に行う力。 様々な選択肢と各決定がもたらす影響を評価し，主体的な意思決定を行うことにより望ましい結果を得る。
2　問題解決 （Problem solving）	日常の問題を建設的に処理する力。
3　創造的思考 （Creative thinking）	どんな選択肢があるのか，行動の結果がもたらす様々な結果について考えることを可能にし，意思決定と問題解決を助ける。 直接経験しないことを考える，アイデアを生み出す力。
4　批判的思考 （Critical thinking）	情報や経験を客観的に分析する能力。 価値観，集団の圧力，メディアなど，人々の態度や行動に影響する要因を認識し，評価する力。
5　効果的コミュニケーション （Effective communication）	文化や状況に応じた方法で，言語的または非言語的に自分を表現する能力。 意見・要望・欲求・恐れの表明やアドバイス・援助を求めることができる。
6　対人関係スキル （Interpersonal relationship skills）	好ましい方法で人と接触・関係の構築・関係の維持・関係の解消をすることができる。
7　自己認識 （Self-awareness）	自分自身の性格，長所と短所，欲求などを知ること。
8　共感性 （Empathy）	自分が知らない状況に置かれている人の生き方であっても，それを心に描くことができる能力。 共感性を持つことで，人々を支え勇気づけることができる。
9　情動への対処 （Coping with emotions）	自分や他者の情動を認識し，情動が行動にどのように影響するかを知り，情動に適切に対処する能力。
10　ストレス・コントロール （Coping with stress）	生活上のストレッサーを認識し，ストレスの影響を知り，ストレスレベルをコントロールする。 ストレッサーに適切に対処し，リラックスすることができる。

出所：文部科学省「〈ライフスキル教育〉」『CLARINET へようこそ　第3章　スクールカウンセリング』web ページ

人間として生きていくために必要な力，日常生活で生じるさまざまな問題や要求に対して建設的かつ効果的に対処するために必要な能力です。ライフスキルには，意思決定，問題解決，創造的思考，批判的思考，効果的コミュニケーション，対人関係スキル，自己認識，共感性，情動への対処，ストレス・コントロールという10のスキルがあります（表9-1）。自立した大人として生きていくためには，これらのスキルを身につけていくことが必要です。

4　ストレスとストレス・コーピング

　ライフスキルの一つとして，ストレス・コントロールが挙げられていました。ストレス・コントロールとは，生活上のストレッサーを認識し，ストレスの影響を知り，ストレスレベルをコントロールするスキルです（表9-1）。ストレスとは，個人の適応に要求がなされたときの生理的または心理的緊張状態と定義され，ストレス反応を引き起こす外的刺激をストレッサーといいます。入学試験で不合格になるといったいわゆる

ことば

ひきこもり地域支援センター設置運営事業

ひきこもりに特化した専門的な相談窓口としての機能をもつ「ひきこもり地域支援センター」を設置し運営する，厚生労働省による事業。2021年4月現在，全都道府県・指定都市の67カ所に設置されている。

ひきこもりサポート事業

厚生労働省による事業で，より身近な市町村において，ひきこもり状態にある人の状況に応じた社会参加に向けた支援を図るため，支援に関する相談窓口の周知や実態把握，ひきこもり状態にある人やその家族が安心して過ごせる居場所づくり，ひきこもりサポーターの派遣等を行っている。

ことば

心身症
ストレッサーの刺激が強すぎることで身体面に現れる問題。胃潰瘍，気管支喘息，高血圧，夜尿症，蕁麻疹，月経前症候群などがある（山村，2017，204-205頁）。

適応障害
ストレッサーの刺激が強すぎることで心理面に現れる問題。心理的症状として不安，抑うつ，焦燥感，過敏，混乱などがあり，行動的症状として不登校，対人トラブル，家庭内暴力などがある。ただし，これらの症状はほかの精神障害の症状にも当てはまるため，精神障害の診断基準は満たしていないが，心の問題で日常生活に支障をきたしている状態というニュアンスがある（山村，2017，204-205頁）。

プラスα

自律訓練法の基本公式，第1公式〜第6公式
基本公式（安静練習）：「気持ちがとても落ち着いている」
第1公式（四肢重感練習）：「両腕・両脚が重い」
第2公式（四肢温感練習）：「両腕・両脚が温かい」
第3公式（心臓調整練習）：「心臓が自然に静かに規則正しく打っている」
第4公式（呼吸調整練習）：「自然に楽に息をしている」
第5公式（腹部温感練習）：「おなかが温かい」
第6公式（額の涼感練習）：「額が心地よく涼しい」

悪いできごとだけでなく，入学試験に合格するといったよいできごともストレッサーになりえます。また，修学旅行で体調を崩す人がいるように，楽しみにしていた行事であっても，いつもと違う環境であること自体がストレッサーとなることもあります。ストレッサーは人生におけるスパイスのようなもので，適度に存在する分には大きな問題とはなりませんが，その刺激が強すぎると，心身にネガティブな影響を及ぼします。ストレス反応は，警告反応期，抵抗期，疲憊期という段階を経ます。疲憊期においてもストレッサーが加わり続けると，**心身症**や**適応障害**を発症することがあります。

〈ワーク1　こころの体温計を使ってみよう（杉並区　ストレスチェックシステム「こころの体温計」）〉
　インターネットで「こころの体温計」と検索してみましょう。これは，自分や家族のストレス度をチェックできるシステムです。「本人モード」「家族モード」「赤ちゃんママモード」「ストレス対処法タイプテスト」「アルコールチェック」があります。「本人モード」を選び回答していくと，自分の健康状態や人間関係，住環境などのストレス度が，水槽のなかで泳ぐ金魚や水槽の外からのぞく猫などのキャラクターによって表示されます。結果が出たら，日頃の自分の生活を振り返ってみましょう。

　私たちの生活にストレッサーはつきものですが，それではストレッサーにはどのように対処していけばよいのでしょうか。特定のストレスフルな問題や状況に対するストレス対処方法を，**ストレス・コーピング**といいます。ストレス・コーピングには，状況を変化させるなどの**問題解決型**と，状況に対する自分の感じ方を変えるなどの**情動焦点型**があります。

　また，**漸進的筋弛緩法**や**自律訓練法**などのリラクゼーション法を使ってみるのも有効です。漸進的筋弛緩法とは，力いっぱい握りこぶしをつくった後に緩めるというように，筋肉の緊張と弛緩を繰り返すことによってリラックスを促す技法です。自律訓練法とは，**基本公式，第1公式〜第6公式**をイメージし，自己暗示をかけることによって自分自身を催眠状態に誘導し，リラクゼーション反応を引き起こす技法です。

　また，ソーシャルスキルトレーニングを実施することによって対人関係における困りごとを減らすこともストレス対処方法として有効です。

　ワーク2では，合計点が高いほどソーシャルスキルが高いということになりますが，点数が低くても気に病む必要はありません。ソーシャルスキルは，訓練によって身につけることができるからです。

〈ワーク2　ソーシャルスキルを測定してみよう〉

　以下の質問項目に対して当てはまるものに丸をつけ，合計点を出してみよう。

	いつもそうでない	たいていそうでない	どちらともいえない	たいていそうだ	いつもそうだ
1．他人と話していて，あまり会話が途切れないほうですか。	1	2	3	4	5
2．他人にやってもらいたいことを，うまく指示することができますか。	1	2	3	4	5
3．他人を助けることを，上手にやれますか。	1	2	3	4	5
4．相手が怒っているときに，うまくなだめることができますか。	1	2	3	4	5
5．知らない人とでも，すぐに会話が始められますか。	1	2	3	4	5
6．まわりの人たちとの間でトラブルが起きても，それを上手に処理できますか。	1	2	3	4	5
7．こわさや恐ろしさを感じたときに，それをうまく処理できますか。	1	2	3	4	5
8．気まずいことがあった相手と，上手に和解できますか。	1	2	3	4	5
9．仕事をするときに，何をどうやったらよいか決められますか。	1	2	3	4	5
10．他人が話しているところに，気軽に参加できますか。	1	2	3	4	5
11．相手から非難されたときにも，それをうまく片づけることができますか。	1	2	3	4	5
12．仕事のうえで，どこに問題があるかすぐにみつけることができますか。	1	2	3	4	5
13．自分の感情や気持ちを素直に表現できますか。	1	2	3	4	5
14．あちこちから矛盾した話が伝わってきても，うまく処理できますか。	1	2	3	4	5
15．初対面の人に，自己紹介が上手にできますか。	1	2	3	4	5
16．何か失敗したときに，すぐに謝ることができますか。	1	2	3	4	5
17．まわりの人たちが自分とは違った考えをもっていても，うまくやっていけますか。	1	2	3	4	5
18．仕事の目標を立てるのに，あまり困難を感じないほうですか。	1	2	3	4	5

出所：菊池章夫（1988）『思いやりを科学する』川島書店，199頁，社会的スキル尺度（KiSS-18）

ことば

ソーシャルスキルトレーニング

ソーシャルスキル（社会技能）を身につけるために行われる訓練。ソーシャルスキルについては第12章141頁参照

第9章

青年期の発達とその基本的な関わり方

第3節 キャリア発達

ここまでの節から，青年期はさまざまな問題が生じる可能性のある変化の大きな時期であること，どのような人生を歩んでいくのかを定めていくうえで重要な時期であることが理解できたのではないかと思います。最後に本節では，キャリア発達という観点から青年期についてみていきましょう。

1 キャリア発達の理論

ギンズバーグ
Ginzberg, E. (1911-2002)
職業選択に関する理論を提唱した。

ギンズバーグらによると，職業選択の過程は，空想期（0～11歳），試行期（11～17歳），現実期（17歳～20代前半）の3つに分けられ，青年期における決定は後のキャリアに影響を及ぼすとされています（日本産業カウンセラー協会，2022）。試行期，現実期にあたる青年期は，アルバイトなどをとおしてさまざまな職業を検討，試行しながら，就職活動などをとおして実際に職業選択を行っていく時期であるといえるでしょう。ギンズバーグは当初，職業選択を青年期をとおして行われるプロセスであり，不可逆的で，個人の興味・能力・価値観と仕事世界との妥協であるとしていましたが，後にその理論に変更を加え，職業選択を長い年月をかけて行われる発達的過程であると捉えるようになりました（日本産業カウンセラー協会，2022）。

スーパー
Super, D. E. (1910-1994)
生涯にわたるキャリア発達の様相や時間的変化と，その影響要因を解明した（渡辺ほか，2018，33頁）。

スーパーは，成長段階（0～14歳），探索段階（15～24歳），確立段階（25～44歳），維持段階（45～64歳），解放段階（65歳～）の5段階からなるキャリアの発達段階（ライフ・スパン）を提唱し，各段階に達成すべき発達課題があると考えました。青年期は，おおむね探索段階に相当します。表9-2に示すように，探索段階は，暫定期，移行期，試行期の下位段階に区分されます（渡辺ほか，2018）。

また，図9-2に示すように，スーパーは，ライフ・スパンとライ

表9-2 探索期の下位段階

下位段階	発達課題
暫定期（15～17歳）	職業的好みが具現化される。
移行期（18～21歳）	職業的好みが特定化される。
試行期（22～24歳）	職業的好みを実行に移す。現実的な自己概念を発達，より多くの機会について一層学ぶ。

出所：渡辺三枝子ほか（2018）「ドナルド・スーパー」渡辺三枝子編著『新版 キャリアの心理学【第2版】』ナカニシヤ出版，46-47頁をもとに筆者作成

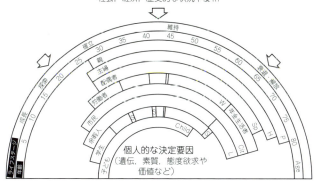

図9-2　スーパーによるライフ・キャリア・レインボー
出所：井芹まい（2022）「人はいくつになっても成長する」大浦賢治編著
『実践につながる 新しい教養の心理学』ミネルヴァ書房，100頁

フ・スペース（子ども，学生，余暇人，市民，労働者，配偶者，主婦，親といった人生における役割）という概念を取り込んだ**ライフ・キャリア・レインボー**という図でキャリア発達を説明しました。探索期は，子ども，学生，余暇人という役割だけでなく，市民という役割をも持ち始める段階です。

2　キャリア教育

　文部科学省（2004）「キャリア教育の推進に関する総合的調査研究協力者会議報告書」では，キャリア教育を「児童生徒一人一人のキャリア発達を支援し，それぞれにふさわしいキャリアを形成していくために必要な意欲・態度や能力を育てる教育」と定義しています。そして，キャリア教育は，学校のすべての教育活動をとおして推進され，各学校において活動相互の関連性や系統性に留意しながら，発達段階に応じた創意工夫のある教育活動を展開していくことが必要であると述べられています。キャリア教育の基本方向としては，(1)一人ひとりのキャリア発達への支援，(2)「働くこと」への関心・意欲の高揚と学習意欲の向上，(3)職業人としての資質・能力を高める指導の充実，(4)自立意識の涵養と豊かな人間性の育成が挙げられています。

　キャリア教育は，小学校段階から開始されています。文部科学省（2011）「高等学校キャリア教育の手引き」によると，小学校における体験活動（職場見学，学校探検，町探検など）が中学校における体験活動（職場体験活動，職業人・社会人講話など）へとつながり，それがさらに高等学校における体験活動（インターンシップ，職業人インタビュー，奉仕・ボ

ランティア活動など）へとつながること，期待される効果として，仕事や働くことへの関心が向上する，前向きに自己の将来を設計することができる，自らの意志と責任による進路選択ができる，積極的に人間関係を形成し，協力・協働してものごとに取り組むことが挙げられています。

　ここまで，３つの節に分けて青年期について学んできました。これらの学びをもとに，青年およびその家庭を支援する際に注意すべきことについて考えてみましょう。

　演習問題

①　発達加速現象について説明してください。
②　ストレス・コーピングにはどのような型があるでしょうか。

【引用・参考文献】
「アイデンティティ理論」（2024）『最新 心理学事典』平凡社
遠藤由美（2000）『青年の心理──ゆれ動く時代を生きる』サイエンス社
原信夫・井上美鈴編著（2022）『子ども家庭支援の心理学［改訂版］』北樹出版
「発達加速現象」（2024）『日本大百科全書（ニッポニカ）』小学館
法務省（2023）『令和５年版 犯罪白書　非行少年と生育環境』
　　https://www.moj.go.jp/content/001410095.pdf（2024年３月30日閲覧）
井芹まい（2022）「人はいくつになっても成長する──青年期以降の心理的特
　　徴」大浦賢治編著『実践につながる 新しい教養の心理学』ミネルヴァ書房，
　　91-106頁
石井守（2014）『社会的ひきこもりと登校拒否・不登校──支援者のこころで25
　　年』教育史料出版会
金政祐司（2010）「恋愛のかたち」松井豊編『対人関係と恋愛・友情の心理学』
　　（朝倉実践心理学講座８）朝倉書店，41-61頁
笠原嘉（1976）「今日の青年期精神病理像」笠原嘉・清水将之・伊藤克彦編『青
　　年の精神病理１』弘文堂，３-27頁
菊池章夫（1988）『思いやりを科学する──向社会的行動の心理とスキル』川島
　　書店
厚生労働省「まず知ろう！ 『ひきこもり NOW』！」
　　https://hikikomori-voice-station.mhlw.go.jp/information/（2024年３月18日閲覧）
Lee, A. J. (1977) "A typology of styles of loving," *Personality and Social Psychology Bulletin*, 3, pp. 173-182.
Lee, J. A. (1988) "Love styles," In R. J. Sternberg & M. L. Barnes (Eds.), *The psychology of love*, New Haven, CT: Yale University Press, pp. 38-67.
文部科学省「心のケアの基本」『CLARINET へようこそ　第２章 心のケア 各
　　論』登録：2009年以前
　　https://www.mext.go.jp/a_menu/shotou/clarinet/002/003/010/003.htm
　　（2024年３月15日閲覧）
文部科学省「〈ライフスキル教育〉」『CLARINET へようこそ　第３章 スクール

カウンセリング』登録：2009年以前

https://www.mext.go.jp/a_menu/shotou/clarinet/002/003/010/009.htm
（2024年3月15日閲覧）

文部科学省（2004）「キャリア教育の推進に関する総合的調査研究協力者会議報告書～児童生徒一人一人の勤労観，職業観を育てるために～の骨子」

https://www.mext.go.jp/b_menu/shingi/chousa/shotou/023/toushin/04012801.htm（2024年3月19日閲覧）

文部科学省（2011）「高等学校キャリア教育の手引き」

https://www.mext.go.jp/a_menu/shotou/career/1312816.htm（2024年3月19日閲覧）

文部科学省（2022）「令和4年度　児童生徒の問題行動・不登校等生徒指導上の諸課題に関する調査結果」

https://www.mext.go.jp/content/20231004-mxt_jidou01-100002753_1.pdf（2024年2月21日閲覧）

日本産業カウンセラー協会（2022）『キャリア・コンサルタント――その理論と実務』日本産業カウンセラー協会

日本産業カウンセラー協会・金子書房（編集協力）（2002）『産業カウンセリング』（産業カウンセラー養成講座テキストⅠ）日本産業カウンセラー協会

西口利文・高村和代編（2010）『教育心理学』ナカニシヤ出版

小倉直子（2019）「身体機能と運動機能の発達」大浦賢治編著『実践につながる新しい保育の心理学』ミネルヴァ書房，61-76頁

杉並区「ストレスチェックシステム『こころの体温計』」

https://www.city.suginami.tokyo.jp/guide/kenko/kokoro/1049598.html（2024年3月27日閲覧）

杉本明子・西本絹子・布施光代編（2019）『理論と実践をつなぐ教育心理学』みらい

滝沢武久（2024）「反抗期」『日本大百科全書（ニッポニカ）』小学館

https://kotobank.jp/word/%E5%8F%8D%E6%8A%97%E6%9C%9F-118004（2024年6月27日閲覧）

渡辺三枝子・河田美智子・岡田昌毅（2018）「ドナルド・スーパー――現象学的アプローチの追究」渡辺三枝子編著『新版 キャリアの心理学【第2版】――キャリア支援への発達的アプローチ』ナカニシヤ出版，33-58頁

山村豊（2017）「心身症と適応障害」山村豊・高橋一公『系統看護学講座　基礎分野　心理学』医学書院，204-205頁

第10章 成人期の発達とその基本的な関わり方

> 学習のポイント
> ●成人期の発達課題について考えてみましょう。
> ●成人期の徳として挙げられる「世話（ケア）」について考えてみましょう。
> ●アイデンティティの再確立とはどのようなものなのか，考えてみましょう。

第1節 成人期の発達

1 成人期の特徴

　成年年齢は法的には18歳ですが，成年年齢に達したから成人になったと考える人は少ないでしょう。青年期が延長され，その終わりがあいまいになっている現代社会においては，成人期のはじまりもまた，はっきりと決められるものではありません。長寿社会となり，健康寿命が延びるなかで労働力不足を背景に**定年も延長**され，高齢で働く人も増えました。老年期と成人期の境目もあいまいになっています。

　成人期は年齢で区切れるものではないですが，大体20代後半から60代手前ぐらい，約30年の期間を指すのが一般的です。就職，結婚，親になり子育てをすること，仕事を覚え，責任ある立場になること，子どもが自立し巣立っていくこと，自身の体の衰えを自覚すること，親の介護や看取りをすること，などがこの時期に多くの人に体験されるライフイベントです。しかしライフスタイルの多様化により，ライフイベントも多様であることに注意しなくてはなりません。

　孔子の『論語』に「吾十有五にして学に志す。三十にして立つ。四十にして惑わず。五十にして天命を知る。六十にして耳順う。七十にして心の欲する所に従えども，矩を踰えず」という言葉があるように，成人期は自分の足で立ち，決めた道を進み，己の限界を知る時期です。「四十にして惑わず」とありますが，現代の生涯発達理論では，中年期に新しい自分を探し，アイデンティティの再確立が起こるとされています。

プラスα
定年の延長
⇨第11章参照

孔子
（紀元前552または551年-紀元前479年）
古代中国の思想家であり，儒教（儒学）の開祖。彼と弟子たちの言行をまとめた『論語』は江戸時代に広く読まれた。そのなかの文章は格言として現代でもよく引用される。

2　成人期の課題

エリクソンのライフサイクル理論における成人期はⅥ段階目の「前成人期」とⅦ段階目の「成人期」にあたります。前成人期の発達課題は「親密性　対　孤立」，成人期は「世代性　対　自己耽溺・停滞」です。そして，エリクソンはこの時期の徳（virtue）として前成人期には「愛（love）」，成人期には「世話（care）」を挙げています。

また，レビンソン（1978=1992）は1920年代に生まれたさまざまな職業のアメリカ人男性を対象に30〜40代にかけてインタビューを行いました。その結果から成人期の発達について，30代頃までの青年期が終わり成人になる過渡期の課題として，①〈夢〉を持ち，その夢を生活構造のなかに位置づける，②よき相談相手を持つ，③職業を持つ，④恋人をつくり，結婚し，家庭をつくる，を挙げています。さらに40代の中年期の課題として，①若さと老いの対立，②破壊と創造の対立，③女らしさと男らしさの対立，④愛着と分離，を挙げています。

3　前成人期，成人になる過渡期の発達課題

「親密性」はエリクソン（1997=2001）によれば，「意義ある犠牲や妥協を要求することもある具体的な提携関係（affiliation）に自分を投入する能力」（93頁）のことです。親密になることは楽しいばかりではありません。選んだもののために自分から進んで嫌なことも引き受ける覚悟が必要です。そして，投入できる自分を持っていなくてはなりません。青年期の課題としてのアイデンティティの確立がここで求められるのです。自分が選んだ対象に真摯に向き合い配慮していく，こうした姿勢が前成人期の徳である「愛」につながると考えられます。ここでいう「愛」とは人を対象にした「愛」も含みますが，社会のなかで人や物事としっかりとしたつながりを持つことと捉えてもよいでしょう。

レビンソンは20代から30代の時期を「新米時代」と名づけ，「この時期に最優先すべき課題は，まず自分の力でおとなの世界に地歩を固め，おとなの世界で効果的に機能し，しかも自分に合った生活構造をつくり上げることである」（133頁）としています。そして20代で一度つくった生活構造を30代に見直し，職業や結婚生活，家庭生活の面で大人の世界に適応していくことで，新米時代が終わるのです。

先に挙げた成人期になる過渡期の4つの課題は，大人の生活構造をつくっていくため，まずは漠然としたものではあるが何かしらの〈夢〉に向かい，それを守り続ける努力をすることです。そのなかで師匠や先輩といったよき相談相手からの助言を受け，大人の世界に参入していきます。

エリクソン
⇨第3章第2節1参照

ことば

徳（virtue）
「人格的活力」とも訳される。後年，エリクソン自身はこの用語を basic strength という用語に変更している。人生を生き生きとさせる強さや力のことを指す。

レビンソン
Levinson, D. J.（1920-1994）
アメリカの心理学者。主に成人期の発達研究で知られるが，『権威主義的パーソナリティ』（青木書店，1980年）の著者の一人でもある。ハーバード大学ではエリクソンと同僚であった。

4　成人期と中年期の発達課題

　「世代性」は，「世代継承性」といわれることもあります。また「生殖性」とも呼ばれます。人や物事を生み育て，次世代につないでいくことです。自分以外のことに時間と労力を使う，ここから「世話」（care）という徳が得られるのです。

　ケアについて，メイヤロフ（1971=1987）はその著書『ケアの本質』において「相手をケアすることにおいて，その成長に対して援助することにおいて，私は自己を実現する結果になる。作家は自分の構想をケアすることにおいて成長し，教師は学生をケアすることによって成長し，親は子供をケアすることによって成長する。言い換えれば信頼，理解力，勇気，責任，専心，正直に潜む力を引き出して，私自身も成長するのである」（69頁）と述べています。ケアによって人は成長しますが，メイヤロフはまた，「（前略）ある他者へのケアと自己自身へのケアとの間に，葛藤が生じる可能性がないと言っているのではない」（70頁）とも述べています。ケアは他者に対するものだけではなく自分自身に対するものも含まれますし，ケアを行うことが葛藤を生じさせることも示しています。葛藤を抱えながら他者や組織をケアし維持させ，次の世代につないでいくことが成人期の発達課題として求められるのです。

　レビンソンは中年期，人生半ばの過渡期には過去を見直す作業が行われるといいます。これまでの人生を振り返り，自分の才能や価値観の問い直しが行われるのです。上記に挙げた中年期の４つの対立について，どちらを取るかではなく上手く調和させていくことが求められます。若さと老いの対立であれば，年長者であることにプラスの意味を持ち，限りある命を考え有効に使う，女らしさと男らしさの対立であれば，男性は自分のなかに育み育てる女性的な部分があることを認め，それを統合していく努力をするなどです。

5　世代間の伝達

　前成人期の課題を達成するためにはアイデンティティの確立が必要であると述べましたが，成人期の課題「世代性」を達成するためにはそれ以前の課題である「親密性」の達成が必要です。笠井（2008）は，企業で働くミドル期（40代）の男女18人にインタビューを行い，「若い人たちに，最初からやることのおもしろみを経験させてあげなくちゃいけない」など世代を意識した発言をしている人たちは，企業のなかで自分自身が若手の頃，上司などと親密なつながりを持ち，その人を尊敬し育ててもらったという経験を語っていました。こうした結果は，親密性の達

プラスα

ケア
近年，ケアという用語は子どもや高齢者における世話という意味を越えて，フェミニズムや倫理学の分野でも取り上げられる重要なキーワードとなっている。

成が次の世代性につながること，さらに世代間の伝達が示されています。

　レビンソンの中年期男性インタビューにおいても，新米期に自分を引き上げてくれたよき相談相手を持っていた人が，自分が中年期になって知り合いの就職の世話をしてやるなど役割の交代がみられました。家庭において世代間の伝達や交代が行われるように，組織においても育てられた人が育てる人になり世代の伝達が行われるのです。

6　ライフステージの変化とアイデンティティの再確立

　成人期は就職，結婚，子育てなどを通じてライフステージが大きく変化する時期です。前成人期は社会における自分の立ち位置を働くなかで確立し，成人期は社会を支え，次世代を育てていきます。

　40〜50代の成人期は働き盛りの充実した時期だといわれてきましたが，それだけではありません。女性であれば**更年期**を迎え体に大きな変化が現れます。男性であっても年齢とともに体力や気力の衰えを感じ，病気の心配も増えてくるでしょう。子どもがいれば独立し，子どもを優先してきた生活は終わり自分の時間が増えます。男女ともに自分やパートナーの両親を看取るなかで，これからの自分の老後を考えるようになります。今までの生き方を変える必要に迫られる時期でもあります。「中年の危機」ともいわれます。

　従来，アイデンティティの確立は青年期の課題だといわれてきましたが，現代では生涯における課題であり，中年期はアイデンティティの再確立の時期であると考えられています。今までの人生を振り返り，次の老年期に向かって自分自身を問い直す時期なのです。岡本（2002b）には，中年期の否定的な体験から内省を経て，アイデンティティを問い直し，肯定的なアイデンティティへと変化する体験が述べられています。たとえば，責任あるプロジェクトを任されていた男性技術者は，そのプロジェクトが思うようにいかず挫折感を味わい，休職し心理療法を受けるほどの精神的変調を体験します。しかし，これを機会に企業に過剰に適応していた自分の働き方を見直し，自己の価値観を大切にした働き方へとシフトしていきました。

　成人期のアイデンティティの再確立において重要なことは，前述した成人期の課題でもある「ケア」の意識です。これは性別に関係なく，所属している組織へのケア，家族や友人へのケア，そして自分自身へのケアを考え，実践していくことが課題となります。

🍀ことば

更年期
女性が閉経を迎える40代後半から50代にかけて，女性ホルモンの減少により，めまいや気分の落ち込みなど心身の不調がおこる時期を指す。

プラスα

アイデンティティと青年期の発達
⇨第9章参照

第2節 成人期の支援

1 職業選択とキャリア支援

第9章でも青年期，職業選択におけるキャリア教育について説明がされていますが，ここでは，主に就業してからの成人期のキャリア支援について取り上げます。

日本の就職活動は**新卒一括採用**という特殊な方法を取ります。企業が大学や専門学校に求人を出し，次の春に卒業する学生がそれをみて応募し，正社員として就職していきます。こうした採用方法では，学校を卒業する年度に景気が悪く，求人が少ないと正社員として雇用されるチャンスが少なくなり，その後のキャリア形成に大きな影響が生じます。

みなさんは「就職氷河期」という言葉を聞いたことがありますか。この就職氷河期世代20人に労働政策研究・研修機構が行ったインタビュー調査があります（2024）。インタビュー時の年齢は40〜50代でした。インタビューでは，正社員雇用の時期と非正規雇用の間をいったりきたりするヨーヨー型の雇用が特徴的であること，社会人として十分な教育を受けてこなかったことへの不安，居場所のなさなどが語られています。非正規で働くことは経済的な不安定さはもちろん，社会との接点や自分の立ち位置がないことにつながるのです。前成人期の時期に，社会経済的な状況によって自分が選んだものに打ち込み，親密になれる場を提供されなかったこと，それが40代という成人期の発達にも大きな影響を与えることがわかります。

総務省統計局が行った「令和4年労働力調査」（2023）では「**無業者**」の割合は減っていますが，15〜34歳の「若年無業者」は57万人，35〜44歳の無業者は36万人もいます。中年といわれるような時期にさしかかっても無業の状態でいる人が一定数いることがわかります。親が元気な間は，こうした無業者の問題は家庭内の問題として処理されてしまいます。しかし，親に介護が必要になったり年金生活になり経済的に子どもを養えなくなったりすると，深刻な事態を引き起こします。「8050問題」もその一つです。家族任せにせず，地域や社会での居場所づくりなど，家族が支援を受けやすい体制づくりが求められます。

2 職業を通じた発達——保育職を例として

職業を続けるなかで，人はどのようにその職に熟達し，変化していく

プラスα

新卒一括採用

新卒一括採用が日本で一般的になったのは第二次世界大戦後のことだといわれている。近年は外資系企業を中心に通年採用を行うところも増えている。また既卒者を積極的に採用する企業も増えている。

ことば

就職氷河期

日本の経済状態が落ち込み，新卒者に対する求人が少なくなった時期に大学，高校を卒業した世代のこと。労働政策研究所・研修機構は「1993年—2004年卒業者」を就職氷河期として扱い調査を行っている。ロスジェネ（ロスト・ジェネレーション：失われた世代）という用語も同様の意味で用いられることがある。

無業者

労働力調査では非労働力人口のうち家事も通学もしていない者とされる。

ことば

8050問題

80代の親と50代の子どもに関わる生活問題のこと。特に50代の子どもがひきこもり等で生活面，経済面で高齢の親に依存しており，親子で生活に困窮する，親が亡くなった後の子どもの生活が成り立たなくなる等の問題を指すことが多い。

のでしょうか。秋田（2000）は，ヴァンダー・ベン（1988）の保育者の発達段階モデルを紹介しています（表10-1）。

表10-1をみると，段階1から3までは前成人期の間と考えられます。社会に出て仕事を覚え一人前になる時期です。段階4から5は成人期の期間，実際に子どもと関わるよりも管理職的な役割を負うことが多くなることがわかります。

小嶋・加藤（2018）では，現職の保育者を対象に保育職の魅力を記述させ，経験年数別に分析しています。経験年数にかかわらず「子どもの成長」を魅力と感じている人が多くいました。また経験年数10年目頃から「子どもとの共有・共感」といった魅力が多く出現していました。経験年数3年目あたりで「少し周りが見えてきた」「流れが分かるようになった」などの記述もあり，大体3年目ぐらいに新人期が終わることがわかります。

小嶋ら（2019）は，現任の保育者に対してその職の魅力を考え，参加者に伝える「保育職の魅力の伝達」という研修を実施していました。グループで話し合い，魅力を歌や劇，踊りなど保育者が得意とする方法でパフォーマンスをして，参加者に伝えてもらうのです。

「魅力の伝達」研修では，保育者養成校で学ぶ学生が見学者として参加する場合もあります。小嶋ら（2019）では，養成校の学生に「保育職の魅力」について記述してもらってから保育者のパフォーマンスを見てもらいます。その後，再度，魅力について記述してもらい，見学前後の記述内容の変化を調べました。すると，見学前には保育職の魅力として「子どもの成長がみられる」「子どもの笑顔が見られる」といった記述が多かったのですが，見学後には「同僚と助け合う」や「自分が成長する」などの記述が増えていました。先輩の姿を見て，子どもへの支援という保育職の専門性だけでなく，ともに働くことの楽しさやお互いの関係性も職業の魅力として自覚されたといえるでしょう。これは後述する「同僚性」とも関係します。

3 育てる仕事の特性を知り支援する

保育者は教育，養護といったケアを行う対人援助職のひとつであり，子どもやその家族の育ちを援助する職業です。ケアをすることは終わりのない作業です。どこまでやればよいのか相手によって異なりますし，時間がきたら終わりという作業でもありません。相手に共感し，相手の身になって考えることが求められる**感情労働**です。

感情労働は他の労働と比較して自己の感情や人格を相手に合わせて管

プラスα

現職の保育者を対象にした研修
⇒第15章参照

感情労働

ホックシールド（1983=2000）は，「相手の中に適切な精神状態を作り出すために，自分の感情を誘発したり抑圧したりしながら，外見を維持する」ことを感情労働と定義した。保育・介護・教育職だけでなく，客室乗務員などサービス業の従事者もこの労働を行っているとされる。

表10 - 1　保育者の発達段階モデル

段階1：実習生・新任の段階	園の中でまだ一人前として扱われていない。場に参加することから学ぶ段階であり，指示されたことをその通りにやってみるアシスタントとなったり，実際に保育で子どもに直接関わり援助したり世話することに携わる。実践をその場限りの具体的なこととしてしかとらえられず，自分自身の過去の経験や価値判断のみで対処することが多く，子どもの発達からその行為の意味やつながりをみることができない。ある状況で起きた行動の原因や生起の過程をいろいろな視点から説明したり，そこから対処の方法を構成的に考えていくような探究をしようとはしない。直線的に単一の原因を考えたり（例：あの子が取り乱しているのは，朝家で何かあったにちがいない），二分法的に判断したり（例：今子どもは遊んでいるから，学習はしてないのだ）しやすい。 　自分の実経験から，先輩の助言に抵抗しようとすることもあり，経験を重視し，子どもと関わるのには本で学ぶ必要などないと考えたり，また本を読んでもそれを実際の保育に応用することが困難である。
段階2：初任の段階	保育者として周りからも認められ，正式に仕事の輪の中に関わり始め，徒弟制度の中で学んでいくようになる。保育室や遊びの場で子どもに直接かかわる場面で主に仕事を行う。理論や学んだことを保育に生かせるようになってきているが，自分の行った行為の理由や説明を言語化することは難しい。自分の行動や環境設定が子どもの発達を促すことに手応えや誇りを感じるようになり，幼児教育学の知見にも興味を示し始める。 　しかし，子どもたちや親，同僚など他者の要求にしっかり応えたいという思いから，自分自身を過剰に提供し自己犠牲にしてしまう「救済のファンタジー」現象が生じる。熱意や自発性が保育の改善に寄与することもあるが，一方で子どもへ過剰に注目しすぎたり，援助が必要な子どもの要求を拒むことができず際限なく自己を与えてしまうなどの問題も起きてくる。新任期ほど個人的な考え方に偏った行動はとらなくなるが，まだ自分の価値体系に依存しやすい。 　先輩からの助言や指示を積極的にもとめたり受け入れることで変化することが大きいが，助言をうのみにしてしまいがちである。仕事にうちこむほどに何でも役にたちそうな処方箋をもとめるようになるが，その内容を十分に理解しつかいこなせるだけの技能はまだ持ち合わせていない。他者と一緒に仕事をする時には，自分の実際の能力よりも控えめにして周囲にあわせるので，自らの生産性や創造性を感じにくくフラストレーションを感じることも起きるようになる。
段階3：洗練された段階	保育者としての専門家意識を強く意識し始めるようになり，実践者として自分を信頼し落ち着きを見せてくるようになる。徒弟ではなく同僚として職場での関係性ができるようになる。いわゆる常識や，自分の子ども時代の経験や保育の基礎知識をそのままあてはめたり主観的印象のみに頼るという次元を越え，現実の事実をよくみることを判断の基礎にできるようになる。だが，まだ保育に直接影響を与えている要因変数をシステム的に捉えたり，日常の実践の複雑な要求に対処する点では，完全に熟達しているというわけではない。よい悪いといった二分法的思考から，現実を事実として評価しそこで役に立つことや自分の追うべき責任を考えることができるようになる。保育の質に関心を払うようになり，子どもと関わる保育だけではなく，親や家族，子どもをとりまく関係性に働きかけることの必要性を認識するようになる。保育者としての自分の能力を認識できるようになるので，自己犠牲的な立場をとるのではなく，肯定的主張的にふるまうことができる。
段階4：複雑な経験に対処できる段階	より複雑な問題や状況に対処できる知識や経験を得，個々の断片的知識だけではなく，自らの経験とものの見方の参照枠組みが統合されてくる。保育のスペシャリストとして自律的に働くことができる。二つの方向での発達，直接的な実践や臨床的側面でより熟達していく方向と，園経営や他の若手教師の教育，助言など，保育に関わる間接的文脈に携わる方向のいずれか，あるいはその両方向に関わるようになる。 　直接的な実践面では，子どもの人格をより深く力動的に読みとったり，また特別な境遇に置かれた子どもや家族へ援助したり，個別の集団の要求に応じるシステムづくりをデザインできるようになる。現象の中にある秩序や規則性をみることができるようになり，相手にあわせながらも自分らしい保育を行うことができるようになり，達成感を得られる。また間接的には子どもとの関係だけではなく，親や社会，行政制度など公的な側面に対し主張的になり，保育を行う財政や経営面にも関わるようになる。
段階5：影響力のある段階	中年期から中年期後半にあたり，身体的活動は低下減衰する。しかし，それが新たな発達の機会，実践の複雑さや要求を新たな創造的視点から捉えたり，知恵を発達させるのに寄与する。さまざまな事柄を二分法ではなく相乗作用としてとらえ，より抽象度の高い多様な概念とつなぎあわせて考えることが可能になる。現場の将来の発展を導くような仕事，子どもや家族の生活に影響を与える社会的なさまざまな問題についての条件の改善や保護に対し働きかけるようになる。直接子どもに働きかけるだけではなく，親や保育者が参加するネットワークや，その社会文化がもっている信念やマクロシステムを強調し，自分の実践の創り手として主張できるだけではなく，他のスタッフへの責任も負うようになる。

出所：秋田喜代美（2000）「保育者のライフステージと危機」『発達』83，ミネルヴァ書房，51頁

理する必要があり，対人援助職に起こりやすい**バーンアウト**などとも関係が深いといわれています。

　仕事を始めると，どんな職業でも「こんなはずではなかった」と思うことに多く出合います。この仕事がいい，この職場が働きやすそう，自分に合っていると思っても，最初は戸惑いや驚き，落胆があります。こうしたキャリアの初期に出合うさまざまな混乱を「**リアリティショック**」といいます。保育職を志す学生は，就職の前にまず実習でリアリティショックを受けることが多いようです。

　キャリアの初期には「親密性」の課題が達成できるように，同僚や先輩，所属する集団が職のよさを味わい，十分に没入できる環境を用意することが大切です。仕事上必要な指導を新人に行うことは必要ですが，職場の慣習を押しつけたり，育ってほしいからと仕事を任せすぎたり，必要以上にプレッシャーを与えるようなことはさけるべきでしょう。

　表10-2は，ある幼稚園の新任教育課程です。

　この園では新任者を多く採用することになった際，職員同士で話し合いこの課程をつくったそうです。4月初め頃の「配慮・こころもち」欄には「毎日来てくれるだけでOK」「できなくても責めない！」など，受容的な言葉が並びます。「先輩のマネから，とりあえずやってみる！」といった言葉もあり，少しずつ職場への移行をすすめようという配慮がみられます。9月頃には先輩と一緒に考えてやってみるなど，フォローしながら新人なりに責任を持たせることで，やりがいを感じさせる仕組みもつくっています。新人を支えながら新人が自分でやる場をつくり，それを認める職場の雰囲気づくりがこの表には現れています。

　同僚性や保育者同士の助け合いを育てる試みも重要です。平林（2019）は新人保育者（支援を受ける人：プロティージ）と先輩（支援を行う人：メンター）が日々の保育についてやり取りする「振り返りノート」の分析を通じて，5つのメンタリング機能（「推薦と可視性」・「保護」・「やりがいのある仕事の割り当て」「役割モデリング」「受容と確認」）があることを示しました。特に新人保育者に責任がないことを告げたり，功を認めたりする「保護」，同意や励まし，肯定的なフィードバックを行う「受容と確認」は，職場の関係性をよくしたり，同僚との信頼関係を高めることに役立つでしょう。

　看護職を対象にした調査になりますが，乾（2013）は，看護実習を通じてつくられた仲間関係が，入職後のつらい時期を乗り越える支えとして機能していると述べています。専門職同士でわかり合える，励まし合える関係も，広い意味での同僚性といえるのかもしれません。

❀ことば

バーンアウト
保育・看護・介護・客室乗務員などの対人サービスの従事者が，今まで普通に働いていたのに，急に燃え尽きたように意欲を失い，休職や離職という状態になってしまうことを指す。「燃え尽き症候群」ともいう。

リアリティショック
新しいメンバーが，その組織の価値観や要求されている行動パターンを学び適応していくプロセスにおける，初期の適応の問題。シャイン（1978=1991）はこうした問題はどこの組織でもあるものだとし，新人にとって最適な学習体験と挑戦的な仕事，よいフィードバックを得られるような体制づくりが防止のために重要だと述べている。キャリアの初期のこうしたつまずきは親密性の課題とも関連している。

❀ことば

同僚性
黒澤・服部（2016）によれば，保育者集団の協働の力や支え合う力のことをいう。元々は学校教育の分野で用いられてきた，同僚教師同士の相互作用による専門性開発を示す概念である。同僚性として期待される機能は「教育活動の効果的な遂行の機能」「力量形成の機能」「癒し」の3つであるといわれている。

第10章　成人期の発達とその基本的な関わり方

表10-2　ある幼稚

★ "楽しいな" と感じられることを大切に…
★ "子どもが可愛い！" が原動力になるように…

	2月・3月	4月		5月	6月
保育・行事	●表現発表会（2月） ●卒園式（3月） ●お別れ会（3月）年中・年少	●入園式 ●始園日 ・自己紹介 ・笑顔で挨拶 ・手遊び ・紙芝居 ・名前呼び ・朝，帰りの挨拶	●個人懇談① ・メインは先輩保育者 ・あいづち，笑顔 ・顔を覚える ●クラス親睦会 ・ふれあい遊び ・子どもの遊びを見守る	●親子遠足 ・一緒に楽しむ	●保育参観 ・流れは先輩保育者 　2人で前に立つ ●個人懇談② ・一言エピソードを話してみよう
		●体操 ・体操をマネして踊る。	●給食 ・配膳中の子どもを見る。 ・給食を先に食べ，終わったらおかわり	・給食のインタビュー	・給食の片づけ流れ
実態	・いよいよ始まる楽しみと不安	・何もかもが不安			・毎日追われて必死
実態	・いよいよ始まることが楽しみであるが不安 ・クラスに入らせてもらって「園の先生たちのようにうまくできるかなあ？」「楽しみだなあ～，○○とかしたいなあ」 ・卒園式やお別れ会の先生のうれし涙や子どもの様子を見て，期待に胸を膨らませる	・何がわからないかもわからない ・先輩保育者とうまくやっていけるか不安 ・保護者と話す時に緊張してうまく話せない。 ・子どもが可愛くて救われる。 ・子どもの前に立つと緊張して止まる… ・子どもへの関わり方がわからない	・子どもと1対1でつきっきりになる ・周りが見えない ・先輩保育者がいるのが心強い。 ・個人懇談でほとんどしゃべれない。 ・こどもへの言葉掛けがわからない ・ピアノの練習をしていても子どもの前だと弾けなくなる。	・給食が食べれない給食の援助，どこまでしたらいいかわからずつきっきり ・プレッシャー先輩みたいにできるかどうか… ・泣いている子への対応がわからない ・ケンカやトラブルの仲裁の仕方がわからない。 ・子どもの行動（ケンカや危険）に気づけない。	・行事になると頭が真っ白… ・笑顔が減っていく… ・声が出ない・通らない ・自分のやっている事があっているかわからない… ・子どもの前で妙な間が空く ・自分にできる事を探すがあたふた…
配慮・こころもち		・毎日来てくれるだけでOK ・褒められる所を見つける。 ・挨拶のみでもOK！できる所だけ。 ・できなくても責めない！ ・はじめの1週間で全員の保護者に電話連絡。 ・ペアの先生との早めの関係作り。 ・学年の話しやすい雰囲気 ・担任の名前を覚えてもらえるようよく呼ぶ。		・笑顔で子どもの前に立てるだけでOK ・子どもと信頼関係を早く築けるようフォロー ・信頼関係を失わないようにフォローする ・同世代の先輩にフォローをお願いする ・近い先輩がモデルになる ・保護者と信頼関係が築けるよう細かいチェックをする。	

2月・3月欄：
○新任研修
・クラスに入り，一日の過ごし方保育者の関わり方等を学ぶ
・ラーニングストーリーの視点で写真を撮り，新任同士で育ちを語り合う。
・新任と1年目・2年目の保育者とワークを実施

楽しみなこと（楽しかったこと）
不安なこと（困ったこと）
それをどう解決していくか

4月欄：
☆先輩についていく！！
・間違って当たり前！
・先輩のマネから，とりあえずやってみる！

・最初は学年共通のコーナーや一斉の活動も取り入れながら，クラスの興味・関心に合わせて変えていく。
・学年で日々共有し，マネをしながら実践してみる。

〈環境設定，コーナー作りのサイクル〉

提案　→　振り返りアドバイス　→　実現　→　一緒に具体化　→　提案

・素敵なアイデアをありがとう。（提案した姿勢を肯定的に評価）
・楽しかったね！
・こうしたら良かったね…

出所：安達譲・安達かえで・岡健・平林祥（2016）『子どもに至る』ひとなる書房，118-119頁を筆者一部修正

園の新任教育課程

7月	9月	10月	11月	12月	1月	2月	3月
●七夕まつり ・2人で流れを確認しながら一緒に。保護者に挨拶をやってみる。	●敬老の集い ・前に立ってやってみる ●誕生日会 ・係りが順番に回ってくる（司会, ピアノ, 劇） ●クラス懇談会 ・落ち着いて進められる	●運動会 ・行事には少し慣れてきた ・競技は楽しめる ・担任が伝えた後に, 副担が補う	●秋の遠足 ・人数確認 ・全体への声掛け ・バスレク ●つくろうDAY	●個人懇談③ ●おもちつき		●表現発表会 ●個人懇談④	●お別れ会 ●卒園式
	・自分で覚えたものをやってみる。	・保護者の目を見て伝え, 笑顔で進める					
	●きらきら広場 ・子どもと一緒に楽しむ	・学年の前で体操, 手遊び	・ごちそう様のタイミングを意識する ・学年の司会に挑戦				

保育（行事）に追われながらも保育を楽しみたいという意欲を持つ　　　　　子どもの成長を喜ぶと共に自信を持つ

7月	9月	10月	11月	12月	1月	2月	3月
・日々のコーナー設置に悩む。 ・私の話を聞いてくれない… ・子どもになめられているんじゃないか…	・4月の初めの状態に戻る ・少しの間が不安 ・迷いながら保育をしている ・話がまとまらず, ダラダラと話してしまう ・始園日, 久しぶりで子どもの前に立つと緊張。 ・間が空くと何をしていいかわからずオドオド ・伝えたいポイントまとめられず, 伝わらない ・判断ができずオロオロ	・声を出すが聞えない。全体を見て動けない 【こどもの声を聞いて, コーナーを考える姿が見られる。】 ・大勢の保護者に緊張し声が出ない。 ・競技は楽しめるが全体への声掛けが届かない	・臨機応変が難しい ・保育の時間配分がうまくできない ・園外へ出るだけで緊張 ・咄嗟の判断ができず, 動けないで固まってしまう ・ケンカの仲裁に時間がかかる（納得させられない）		・自分が前に出て保育を進めようとする。	・発表会で自分のやりたい題材を選ぶ。進めたり, 表現を引き出すのは難しい。 ・個人懇談で保護者から感謝を伝えられることが嬉しく, 自信となる。	・子どもの成長が嬉しい反面, お別れがさびしい。 ・後輩が入ってくることで先輩になる自覚を持つ。
・子どもの前で話しやすい雰囲気を作ってからバトンタッチ！ ・少しでも楽しさを感じられるよう褒める。 ・その日の振り返りとアドバイスを大切に。	・1から丁寧に子どもと同じように伝えていく。 ・間が空くと, 交代して前に出たり, 話を投げかける。 ・話のポイントを繰り返し伝える				・次年度を視野に入れ, できるだけ任せることをあらかじめ伝えておく。 ・他のクラスも見に行ける時間を設け, 他の先輩からも学べるようにする。	・発表会では自分の思いを出せるように配慮する。一緒に考えて進めていく。 ・やって良かったと思え, 次回も前向きに取り組めるようにする。	・自信が深まるように努力や成長を褒める。 ・4月から入ってくる新任の研修等をサポートする機会を設け, 自覚を持つと同時に成長の機会とする。

☆先輩と一緒にやってみる！！
・子どもの姿を見て, 一緒に遊び, コーナーを作っていく。

☆先輩よりちょっと前に出てやってみる！！
・積極的に前に出てチャレンジ！
・必要なところでフォローを入れてもらう。

STEP 1
どんな姿から, どうコーナー・遊びを広げていくか…
先輩が手本を見せながら一緒に増申, 教材を準備していく。

⇒

STEP 2
「こんな姿があるから, 広げてみたい！」「やってみたい！」を提案し, アドバイスをもらいながら必要な環境, 教材を準備する。

⇒

STEP 3
一連の流れを自分でやってみようとし, フォロー, アドバイスをもらう。

第10章　成人期の発達とその基本的な関わり方

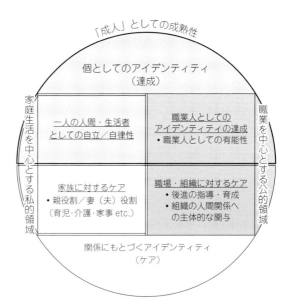

図10-1 成人期の発達を規定する2つの軸と
2つの領域

出所：岡本祐子編（2002）『アイデンティティ生涯発達論の射程』ミネルヴァ書房，188頁．

4 アイデンティティの再確立を支援する

　これまで保育職を例に職業を通じた発達について述べましたが，仕事をしていなくても，成人期にはアイデンティティの問い直し，再確立が行われます。問い直しや再確立にはどのような視点が重要となってくるのでしょうか。

　近年，アイデンティティにおいて「個」と「関係性」から捉える試みがあります（永田，2002）。個としてのアイデンティティは，自律的な力の発揮や自己と他者は同等で互いに不可侵の権利を持っているといった青年期のアイデンティティにおいて扱われてきたようなものですが，関係性のアイデンティティは，共感性，世話・思いやり，自己と他者は具体的な関係のなかにあり，互いに責任を負うような関係のなかで生まれるものだとしました。関係性のアイデンティティは，成人期の発達課題となる「世代性」や「世話（ケア）」とも関係しています。

　岡本（2002a）は成人期の発達として，個としてのアイデンティティと関係性に基づくアイデンティティの両方が職業を通じた公的な領域でも，私的な領域でも重要だとしました（図10-1）。

　成人期には今まで積み重ねてきた家庭や仕事もあり，青年期のように自分のやりたいことや自己実現だけを追い求めることはできません。関係性のなかに置かれた自分を自覚しながら，他者との関わりを含めてこれまでの自分を変えていく作業が求められます。

5 大人としての発達——子育てサークル参加者を対象にした調査から

　ここでは，筆者らが関わった子育てサークル運営参加者への調査を紹介したいと思います（高木，2005）。調査を実施したのは2004年と古いものになりますが，成人期の発達のひとつの形を示すものとして紹介します。

　調査の対象となったのは，山形市内で**子育てサークル**を運営している女性15人です。年齢は30〜50代，子どもの年齢は幼児もいれば成人している人もいます。学校を卒業し就職した後，ほとんどの人が結婚や出産を機に仕事を辞めています。彼女たちは，専業主婦として子育てをするだけでなく，サークルを立ち上げ，さらに単に参加者ではなく運営を担うという社会参加をしています。彼女たちの仕事や自分，家庭生活に対する意識のありようを調べました。

　15人に**半構造化面接**を行いその結果を分析すると，15人のなかでもいくつかの特徴のあるタイプが見出されました。卒業時の就職の契機（自分で決めたかどうか），卒業直後の仕事（保育・教育系か事務系か），現在の参加形態（保育系か事務系か，代表か），何を優先するか（自分，家族，両方）という次元で分析すると，卒業時に自分で決めて教育や保育系の仕事に進み，現在も資格を生かした保育系の業務を行っているタイプが見出されました。

　また，15人に対して，「『あなたがやりたいことをやっていくこと』（自分優先）と『家族全体としてうまくやっていくこと』（家族優先）とどちらが大切ですか」と質問し，家族の都合と自分のやりたいことをどう折り合いをつけているのか尋ねました。その結果，保育系の業務を行っている8人は半数が「家族優先」と答えたのに対し，事務系の7人では「家族優先」と答えたのは0人でした。この結果の分析において吉本（2005）は，教員・保育者という対人関係を重視する仕事を経験してきたことと，子どもを持って自分と家庭との関係を調和させていこうとすることとの密接な関係を指摘しています。個と関係性のアイデンティティを考えるうえで，また対人援助職という保育職の特性からも，興味深い結果だといえます。

プラスα

やまがた育児サークルランドあーべ

調査に協力していただいた育児サークルは，現在も「やまがた育児サークルランドあーべ」として活動している。https://ikuji-land.jp/a_be/（2024年9月22日閲覧）（ちなみに「あーべ」とは山形の言葉で「一緒に行こう」という意味である。）

ことば

子育てサークル

子育て中の保護者が中心になって集まり，子育ての悩みや情報を共有したり，親子が交流したりする。子育て中の当事者が立ち上げる場合もあるが，NPO法人などが中心になって運営されるものもある。

半構造化面接

あらかじめいくつかの質問項目を設定しておき，その質問の答えに対してさらに質問を行い，データを得る面接手法。決められた質問しか行わない構造化面接とは異なり，自由度が高く対象者から多くの情報を引き出せる。インタビュー調査ではよく使われる手法である。

第10章　成人期の発達とその基本的な関わり方

演習問題

① 経済や社会のあり方が成人期の発達に与える影響について考えてみましょう。

② 前成人期や成人期の発達課題を踏まえ，新人職員にとって望ましい職場環境について考えてみましょう。

【引用・参考文献】

安達譲・安達かえで・岡健・平林祥（2016）『子どもに至る——保育者主導保育からのビフォー＆アフターと同僚性』ひとなる書房

秋田喜代美（2000）「保育者のライフステージと危機」『発達』83，ミネルヴァ書房，48-52頁

Erickson, E. H., & Erickson, J. M（1997）*The lifecycle completed*, New York: W. W Norton & Company（エリクソン，E. H.，エリクソン，J. M. 著，村瀬孝雄・近藤邦夫訳（2001）『ライフサイクル、その完結〈増補版〉』みすず書房）.

平林祥（2019）「新任保育者の成長に寄与する同僚保育者のメンタリング——振り返りノートの質的分析を通して」『保育学研究』57，67-78頁

Hochschild, A. R.（1983）*The manual heart*, Berkeley: University of California Press（ホックシールド，A. R. 著，石川准・室伏亜希訳（2000）『管理される心——感情が商品になるとき』世界思想社）.

乾彰夫編（2013）『高卒5年どう生き，これからどう生きるのか——若者たちが今〈大人になる〉とは』大月書店

笠井恵美（2008）「企業における親密な対人関係とミドル期の世代継承性の関係」『Works Review』3，60-73頁

小嶋玲子・加藤信子（2018）「保育経験による保育職の魅力と保育観の変化」『日本保育学会第71回大会発表要旨集』639頁

小嶋玲子・嶋守さやか・片山伸子・青山裕美（2019）「『保育職の魅力の伝達』研修によって学生に伝達された『保育職の魅力』の分析」『桜花学園大学保育学部研究紀要』19，45-58頁

黒澤祐介・服部敬子（2016）『若手保育者が育つ保育カンファレンス——悩みと願いに寄り添う園内研修』かもがわ出版

Levinson, D. J.（1978）*The seasons of a man's life*, New York: Knopf（レビンソン，D. J. 著，南博訳（1992）『ライフサイクルの心理学』講談社）.

Mayeroff, M.（1971）*On Caring*, New York: Harper & Row（メイヤロフ，M. 著，田村真・向野宣之訳（1987）『ケアの本質——生きることの意味』ゆみる出版）.

永田彰子（2002）「関係性から見た生涯発達——アイデンティティを育てる土壌としての『関係性』」岡本祐子編『アイデンティティ生涯発達論の射程』ミネルヴァ書房，121-147頁

西平直（2014）「アイデンティティにおける人格的活力（徳）の研究——思想家エリクソンの理論地平」鑪幹八郎監修『アイデンティティ研究ハンドブック』ナカニシヤ出版，149-158頁

岡本祐子編（2002a）『アイデンティティ生涯発達論の射程』ミネルヴァ書房

岡本祐子（2002b）「アイデンティティの生涯発達と心理臨床」岡本祐子編『ア

イデンティティ生涯発達論の射程』ミネルヴァ書房，151-181頁

労働政策研究・研修機構編（2024）『就職氷河期世代のキャリアと意識——困難を抱える20人のインタビュー調査から』JILPT 資料シリーズ，No. 272.

Schein, E. H.（1978）*Career dynamics: Matching individual and organizational needs*, Reading, Mass.: Addison-Wesley（シャイン，E. H. 著，二村敏子・三善勝代訳（1991）『キャリア・ダイナミクス』白桃書房）．

総務省統計局（2023）「令和 4 年労働力調査」
https://www.stat.go.jp/data/roudou/sokuhou/nen/ft/pdf/index1.pdf（2024 年 9 月22日閲覧）

高木和子編（2005）『子育て支援に取り組む大人の発達——やまがた育児サークルランドの運営参加者を対象として』立命館大学人間科学研究所　学術フロンティア推進事業プロジェクト研究シリーズ，13

Vander Ven, K.（1988）"Pathways to professional effectiveness for early childhood educators" In Spodek, B., Saracho, O. N., & Peters, D. L.（Eds.）, *Proffesionalism and the early Childhood practioner*, New York: Teachers College Press, pp. 137-160.

吉本朋子（2005）「専業主婦経験者の社会的発達を探る——自分（個）と家族（集団）のどちらを優先するかの意識からみえるもの」高木和子編『子育て支援に取り組む大人の発達——やまがた育児サークルランドの運営参加者を対象として』立命館大学人間科学研究所　学術フロンティア推進事業プロジェクト研究シリーズ，13，36-46頁

第11章 老年期の発達とその基本的な関わり方

学習のポイント

- ●老年期の心身の変化について理解しましょう。
- ●老年期に特有の体験と，その影響について考察をしましょう。
- ●高齢化社会における人の生き方について考察をしましょう。

第1節 老年期の心身の変化

1 老年期とは

「老人」と聞いて何歳ぐらいの人を思い浮かべますか。60歳以上の人をシルバーと呼んでいるように，少なくとも60代より上の人ではないでしょうか。現在では65歳以上の人が高齢者と呼ばれています。日本老年学会では「老年期」とは65歳以上と定義されています。ところが「老年」の定義がかつてははるかに若い年齢で，40代で老人とみなされていました。それは平均寿命が短かったということが背景にありました。1935年には日本人の平均寿命が46.9歳（男性），49.63歳（女性）であり，1960年には65.32歳（男性），70.19歳（女性）と延び，2023年には81.09歳（男性），87.14歳（女性）となりました。まさに私たちは少子高齢化社会のなかに生きています。高年齢者雇用安定法が1971年に制定され，職場において定年が60歳になったのは1986年のことです。少子高齢化が加速するにつれ，1990年には60歳になっても再雇用が努力義務化され，2012年には希望者は全員65歳までの再雇用が義務化されました。さらに2020年には70歳まで働く機会を確保しようという流れになりました。ある時期までは60歳で定年を迎え，そこからは仕事に解放されて悠々自適な「第二の人生」が待っているというのが自然なことでしたが，現在は多様な選択ができるようになりました。60歳でのんびりと暮らしている人もいれば，80歳でもバリバリ仕事を頑張っている人もいますし，企業戦士として生きてきたけれど経済的な心配がないならば，ボランティアなどの社会貢献に生きがいを見出している人もいます。一方でアルツハ

プラスα

かつての老人のイメージ
日本昔話のなかに出てくるおじいさんやおばあさんは，年齢は明らかになっていないが，腰が曲がっていたり大体似たような姿である。『御伽草紙』の一寸法師は「なかなか子どもができず，おばあさんが41歳のときにできた子どもである」となっている。

ことば

高年齢者雇用安定法
少子高齢化が進むなかで労働人口を確保するために高齢者が多様な生き方を実現できるように1971年に制定され，その後何度も改正されている。

イマーに代表される**認知症**の人や，心身の機能が衰え介護施設で暮らし，そこを終の棲家とする人も増えています。**後期高齢者**であっても見た目がとても若々しい人もいますし，60歳ぐらいであってもとても老け込んで見える人もいます。生き方も外見も，同年齢であってもプラスマイナス10歳ぐらいの個人差があります。老年期といってもひと括りにはできないのです。高齢者一人ひとりの生き方には，それまでの生き方とつながるものがあります。その人が残された人生のなかで何を大切にして，人生を全うさせようとしているのかというアプローチが，支援していくうえでの重要な視点になります。

●老年期の個人差

　高齢者が皆同じように衰えていくわけではなく，そのスピードには個人差があります。認知機能においては，アクティブで脳を多様に使う人はその機能の衰えも緩やかではないだろうかと推測されます。高齢になるほど認知機能の個人差は大きくなると考えられますが，個人差の拡大をもたらす要因として，いくつかのことが挙げられます。まず，遺伝的な要因で，高齢期の認知機能と関連する遺伝子として知られているのが**APOE遺伝子**です。そのうちのひとつであるE4という遺伝子がアルツハイマー病の危険因子とみなされています。次にライフスタイルの要因としていくつかのものがあります。長い教育歴，運動習慣，誰かと一緒に住んでいることなどの社会的ネットワークが関連していると思われます。遺伝的な要因に関しては自分では防ぎようがないのですが，ライフスタイルに関しては私たちがこれから努力して心がけていける部分は大きいのではないでしょうか。特に運動によって身体面だけではなく，遂行機能，処理速度，抑制機能，空間処理機能が向上することがコルコムとクレイマー（Colcombe & Kramer, 2003）によって報告されています。

　「老いる」というのは若さを失い，いずれ自分にも訪れる「死」を覚悟するということですが，太古から「**不老長寿**」というものに憧れをもつ話はいくつもあります。手塚治虫の未完の大作『火の鳥』や平安時代の『竹取物語』のなかには，それにまつわる物語が描かれていますが，死から逃れられたとしても，それが人の幸せと結びつかないということも暗示されています。

　老化のスピードは個人差があるとはいっても，誰もがいずれは直面する課題です。身体的な機能や認知機能が衰えていくのは本人が誰よりも先に実感することですが，それまでできていたことができなくなっていくのは悲しいものがありますが，それを悲観的に捉えて鬱々とするよりも，そのような自分とどう向き合って日々の暮らしを充実させていくか，

ことば

認知症
老化による脳の疾患。厚生労働省の調査では2012年の時点で高齢者の6人に1人が発症し，記憶，思考力等の多数の認知機能の低下を示す。

後期高齢者
75歳以上の高齢者。

ことば

APOE遺伝子
タンパク質を符号化する遺伝子として知られているが，E4を持つ人はそうでない人に比べて認知機能が低下しやすいことがわかっている。

プラスα

物語の中に出てくる不老長寿
手塚治虫の漫画『火の鳥』のなかでは，ときの権力者たちが不老長寿を手に入れるために火の鳥の生き血を求めるという場面がある。『竹取物語』のなかでは，かぐや姫が月に帰ってしまうときに「不死」の薬を帝や翁に渡すというくだりがあるが，かぐや姫のいない世界で生き残ることを幸せとは思わず，翁は富士山でその薬を焼いてしまう。

第11章　老年期の発達とその基本的な関わり方

ことば

QOL（quality of life）
生活の質のことである。医療や介護の世界でよく使われている言葉である。高齢社会のなかでは「ただ長く生きる」ことよりも「いかに生きるか」「よりよく生きる」ということが大切である。

プラスα

WHOによる健康の定義
1948年にWHO憲章のなかで以下のように定義されている。
"Health is a state of complete physical, mental social well-being and not merely the absence of disease or infirmity"
単に病気などがないだけではなく、身体的にも精神的にも社会的にも "well-being" であると位置づけた。

生きがい
英語には「生きがい」という言葉はないが、"a reason for living" ということができる。生きていくうえでの目標や目的になったり、生きる喜びや満足感につながるものである。

QOLをどう高めていけるのかが大切なことでしょう。では高齢者がQOLの高い生活を送るためにどんなことが関係しているかとして、以下の3つのことが挙げられます。

まず第1に健康。**WHOが定義した健康**ではなく、高齢者の場合は何らかの障害あるいは疾病を抱えていることが多いので、治療やケアを受けながらも自らの健康状態が悪化しないように努めることになります。それを支援するための医療や介護の整備が欠かせませんし、高齢者自身も食生活を工夫したり適度な運動を心がけることで、健康状態を維持する努力が若いとき以上に必要になります。

第2に経済的な基盤があります。職業生活を退き年金生活になることによって、これまでの生活よりも生活の質を下げざるを得なくなります。収入が減ることでそれまでの生活を見直し、お金をかけられない場合でも、日々の暮らしのなかで工夫できることに豊かさを感じられるかどうかが、暮らしに対する満足感にも影響するでしょう。

第3に「**生きがい**」があります。どんなときに生きがいを感じるかはそれぞれ違いますが、大きく分けて趣味や仕事などの「自己実現的生きがい」と家族や親しい人たちとの関係性のなかで感じる「対人関係的生きがい」とがあります。生きがいがあることでそれを維持するために健康に気をつけたり、日々の暮らしのなかで充実感を感じたり努力していくことにつながるので、人生をよりよく生きるための重要な要素ともいうことができます。

●老年期の心身の衰え

個人差がありますが、老年期に入ると明らかな心身の変化はあります。老化に伴って身体機能が衰えていくということです。体力が低下することで「老い」を感じる場合もありますし、筋力や記憶力が衰えることには抗えません。また、2020年から新型コロナウイルス感染症が蔓延しましたが、高齢者と持病を持つ人は重症化しやすいといわれました。体力や免疫力が低下している高齢者は若い人たちに比べて、風邪をひいても肺炎になってしまったり重症化することがあります。

中年期から何らかの成人病にかかる人が増えていきますが、高齢者になると、糖尿病や高血圧などの生活習慣病や腰痛、膝や足の痛みなども含めてどの病気にもかかっていない人が珍しいぐらい持病を持っている人が多くなります。ある老人クラブの宿泊旅行では、持ち物のリストのなかに「いつものお薬を忘れずに」という注意書きがあるぐらいです。また、高齢者になると骨が脆くなるので、転ぶとそのまま骨折をしてしまったり、寝たきりになってしまうということも珍しくはありません。

身体を動かさないで安静にしてばかりいると，どんどん運動機能が低下していき，足腰が弱り歩けなくなったりするので，適度な運動をすることが大切になります。見た目は健康そうにみえても，ほとんどの高齢者にとって医療的なケアを何らかの形で受けながら健康状態が悪化しないように維持していくことが大切になります。

では，心の状態はどうでしょうか。高齢者になると脳も老化することから認知機能が低下していくので，記憶力が衰えたり，情報処理のスピードが遅くなったりということがあります。同じ作業をするのに時間がかかるようになったりしますが，その原因として脳の**ワーキングメモリ**が加齢によって顕著に低下することがわかっています。記憶は蓄えられている時間によっていくつかに分類されます。外界からの入力刺激を加工しないでそのままの形で数秒間保持されたものを**感覚記憶**といい，そこに注意を向けて数秒から30秒程度保持されたものを**短期記憶**といいます。短期記憶は時間とともに薄れていきますが，**長期記憶**に保存されることで，その記憶は半永久的に取り出すことができます。この短期記憶をより拡張して情報の能動的な処理をするときに使用されるのがワーキングメモリ（作業記憶）です。高齢者が最近のできごとは思い出せなくても，昔のできごとならば生き生きと思い出せるのはそうしたわけです。

しかし高齢者であっても，ワーキングメモリが低下するのを補うためにいくつか工夫できることもありますし，運動による効果もわかってきています。

2　老年期の知的能力

中高年になると，「人の名前が思い出せない」とはよく言われることです。すぐに新しいことを覚えるのは難しかったり，考えるスピードも遅くなったりしていきます。一方で高齢になっても新しい語彙は増えていきますし，文学や芸術面で素晴らしい作品を生み出す人もいるのです。ホーンとキャッテル（Horn & Cattell, 1967）は，知能には加齢とともに低下していく部分と，20歳以降も上昇し，高齢になっても安定して保たれるものがあることを示しました。前者が**流動性知能**で，10歳代後半から20歳代前半にピークを迎え，低下の一途をたどります。これには直感力や処理スピードや図形のスピードなどがあります。一方で言語能力や理解力，洞察力などが**結晶性知能**で，長年にわたる経験や教育や学習などから，年齢を重ねても獲得していける能力なのです（図11-1）。

ソルトハウス（Salthouse, T. A.）には1000名以上を対象とした**横断的研究**があります。「語彙」「処理速度」「推論」「記憶」の4つの検査を行

ことば

ワーキングメモリ
作業記憶や作動記憶ともいう。情報処理をするときに一時的に使用される記憶の一種。

プラスα

ワーキングメモリを補うやり方
メモや手帳などを使うことによって，記憶を補助することができる。また，高齢者の記憶によい影響を与える要因として，負担にならないジョギングやウォーキングなどの運動が最近注目されている。運動は健康を維持するだけではなく，さまざまな効果があることがわかってきている。

ことば

流動性知能
新しい環境や問題に直面したときに獲得した新しい情報を処理し，操作していく知能である。情報をすばやく処理し，図形処理能力や処理スピードなどが含まれる。

結晶性知能
長年にわたる経験や教育学習などから獲得していく知能であり，知識や判断力，言葉を扱う能力である。

横断的研究
ある特定の集団に対して，ある一時点におけるデータを収集し，分析や検討をする研究方法である。発達心理学では年齢集団を比較することが多い。

第11章　老年期の発達とその基本的な関わり方

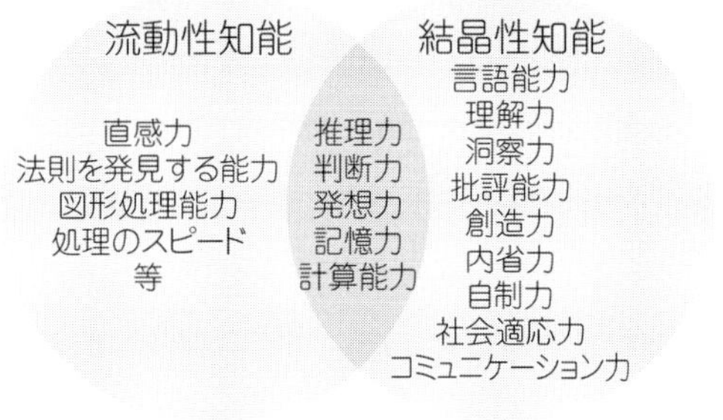

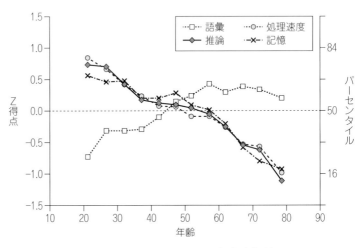

図11-1 知能の複数の下位側面

出所：佐藤眞一（2006）『「結晶知能」革命』小学館より引用

図11-2 横断研究による知能と加齢

出所：Salthouse, T. A. (2004) "What and when of cognitive aging? Current Direction," *Psychological Science*, 13, pp. 140-144より引用

い，各検査の得点の年代差を検討した結果，結晶性知能として位置づけられる「語彙」は60歳頃まで上昇し，その後も低下しないことや，流動性知能として分類されるそれ以外の3つの項目は加齢に伴って直線的に低下していくことがわかっています（図11-2）。「語彙」の能力は，学校教育後に経験や豊かな知識によって積み上げることができるものであり，高齢期になっても豊かな言語表現を可能にする能力です。

一方，シャイエ（Schaie, K. W.）とその研究チームによる「シアトル縦断研究」というものがあります。これは民間医療保険制度に加入する20歳以上の成人を対象とした研究ですが，ここでも知能の加齢変化についてはポジティブなデータが見出されています。すなわち結晶性知能である「言語理解」は60歳代前半にピークを迎えますが，その後80歳代まで非常に緩やかに低下していくことや，流動性知能を含むほとんどの知能も，55～60歳頃までは高く維持されることがわかったのです。流動性知

ことば

縦断的研究
個人や共通の特徴を有する小集団に対して継続的な追跡調査を行い，繰り返しデータを収集する研究方法。

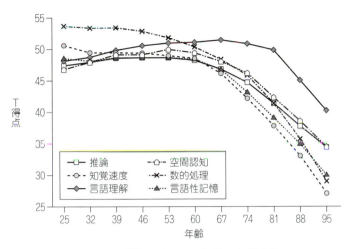

図11-3 縦断研究による知能の加齢変化

出所：Schaie, K. W. (2013) *Developmental influences on adult intelligence: The Seattle Longitudinal Study* (2nd ed.), New York: Oxford University Press より引用

能も緩やかに低下はしていきますが，明らかに低下を示すのは80歳以降であることもわかりました（図11-3）。こうした結果から，65歳以上の高齢者になってもすぐに知的能力が衰えていくわけではなく，ポジティブに知的生活を楽しむことは十分できるのではないでしょうか。

3　老年期の発達課題
●統合性について

　エリクソン（Erikson, E. H.）はライフサイクル論のなかで人生を8つのステージに分けて考え，老年期は第8段階にあたります。老年期の発達課題を「**統合性**」とし，発達的危機として「絶望」を挙げています。老年期には身体的機能の衰えや衰退がありますが，子育てを終えたり定年を迎えたりと，人生のステージがそれまでとは大きくシフトします。さまざまな役割から解放され，自由になれる一方で，役割をこなすことで充実感を感じていた生活とは異なる状態に慣れていかなくてはなりません。

　たとえば定年退職をした会社員がその日を境に仕事から解放されたとしましょう。多忙な生活をしていると，仕事から解放されたらどんなにいいだろうと思ってはいても，いざ急にその日を迎えるとなると，何をしていいかわからなくなるということもよくあることです。人間関係においても会社から切り離されると，人と交流する機会も減ります。それまでは会社で仕事をしていれば必要とされ，社会とつながっている実感が持てていたのに，「会社」という場を失ったときに，「個人」として社

人物

エリクソン
⇨第3章第2節1参照

ことば

統合性
これまでの自分の人生を受け入れ，将来の死をも受け入れて自分の人生をまとめあげること。

会との関係を結びなおすことになります。それまでの人生を振り返りながらいずれ訪れる「自らの死」に向かってどうまとめあげていくのか……役割を離れて考えていくことになり，それが「統合」です。それがうまくいかない場合に，人生をやり直すには残された時間はあまりにも少なく，生きる希望を失ってしまうという状態が発達危機の「絶望」というわけです。

それだけではなく，それまでの家族との関係によっては家庭のなかにも居場所がなくなるということも起きていて，男性が定年を迎えるときに，退職金を半分請求して妻が離婚を切り出すという場合があります。日本は1990年代頃から**熟年離婚**が増えていて，厚生労働省が公表したデータによると，2020年に離婚した夫婦のうち，熟年離婚の割合が21.5％と，過去最高になっています。男性にとっては，それまで家族や会社のために懸命に働いてきたはずなのに，それまでの活躍はそこでリセットされ，新しい生き方を求められるだけではなく，実は家庭にも居場所がなかったということは衝撃的でしょう。離婚によって必ずしも不幸せになるというわけではありませんが，それまでの自分の人生のなかで大切にしていたことをあらためて振り返りながら，どう生きるかが大切になります。パートナーとの関係も含めて高齢になってから取り組むのではなく，できれば少しずつ心がけて緩やかにシフトしていきたいものです。

●世代性について

エリクソンは**世代性**が中年期の発達課題であると提唱しています。この世代性というのは，最初は親役割に焦点が当てられていましたが，その後は新しい存在や新しい制作物や新しい観念を生み出すこと（ジェネレーション）と再定義されています。さらに中年期後期から老年期にかけて高まるという研究報告もされるようになりました。なぜ高齢者の世代性が高まるのでしょうか。高齢者の世代性の特質についてエリクソンは「世界を維持するために中年期の直接的な責任を越えた」ものであり，「現在の世話を（…中略…）今日の若い世代の未来，まだ生まれていない世代，そして世界全体としての存続への関心に結びつける」（Erikson et al., 1986=朝長・朝長訳，1990）ものであるからとしています。

また，深瀬・岡本（2010）は老年期における世代性には自ら経験したことや上の世代から継承したことを次の世代に残そうとする姿を見出し，自らの死を強く意識した世代性であることを示唆しています。しかし，高齢者が次の世代に経験や知恵を伝えたいし，生きた証を残したいと願って次世代と関わりを求めたときに，それが「ありがた迷惑」となり，

🍀**ことば**

熟年離婚
結婚してから長期間（一般的には20年以上）経過した夫婦が離婚すること。

🍀**ことば**

世代性（世代継承性）
エリクソンによる中年期の発達課題。次の世代を指導したり育成すること。

ネガティブな影響をもたらしてしまう場合もあります。田渕・三浦（2014）が高齢者と若者を対象に行った実験では，高齢者が「相手に経験を活かした知識や知恵を教える」という場面を設定し，それに対する相手の反応を分析しています。興味深いことに，高齢者から成功体験よりも失敗体験を基にした知恵を教わった方が，若者が高齢者に感謝するということが報告されています。

4　エイジング

エイジングというのは，加齢・老化と訳されます。65歳から高齢期に入ると，平均寿命までは20年以上あります。その期間をただ衰えていくばかりではなく，いかに幸福に生きられるか……というのがテーマとして研究されてきました。そこで出てきたのが，**サクセスフル・エイジング**という概念であり，社会学ではそれを研究してきました。サクセスフル・エイジングには異なる定義や概念が提案されてきましたが，ここでは田中（2011）が着目した構成要素を3つ取り上げます。①身体的な健康，②社会活動への参加，③**主観的幸福感**です。身体的健康には主観的な健康と客観的な健康があります。客観的には病気や障害があっても，それを本人が大きな問題とせずに自らが主観的に健康だと自覚できていることが，本人の幸福感につながるということです。次に社会活動への参加についてです。職業を退いても地域活動や趣味の領域で参加することは可能で，近年は高齢者のボランティア活動への参加も増えてきています。こうした活動をとおして家族以外の人とつながる機会があり，家庭以外にも居場所を見出したり生きがいにもつながることから，幸福への指標のひとつとされています。3つ目の主観的幸福感に影響を及ぼす要因として，健康状態や配偶者や子どもとの人間関係，経済社会的な状況がありますが，あくまでも主観的にどう感じるかということが本質的で，個人が理想とする幸福観に現実の生活がどのくらい見合っているかによって，感じ方は違ってくるでしょう。

高齢期の生き方を表現する言葉として，**プロダクティブ・エイジング**というものがあります。1970年代から80年代のアメリカ社会では，エイジズムによって高齢者が退職後に社会的な役割を得ようとするには障害が大きかったのですが，それに対抗するためにバトラーが提唱した考え方が，プロダクティブ・エイジングでした。直訳すると「生産的老い」となりますが，この表現だけでは不十分であるといえます。それは「生産」という言葉を使うことによって，経済的な価値を生まない人たちを排除してしまうという差別的な考え方になってしまうからです。そこで

ことば
サクセスフル・エイジング
幸福な老いと訳されることが多い。充実した幸せな老いを生きること。

ことば
主観的幸福感
自分の人生や生活に対する満足度であったり，現在の状況をどれぐらい幸せと感じているかというもの。たとえば同じ金額の年金を支給されていて，客観的に同じくらいの生活水準であっても，それで十分だと感じる人もいれば，まだまだ足りないと感じる人もいる。

ことば
エイジズム
年齢による差別。高齢者は弱く役に立たないという差別的な考え方である。バトラーがこの言葉をつくった。

バトラー
Butler, R. N.（1927-2010）
アメリカの精神科医であり老年学者でもある。「老年学の父」と呼ばれている。

バトラーたちは議論を重ねて「プロダクティブ・アクティビティ」が重要な概念であるとしました。その結果「収入のあるなしによらず，社会的に価値のあるモノやサービスを生産する活動」として重要な定義が導き出されたのです。この定義によると，ボランティア活動も，介護や家事も子どものケアも誰かのためになる活動として位置づけられ，心理的にも良好な影響があることもわかっています。

第2節　老年期を取り巻く状況

1　役割の変化

　老年期というのは，壮年期に果たしてきた役割を退く時期でもあります。職業生活のうえでは定年を迎え，退職した日を境にそれまでの肩書や役職を失います。それまでは名刺を出して自己紹介をしていたのに，その職業を失ってみると，「個人」として自分をどう位置づけるのでしょうか。そこで没頭できる趣味やボランティア活動があれば，その方面で語れるものがあるでしょうが，それがない場合は「何もしていない人」と見られるのではないだろうか……という心もとなさを感じるかもしれません。

　子育てにおいては，親としての役割を果たし，それまでの責任からは解放されて自由な自分の時間を持てる一方で，ある種の寂しさを感じる人もいるようです。子育てに追われている間は時間もエネルギーもとられますが，「役割」を果たしている間に得られた充実感も失っていくので，それを埋めてくれる代わりになるものが見つからずに，「空の巣症候群」に陥る人もいます。こうした役割を失う状態は，数年前から予測できることなので，次のステージをどう充実させていこうか……地域で自分の居場所をどうつくっていくのか，趣味やボランティア活動を充実させていくこと等，あらかじめ心の準備をしていくことが大事になるでしょう。

2　喪失体験

　私たちが人生のなかで感じる辛いできごととして，愛する人を失うという体験があり，「対象喪失」といいます。離別は引っ越しや恋愛関係が終わったりして相手と会えなくなってしまうことですが，死別は相手の死によって分断されることであり，二度と会えなくなってしまうということです。高齢者でなくても，大切な人を死別で失ってしまったとき

ことば

空の巣症候群
子育てが終わり，子どもが親から離れていった状態に寂しさや虚しさを感じること。鳥の雛が巣立った後の空の巣の状態にたとえられる。

ことば

対象喪失
自分が愛着しているモノや人を失うこと。

表11-1　ホームズとレイの社会的再適応評価尺度

ライフイベント	点数	ライフイベント	点数	ライフイベント	点数
配偶者の死	100	解雇（失職）	47	多額の借金	31
離婚	73	退職	45	昇進・降格・異動	29
夫婦別居生活	65	家族の病気	44	個人的な成功	28
刑務所（懲役）	63	妊娠	40	就学・卒業・退学	26
肉親の死	63	経済状態の変化	38	上司とのトラブル	23
自分の病気やケガ	53	親友の死	37	引っ越し	20
結婚	50	転職	36	休暇	13

出所：Holmes, T. H. & Rahe, R. H. (1967) "The social readjustment rating scale," *Journal of Psychosomatic Research*, 11（2）, pp. 213-221より引用

に，深い悲しみを感じますが，その人との時間に思いを馳せたり，その人を失って生きるということを自分のなかで受容していく心理的なプロセスを経ることがわかっています。それが**モーニングワーク**と呼ばれるものです。

　一般的には死別の高い可能性としては，親の方が先に亡くなりますし，親しい友人だったり兄弟だったり，配偶者の死があります。ホームズ（Holmes, T. H.）とレイ（Rahe, R. H.）は**ライフイベント**のなかで最もストレスが高い項目として，配偶者の死を挙げました（表11-1）。現代では離婚する夫婦も増えましたが，人生をともに伴侶として歩んできた配偶者を失うのは辛いものがあり，深い悲しみと大きな喪失感を感じるであろうことは想像できます。大切な人を失った暮らしに慣れていくまでにはある程度の時間が必要です。しかし，高齢者の場合は死別によって生じる悲しみだけではなく，身体面でも影響を受け，持病が悪化したり，うつ病などの精神障害になったりすることもあるので，注意深く見守る必要があります。死別の悲しみから立ち直るまでの期間は個人差がありますが，眠れないなどの気になる症状がある場合は精神科の受診のあと押しが必要です。死別の悲しみから1年以上たっても辛い気持ちが抜けないときには，その思いを受け止めて支えてくれる**グリーフケア**をしてくれる場所もありますので，そうした支援につなげることも覚えておいてください。高齢になると，豊かなネットワークを持っている人ほど死別で悲しい思いをすることが多くなり，やがては自分も……と自らの死をも意識せざるを得ません。元気に長く生きるということはそうした死別の悲しみを繰り返し受容しながら，やがて訪れる自らの死への心の準備をしていくことでもあるのです。

🍀**ことば**

モーニングワーク
喪の作業という。ある程度の時間が経っても辛さから立ち直れないときの支援としてグリーフケアがある。

ライフイベント
心理的に影響を与えるような重要なできごと。

🍀**ことば**

グリーフケア
故人への未完結の思いを受け止めて悲しみから立ち直るためのアプローチである。心理カウンセリングや精神科・診療内科への受診だけではなく，セルフヘルプグループもある。

第11章　老年期の発達とその基本的な関わり方

135

3　エイジングパラドックス

　高齢者は健康面，人間関係，社会的役割……と多くの喪失体験を経験します。にもかかわらず，高齢者は幸せを感じていないかというと若年者と比較して差がなく，むしろ心理的な幸福感が保たれていると，カーステンセン（Carstensen, L. L.）によって報告されています。これをエイジングのパラドックスといいます。このパラドックスを説明しようとする理論が，カーステンセンの**社会情動的選択性理論（SST）**です。SSTによると，高齢者は残された時間が限られていることを意識するがゆえに，感情的に価値のある行動を選択するように動機づけられているのです。たとえストレスフルな状況であってもポジティブな人生を歩むためには，感情をコントロールしたり，会う相手を選択するなど，感情的に満足できる社会的資源を選択するようになるからだというものです。

4　死の受容

　人はどのように自分の死を受容していくのでしょうか。まだ癌の**告知**がタブーとされていた頃ですが，アメリカの精神科医のキューブラー・ロス（Kübler-Ross, 1969=1971）は末期の患者200人にベッドサイドでインタビューをし，1969年に『死ぬ瞬間』を出版しました。ロスはこの著書のなかで死にゆく人の心理状態を分析し，死を受容するまでには5つの段階があることを突き止めて理論化しました。

①否認…「死」を運命として受け入れられず，認めない。

②怒り…「どうして自分が」と怒りを覚える。

③取引…死から逃れられるのなら，どんなことでもするという心境になる。

④抑うつ…死が避けられないことを悟り，抗うことはしないが絶望的になる。

⑤受容…「死」を逃れられないものとして受け入れ，残された日々を心穏やかに過ごそうとする。

　ロスが末期の患者と話してみると，自分の病気について多くの患者は気がついていたそうです。勿論末期だと知れば誰しも心穏やかにはいられないですし，誰もがこの5つの段階を辿るわけではありません。しかし人が「死」をどのように受け入れていくのかというモデルをロスは提唱しました。この理論は「悲しみの5段階モデル」ともいわれ，**他の領域でも応用**されています。

　死は誰にとっても避けられないことですが，死が間近にあることを知ったときにどう受け入れて最期を迎えるかということは，とりもなお

プラスα

告知の問題

「治らない病気だと知らせるのは本人にとって酷だろう」ということで，家族だけが病名を知らされて，本人には隠し通すことがほとんどであった。

プラスα

他の領域への応用

末期の患者の家族がそのことを知らされた場合や，急に予期せぬ災害や事故などで家族を失った人の心の状態や，子どもの障害を知ったときの親の心理状態とも共通するものがあるといわれている。

さず最後のときまで「どう生きるか」ということにつながるはずです。キューブラー・ロスの考え方は**ターミナル・ケア**のあり方にも大きな影響を与えました。

第3節　高齢化社会を考える

1　高齢化社会の問題

　「ぽっくり寺」と呼ばれるお寺があります。お参りをすると無病息災で天寿を全うできるといわれているお寺です。長生きはしたいけれど，介護されることなくある日突然ぽっくりと自宅で亡くなりたいと願う高齢者がほとんどです。日本人の平均寿命は2022年の時点で男性が81.05歳，女性が87.09歳ですが，日常的な介護を必要としないで自立して暮らせる年齢はもっと短くなり，これが**健康寿命**です。2022年では男性が72.68歳，女性が75.38歳というのが内閣府の『**高齢社会白書**』で公表されています。高齢化が急速に進みつつある日本社会では，健康寿命をいかに延ばせるかが重要とされています。

　65歳以上のひとり暮らしの割合は2020年の時点で男性が15.0％，女性が22.1％であり，1980年の時点では男性が4.3％，女性が11.2％であったのに対し，かなり増えています。少子高齢化が進むなか，さまざまな事情で高齢者のひとり暮らしが増えていますが，「**孤独死**」もまた増えています。地域のなかで人間関係が希薄ななか，社会から孤立している状態で万が一倒れたときに，誰一人として支援することができない状況のなかで孤独死は起きるのです。ひとり暮らしの高齢者にとっては，近隣住民とのコミュニケーションが日常的に大切で，日頃の挨拶を交わしながら見守りをする関係があると，いざとなったときに命を救える可能性も高まります。同時に地域社会のなかでコミュニティの一員としてつながりをもつことは，高齢者でなくても大切になります。

　高齢化社会で大きな問題とされていることに，労働人口が減少し，社会保障制度の確保が厳しくなるということがあります。「**2025年問題**」として，2025年には日本人の2割以上が75歳以上になると推定されています。世界的に少子化の波が加速していくなかで，これからの社会をどう維持していくのかは，全世代にとって大きな課題となります。医療や介護のサービスを受けるだけではなく，元気な高齢者は就労者としても考えられていますし，地域のお祭りなど伝統行事の担い手にもなっています。高齢者がこれまで培った経験を伝え，若い世代にバトンをどう渡

ことば

ターミナル・ケア
末期癌など，治る見込みのない患者に対する終末期の医療及び看護である。ホスピスはそのための専門的な医療施設であり，患者が穏やかに死を迎えられるようにスタッフは寄り添いながら支援をしていく。

プラスα

健康寿命を延ばす方法
以下の4つのポイントがある。①十分な睡眠時間をとる，②歩数を増やすなど，適度な運動をする，③適正体重を維持する，④塩分摂取に気をつけ，バランスのよい食事をとる。これらのポイントは高齢者に限らず，どの年代にとっても健康を維持するうえで大切である。また，社会活動に参加することも健康状態にプラスに働く。

ことば

『高齢社会白書』
1996年から毎年政府が国会に提出している報告書。高齢化の状況や，高齢社会の対策の実施状況などについて記載されている。

孤独死
誰にも気づかれないまま死んでから発見されること。1995年の阪神・淡路大震災や2011年の東日本大震災などでコミュニティとのつながりが切れてしまった高齢者の孤独死がクローズアップされた。若い世代でも少なくない。

プラスα

大阪府茨木市の事例
コンビニの店員が高齢者の見守りをしていて，認知症が疑われた高齢者を発見したときは地域の包括支援センター相談窓口と連携する体制を整えている（産経新聞，2024）。

第11章　老年期の発達とその基本的な関わり方

していけるかが，**世代性**にも通じることで，地域活性化の鍵にもなっています。行政や政治家だけに任せるのではなく，高齢者も若者も当事者としてこの問題に取り組んでアイデアを出していく必要があるのではないでしょうか。

2　介護と支援

　日常生活動作（ADL）に支障がない状態が「**自立**」と呼ばれますが，「自立」から介護や支援が必要になる状態にいきなりなるわけではありません。要支援や要介護の一歩手前の状態を**フレイル**といいます。フレイルになると，体重が減少したり疲れやすくなったり……と身体が弱ってきたという感覚があり，風邪をこじらせて肺炎を発症したり入院をきっかけに寝たきりになってしまう場合もあり，注意が必要です。しかし，フレイルの状態に早く気づくことができて正しく介入することができれば，健康な状態へ回復することも十分可能だと考えられています（図11-4）。

　フレイルの介入方法としては，①持病のコントロール，②運動療法と栄養療法，③感染症の予防，と大きく3つがあります。

健康　⇔　フレイル　⇔　身体機能障害（要支援・要介護状態）

図11-4　フレイルと健康との関係

　認知症は脳の細胞が損傷されて起きる病気であり，記憶障害や認知機能の障害などの症状があります。認知症は一度発症すると治ることはありません。しかし，軽度の場合は進行を遅らせることができますので，早期発見がとても大切です。家族が認知症だと認めたくないという心理が働いて，医療機関につながるのが遅くなってしまうと症状が重くなってしまいますので，これまで理解できていたことが急に理解できなくなったりしたときに認知症の初期では？　という視点が大切になります。また地域ごとに**包括支援センター**がありますので，介護に関しても利用できる社会的な制度についても早めに相談できることを念頭に入れておくとよいでしょう。

ことば

日常生活動作（ADL）
生きていくために必要な最低限の動作。移動・食事・排泄・入浴・着替え・身だしなみ等である。

プラスα

認知症の呼び名について
かつては「ボケ」「痴呆」といわれていたが，本人の尊厳を傷つける言い方なので呼び名を変えた方がよいのではと，2004年に日本学術会議で検討され，「認知症」に変わった。

ことば

包括支援センター
介護・医療・保健・福祉などの側面から高齢者を支える相談窓口。各地域にあり，本人だけではなく家族も気軽に相談できる。

プラスα

認知症と物忘れの違い
単なる物忘れと違うのは，「昨日夕飯に何を食べたか思い出せない」ではなく，「夕飯を食べたかどうか思い出せない」というようなことが起きる。人の名前を思い出せないことも中高年以上になるとよくあるが，認知症の場合は，記憶障害によって久しぶりに会う子どもの名前や顔を忘れてしまったり，土地勘のある場所なのに道に迷ってしまったりとさまざまな問題が生じてくる。

演習問題

① あなたが保育者になったときに，高齢者と子どもをつなぐ支援について考えてみてください（グループワーク）。

② 身近な高齢者で認知症が疑われるような人を見つけたら，どのような支援ができるかについて考えてください（グループワーク）。

【引用・参考文献】

Butler, R. N., & Gleason, H. P. (1985) *Productive Aging: Enchancing Vitality in later life*, Berlin: Springer（バトラー，R. N.，グリーソン，H. P. 著，岡本祐三訳（1998）『プロダクティブ・エイジング——高齢者は未来を切り開く』日本評論社）.

Carstensen, L. L. (1995) "Evidence for a life span theory of socioemotional selectivity, Current Directions," *Psychological Science*, 4, pp. 151-156.

Colcombe, S., & Kramer, A. F. (2003) "Fitness effects on the cognitive function of older adults: A meta-analytic study," *Psychological Science*, 14, pp. 125-130.

Erikson, E. H. (1963) *Childhood and society* (2nd ed.), New York: W. W. Norton & Company.

Erikson, E. H., Erikson, J. M., & Kivnick, H. Q. (1986) *Vital involvement in old age*, New York: W. W. Norton（エリクソン，E. H.，エリクソン，J. M.，キヴニック，H. Q. 著，朝長正徳・朝長梨枝子訳（1990）『老年期——生き生きしたかかわりあい』みすず書房）.

Erikson, E. H., & Erikson, J. M. (1997) *The life cycle completed*, New York: W. W. Norton（エリクソン，E. H.，エリクソン，J. M. 著，村瀬孝雄・近藤邦夫訳（2001）『ライフサイクル，その完結』みすず書房）.

深瀬裕子・岡本祐子（2010）「中年期から老年期に至る世代継承性の変容」『広島大学大学院教育学研究科紀要　第三部』59号，145-152頁

Holmes, T. H., & Rahe, R. H. (1967) "The social readjustment rating scale," *Journal of Psychosomatic Research*, 11(2), pp. 213-221.

Horn, J. L., & Cattell, R. B. (1967) "Age differences in fluid and crystallized intelligence," *Acta Psychologica*, 26, pp. 107-129.

市古貞次校注（1958）『御伽草子』（日本古典文学大系38）岩波書店

Kübler-Ross, E. (1969) *On Death and Dying*, NewYork: Scribner（キューブラー・ロス，エリザベス著，川口正吉訳（1971）『死ぬ瞬間——死にゆく人々との対話』読売新聞社）.

日本心理学会編（2018）『心理学ワールド』82，日本心理学会

西田裕紀子（2017）「中高年者の知能の加齢変化」『老年期認知症研究会誌』21(10)，84-87頁

Salthouse, T. A. (2004) "What and when of cognitive aging? Current Direction," *Psychological Science*, 13, pp. 140-144.

産経新聞（2021）「コンビニと協力して高齢者を見守り」2021年5月31日 https://www.sankei.com/article/20240531-AILN5OEDWZNIVDFTCUVOVFLLUE/（2024年6月15日閲覧）

佐藤眞一（2006）『「結晶知能」革命——50歳からでも「能力」は伸びる！』小

学館

Schaie, K. W. (2013) *Developmental influences on adult intelligence: The Seattle Longitudinal Study* (2nd ed.), New York: Oxford University Press.

積山薫・鈴木麻希 (2019)「加齢による認知脳機能の個人差拡大とその背景要因1――研究方法への省察」『The Japanese Journal of Psychonomic Science』vol 38, No.1, 77-89頁

田渕恵 (2018)「『老い』と次世代を支える心」日本心理学会編『心理学ワールド』82，17-20頁

田渕恵・三浦麻子 (2014)「高齢者の利他的行動場面における世代間相互作用の実験的検討」『心理学研究』84，632-638頁

竹澤みどり・小玉正博 (2006)「適応的な依存とは？――依存概念の再検討」『筑波大学心理学研究』31，73-86頁

田中真理 (2011)「サクセスフル・エイジング」大川一郎・土田宣明編著『エピソードでつかむ老年心理学』ミネルヴァ書房，182-185頁

手塚治虫 (2013)『火の鳥』(全12巻セット) 朝日新聞出版

第12章 子どもの生活・生育環境とその影響および支援のあり方

学習のポイント

●少子化・貧困・虐待の現状と子どもへの影響を理解しましょう。
●国内外のさまざまな対策を知りましょう。
●保育者としてできることを考えましょう。

第1節 少子化の現状と子育て支援

1 少子化の現状と子どもへの影響

　少子化の現状については，第1章第1節（子育てと家族の今）に詳細が書かれていますので，そちらを参考にしてください。少子化の要因はさまざまにありますが，晩婚化，非婚化，完結出生子ども数の減少などが大きな要因と考えられています。

　では，少子化の影響についてどのようなことが考えられるでしょうか。**生産年齢人口**の減少とそれに伴う経済的な損失，社会保障の担い手不足などが思い浮かぶのではないでしょうか。幼児の生活アンケート（ベネッセ教育総合研究所，2023）では「27年間を通して平日，幼稚園・保育園以外で『母親』と一緒に遊ぶ比率が増え，友だち，きょうだいと一緒に遊ぶ比率が減少している」との報告があります。子どもへの影響としては，仲間関係が上手く築けない，葛藤を上手く乗り切れないなどの社会性の未発達，**ソーシャルスキル**の不足などが考えられるのではないでしょうか。

　一方，本田（2013）は現在の子どもたちについて「大人たちから多くを学んで『この社会文化の中で』巧みに生きていく技術を無理なく獲得していくに違いない」としています。少子化のなかで育つ子どもたちへの影響はマイナス面が語られることが多いのですが，プラス面についても考えることが必要です。子どもたちの未来はどのようになるのだろうか，どのような力を身につけたらよいのだろうかなど，広い視野を持って子どもの育ちを支えていくことが大切です。

ことば
生産年齢人口
15～64歳の年齢層。

ことば
ソーシャルスキル
対人関係を円滑にするために必要な知識や技能。

ことば

1.57ショック
合計特殊出生率がそれまで最低だった丙午の1.58を下回り戦後最低となったこと。

白書
政府がさまざまな分野の現状と課題をまとめた公文書。イギリス政府の外交報告書の表紙が白であったため「白書」と呼ばれている。

子ども・子育て関連3法
子ども・子育て支援法，認定こども園法の一部改正法，子ども・子育て支援法及び認定こども園法の一部改正法の施行に伴う関係法律の整備等に関する法律。

希望出生率
若い世代の結婚や出産の希望がかなったときの出生率の水準。

プラスα

こども家庭庁
⇨第4章第2節2参照

プラスα

ワーク・ライフ・バランス
⇨第6章第2節1参照

ことば

利用者支援（事業）
親子の身近な場所で，子育て期の困りごとについて必要な情報を提供し，適切な支援機関を紹介する事業。

2　さまざまな少子化対策

「1.57ショック」を契機にさまざまな少子化対策が実施されていますので，詳細は最新の『少子化社会対策白書』を確認してください。なお，1994〜2010年までの主な少子化対策については表12-1を参考にしてください。

近年の主な動向としては，**子ども・子育て関連3法**に基づく**子ども・子育て支援新制度**が2015年から実施され，地域の実情に応じた子ども・子育て支援の充実などが掲げられました。ニッポン一億総活躍プラン（2016年）では，「**希望出生率1.8**」の実現に向けた若者の雇用の安定・待遇改善などが掲げられました。**子育て安心プラン**（2017年）では，女性就業率80%に対応できる約32万人分の保育の受け皿の整備，**少子化社会対策大綱**（2020年）では「希望出生率1.8」の実現へ向け，個々人が結婚や子どもについての希望を実現できる社会づくりなどが打ち出されました。2023年には**こども家庭庁**が発足し，結婚，妊娠・出産，子育ての希望がかなうようさまざまな制度・取り組みや普及啓発活動に取り組むこととなりました。

表12-1　主な少子化対策（1994〜2010年）

年　度	名称と概要
1994年	エンゼルプラン 仕事と育児の両立のための環境整備や緊急保育対策等5か年事業が策定された。
1999年	少子化対策推進基本方針 新エンゼルプランが策定され，保育関係だけでなく雇用，母子保健，相談，教育などの事業も加えられた。
2003年	次世代育成支援対策推進法 地方公共団体と企業に仕事と家庭の両立に向けた行動計画の策定を義務づけた。 少子化社会対策基本法 少子化社会において講じられる施策の基本理念を明らかにし，この基本法に基づき少子化対策大綱が策定された。
2006年	新しい少子化対策について 家族・地域のきずなの再生や社会全体の意識改革を図るための国民運動の推進，すべての子育て家庭への応援などが盛り込まれた。
2007年	「子どもと家族を応援する日本」重点戦略 ワーク・ライフ・バランスの実現，包括的な次世代育成支援の枠組みの構築などが掲げられた。
2010年	子ども・子育てビジョン 社会全体での子育て支援，個々人の希望がかなう社会の実現などが掲げられた。

出所：内閣府『令和4年版 少子化社会対策白書』のデータをもとに筆者作成

このようにさまざまな少子化対策が打ち出され，仕事・子育ての両立，社会全体での子育て支援，子育ての孤立や不安解消などの取り組みが行われています。子ども・子育て支援新制度においては，**利用者支援**（図

142

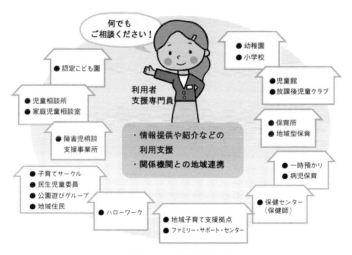

図12-1　利用者支援

出所：こども家庭庁「よくわかる『子ども・子育て支援新制度』」
https://www.cfa.go.jp/policies/kokoseido/sukusuku/#riyousha（2024年2月24日閲覧）

12-1），一時預かり，病児保育，乳児家庭全戸訪問，養育支援訪問など，安心して子育てができる取り組みが示されています。保護者から子育てに関する悩みや相談があった場合，図12-1のような資料が手元にあると，情報提供も可能になりますので目をとおしておくとよいでしょう。

3　少子化における子育て支援（保育者としてできること）

さて，少子化の子どもへの影響やさまざまな少子化対策をみてきましたが，保育者としてできることを考えてみましょう。

子どもに対しては，社会性の発達やソーシャルスキルの獲得を援助することができます。幼稚園教育要領などには，幼児教育において育みたい資質・能力及び「幼児期の終わりまでに育ってほしい姿」（以下，「10の姿」）が示されています。社会性やソーシャルスキルに関連する「10の姿」には「道徳性・規範意識の芽生え」「社会生活との関わり」などがあります。村上ら（2019），矢ヶ部ら（2019）が紙芝居95作品を「10の姿」に分類した研究では「道徳性・規範意識の芽生え」との関連が強かった紙芝居が18％で最多，「社会生活との関わり」は14％との報告があります。紙芝居（または絵本）を媒介に子どもたちに楽しみを与えながら道徳性・規範意識の芽を吹かせ，さまざまな遊びや保育者との関わりをとおして，それらをさらに育むことが保育者にはできます。

みなさんは，ふだんからたくさんの紙芝居や絵本に触れています。それぞれがどの「10の姿」に分類されるかを考えながら保育を進めていくと，必要なときに適切な紙芝居や絵本の読み聞かせができるのではない

ことば

10の姿
「健康な心と体」「自立心」「協同性」「道徳性・規範意識の芽生え」「社会生活との関わり」「思考力の芽生え」「自然との関わり・生命尊重」「数量や図形，標識や文字などへの関心・感覚」「言葉による伝え合い」「豊かな感性と表現」。

道徳性・規範意識の芽生え
友達とさまざまな体験を重ねるなかで，してよいことや悪いことがわかり，自分の行動を振り返ったり，友達の気持ちに共感したりし，相手の立場に立って行動するようになる。また，きまりを守る必要性がわかり，自分の気持ちを調整し，友達と折り合いをつけながら，きまりをつくったり，守ったりするようになる。

人物

コールバーグ
Kohlberg, L. (1927-1987)
道徳性の発達を認知発達の側面から捉えた。

パーテン
⇨第7章第2節2参照

プラスα

社会資源
⇨第4章第2節3参照

なるほどBOOK

ことば

相対的貧困率
一定基準（貧困線）を下回る等価可処分所得しか得ていない者の割合。貧困線とは等価可処分所得の中央値の半分。

でしょうか。また，たとえば保育の5領域である人間関係の指導計画案作成においては，そのねらいにある「社会生活における望ましい習慣や態度を身に付ける」ために，コールバーグの道徳性発達段階やパーテンの遊びの分類などの諸理論を取り入れるとよいでしょう。

次に，保護者に対してできることを考えましょう。保育所保育指針解説では，子育て支援に関して留意すべき事項として「保護者に対する子育て支援における地域の関係機関等との連携及び協働を図り，保育所全体の体制構築に努めること」とあります。保育者は，さまざまな少子化対策を知るとともに，図12−1で示したような関係機関や専門機関の役割や機能を十分理解し，常に連携や協働を考えさまざまな**社会資源**を活用できるような努力が必要です。たとえば「子ども・子育て支援新制度なるほどBOOK」などをダウンロードして手元に置いておくとよいでしょう。保護者が安心して子育てができ，出産の希望がかなうよう寄り添う形での支援が大切です。

第2節　貧困の現状と子育て支援

1　貧困の現状と子どもへの影響

みなさんは，子どもの貧困について考えたことがありますか。貧困率の年次推移（図12−2）をみてください。左縦軸は**相対的貧困率**・子どもの貧困率，右縦軸は大人が一人の世帯の貧困率を表しています。

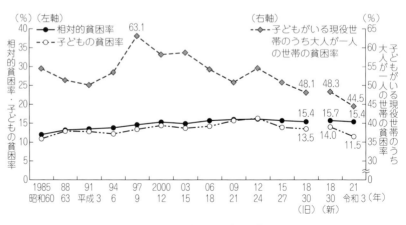

図12−2　貧困率の年次推移

出所：厚生労働省（2023）「2022（令和4）年　国民生活基礎調査の概況」
https://www.mhlw.go.jp/toukei/saikin/hw/k-tyosa/k-tyosa22/dl/14.pdf（2024年2月27日閲覧）

2018年から貧困率の計算方法が修正されたため単純比較はできません

が，子どもの貧困率が最も高かった2012年（16.3％）と比べると2021年は11.5％となり4.8％改善しました。また，ひとり親世帯の貧困率も2018年の48.3％から2021年の44.5％と改善傾向がみられました。ただし，OECD（経済協力開発機構）におけるひとり親世帯の平均貧困率31.1％を上回っており，引き続き適切な対策が求められています。貧困には，**相対的貧困**と**絶対的貧困**があり，小西（2018）は日本で問題となっている子どもの貧困を「子どもが経済的困窮の状態におかれ，発達の諸段階におけるさまざまな機会が奪われた結果，人生全体に影響をもたらすほどの深刻な不利を負ってしまうこと」としており，本節ではこの定義をもとに考えを進めます。

　では，貧困の子どもへの影響についてみていきましょう。『子供の生活状況調査の分析報告書』（内閣府，2021）では「世帯収入の水準や親の婚姻状況によって，子供の学習・生活・心理面など様々な面が影響を受けていた」とあります。阿部（2014）は，貧困が子どもに及ぼす影響として，極端な学力不足，自己肯定感や将来の希望を奪うことなどを報告しています。また，日本財団（2018）による調査では，学年が上がるにつれ貧困世帯は低学力へ集中し，貧困状態にある子どもは，**非認知能力**が低い傾向にあるとしています。このように貧困の子どもへの影響は学力面だけにとどまらず，心理面，非認知能力にも影響を及ぼしていることが指摘されています。

2　さまざまな貧困対策

　みなさんは，日本の社会保障制度の4つの柱を知っていますか。それは社会保険，公的扶助，社会福祉，公衆衛生・保健医療からなり，子どもから高齢者まですべての人々の生活を支えています。公的扶助には，社会的な困窮者に一定水準の生活を保障する生活保護制度が含まれ，健康で文化的な最低限度の生活を保障し，自立した生活を送れるような支援を目的としています。

　その他，子ども・家庭に対する法制度には**児童福祉六法**があり，ひとり親家庭への支援などが盛り込まれ，生活困窮者自立支援法では，子どもの学習支援など貧困の連鎖を防止する取り組みが展開されています。子どもの貧困対策としては，2014年に子どもの貧困対策の推進に関する法律（子どもの貧困対策法）が施行され，その基本方針となる子供の貧困対策に関する大綱（以下，大綱）において，子どもの貧困対策を総合的に推進することになりました。大綱の目的は「現在から将来にわたり，全ての子供たちが夢や希望を持てる社会を目指す。子育てや貧困を家庭

ことば

OECD
ヨーロッパ諸国を中心に日・米を含め38カ国の先進国が加盟する国際機関。

相対的貧困
その国や地域で大多数と比較して貧しい状態。

絶対的貧困
生きていくうえで必要最低限の生活が維持されていない状態。

ことば

非認知能力
読み，書き，計算などとは異なり，数値では測れない能力。自尊心，自己肯定感，自立心，自制心，自信，協調性，共感する力，思いやり，社交性，道徳性など。

ことば

児童福祉六法
①児童福祉法，②児童扶養手当法，③母子及び父子並びに寡婦福祉法，④特別児童扶養手当等の支給に関する法律，⑤母子保健法，⑥児童手当法。

ことば

こども食堂
NPOやボランティア団体などが、無料または少額で食事や温かな団らんを提供する場所。

フードバンク（活動）
企業、家庭において安全に食べられるが、廃棄してしまう食品を寄付し生活困窮者へ無償で提供する活動。

人物

ヘックマン
Heckman, J. J.（1944- ）
シカゴ大学経済学者。2000年に労働経済学分野でノーベル経済学賞を受賞。

ことば

ペリー就学前プロジェクト
1962〜67年にかけてミシガン州のペリー小学校付属幼稚園で行われた就学前教育の社会実験。

プラスα

保育者向けのリーフレットと事例集
「非認知能力の育ちを支える幼児教育」リーフレット。

「非認知能力の育ちを支える幼児教育 園の取り組み事例集78」。

ことば

遊び込む経験
「自由に好きな遊びをする」「好きなことや得意なことをいかして遊ぶ」「遊びに自分なりの工夫を加える」「挑戦的な活動に取り組む」「先生に頼らずに製作する」「見通しをもって、遊びをやり遂げる」。

のみの責任とせず、子供を第一に考えた支援を包括的・早期に実施」となっており、重点施策には、幼児教育・保育の無償化の推進及び質の向上、ひとり親への就労支援、児童手当・児童扶養手当制度の着実な実施などが盛り込まれています。

こども家庭庁のこどもの貧困対策では、こどもの未来応援基金を活用し「企業や個人から広く寄付を募り、学習支援団体やこども食堂、フードバンクなど全国でこども支援を行う団体の運営資金として提供する」としています。また、大綱には「幼稚園・保育所・認定こども園等の充実は貧困の世代間連鎖を断ち切ることにもつながる」とあります。保育に関わるみなさんは、このようなさまざまな貧困対策の内容をよく理解し、子どもの発達に合わせた質の高い保育・幼児教育を行うことが求められています。

3　貧困家庭への子育て支援（保育者としてできること）

さて、貧困の現状と子どもへの影響やさまざまな貧困対策をみてきましたが、何か保育者としてできることが思い浮かびましたか。「人間形成の重要な時期である子ども期」のなかでも乳幼児期は最重要の時期（小西, 2018）といわれています。ここでは近年、国内外で注目されている非認知能力についてみてみましょう。経済学者ヘックマン（2015）は**ペリー就学前プロジェクト**の研究から、幼児教育において非認知能力を育てることの重要性を提唱しました。非認知能力は、社会情動的スキル、非認知的スキル、学びに向かう力などさまざまに呼ばれていますが、OECDでは社会情動的スキルを目標の達成、他者との協働、情動の制御に分類（表12-2）しています（ベネッセ教育総合研究所, 2015）。なお、OECDは2021年に社会情動的スキルの新たな枠組み（目標の達成・情動の制御・協働性・開放性・他者との関わり・複合的な能力）を提案しています。近年、非認知能力に関する研究は多く、則近ら（2020）は「たくさんの友だちや先生と過ごす幼稚園・保育園は、子どもにとって非認知能力を学ぶ最も大事な環境のうちの1つである」としています。また、西田ら（2022）は、非認知能力に関する保育・幼児教育施設の意識や取り組みと園児への影響に関する調査研究をもとに、**保育者向けのリーフレットと事例集**を作成しています。子どもたちの非認知能力を育む際の参考になるでしょう。

では、遊びの側面から非認知能力をみていきましょう。ベネッセ教育総合研究所（2016）の調査では「**遊び込む経験**を多くするほうが、学びに向かう力（非認知能力）が高い」という結果を報告しています。この

表12-2　社会情動的スキルのフレームワーク

スキルの分類	スキルの下位構成概念
目標の達成	忍耐力，自己抑制，目標への情熱
他者との協働	社交性，敬意，思いやり
情動の制御	自尊心，楽観性，自信

出所：ベネッセ教育総合研究所（2015）「家庭，学校，地域社会における社会情動的スキルの育成」https://www.oecd.org/education/ceri/FosteringSocialAndEmotionalSkillsJAPANESE.pdf（2024年2月28日閲覧）

ような調査をヒントにしながら，貧困による子どもへの影響が最小限になるよう，子どもたちが夢中で遊べる環境を整えていくことも大切です。また「10の姿」の**協同性**をはじめ自立心，思考力の芽生え，豊かな感性と表現などにも非認知能力と関連する項目が多く含まれています。ふだんから「10の姿」を意識し一人ひとりの発達段階に合わせた働きかけを行い，自発的に遊び，存分に遊び込める環境をつくることも大切です。前述の大綱には「指定保育士養成施設における養成課程において，子供の貧困をはじめ，『社会福祉』及び『子ども家庭福祉』について履修することを通じ，子供の貧困に関する保育士の理解を深めるよう努める」とあります。みなさんの日々の学習の積み重ねが，子どもの貧困の理解と適切な支援につながっていきます。

　保護者に対してできることを考えてみましょう。内閣府（2021）は「収入の水準が低い世帯やひとり親世帯では，頼れる人がいないと回答した割合，心理的な状況としてうつ・**不安障害**が疑われる状況にある者の割合が高い」と報告しています。保育者は，保護者にとって身近な相談相手です。相手に寄り添い，相手の立場に立って共感を示し，相手の話に積極的に耳を傾ける傾聴の姿勢を持ちながら日々保護者に接することが大切です。また，保護者のなかには支援制度があるにもかかわらず，その情報を知らなかったり手続きがわからなかったりする場合もあります。第1節で紹介したなるほどBOOKなどの社会資源を活用し，ソーシャルサポートの視点を持ちながら情報提供することも大切です。

第3節　虐待の現状と子育て支援

1　虐待の現状と子どもへの影響

　みなさんは児童相談所の児童虐待相談対応件数が，増加傾向にあるこ

ことば

協同性
「友達と関わる中で，互いの思いや考えなどを共有し，共通の目的の実現に向けて，考えたり，工夫したり，協力したりし，充実感をもってやり遂げるようになる」。

ことば

うつ
さまざまなストレスなどを背景に脳がうまく働かなくなっている状態。早めに適切な治療を受けることが必要。

不安障害
精神的な不安などから心身にさまざまな不快な変化が起きる。パニック障害，社交不安障害，強迫性障害など。

ソーシャルサポート
情緒的サポート，道具的サポート，情報的サポート，評価的サポートの4種類がある。

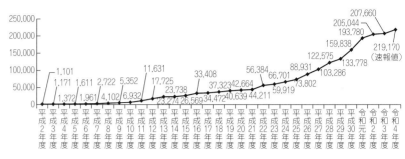

図12-3 児童相談所における虐待相談対応件数とその推移

注：平成22年度の件数は、東日本大震災の影響により、福島県を除いて集計した数値。
出所：こども家庭庁「令和4年度 児童相談所における虐待相談対応件数（速報値）」
https://www.cfa.go.jp/assets/contents/node/basic_page/field_ref_resources/a176de99-390e-4065-a7fb-fe569ab2450c/12d7a89f/20230401_policies_jidougyakutai_19.pdf（2024年3月1日閲覧）

とを知っていますか。図12-3をみてください。2022（令和4）年度中の全国232カ所の児童相談所が児童虐待相談として対応した件数は、21万9170件（速報値）と過去最多でした。児童虐待防止に対する意識や感度が高まり、**関係機関**からの通告が増えていることが増加要因のひとつといわれています。

児童虐待の防止等に関する法律（以下、児童虐待防止法）では、保護者がその監護する児童に対して行う虐待行為を「児童虐待」として禁止し、その防止等に関する措置について定め、禁止される虐待行為を4つに分類しています（表12-3）。2022（令和4）年度では、**心理的虐待**が59.1％と最多で、以下、**身体的虐待**23.6％、**ネグレクト**16.2％、**性的虐待**1.1％となっています。「令和3年度 福祉行政報告例の概況」（厚生労働省、2023）によると、主たる虐待者は実母が47.5％で最多、次いで実父が41.5％となっており、被虐待者の年齢は3歳が1万4035件と最も多く、みなさんが保育者として関わる年齢層に虐待が多くみられる結果となっています。虐待による死亡事例については、2021（令和3）年度は68例（74人）となっており、毎年多くの子どもが命を落としています。こども家庭庁（2023a）は、虐待死に至ったケースでは、その**援助過程**において、家族全体を捉えたリスクアセスメントの不足、子どもの発言などをアセスメントや支援方針に活かせていないなど、多角的・客観的なアセスメントの必要性を提言しています。

児童虐待が起こる要因はさまざまです。養育者側の要因には、育児不安・親自身の被虐待経験・**産後うつ**、子ども側の要因には、育てにくい子ども（たとえば、こだわりが強い）・未熟児・障害児、生活環境の要因としては、単身家庭・地域からの孤立・不安定な夫婦関係などがあり、こうした要因が複雑に絡み合い虐待が生じると考えられています。

ことば

関係機関
警察、医療機関、学校、幼稚園、保育所、近隣知人、家族親戚など。

プラスα

援助過程
（一般的な相談援助の流れ）
問題の発見
↓
インテーク
↓
アセスメント
↓
プランニング
↓
インターベンション
↓
モニタリング
↓
エバリュエーション
↓
ターミネーション

プラスα

産後うつ
⇨第1章第2節2参照

表12-3　児童虐待の定義

児童虐待の4分類	
身体的虐待	殴る，蹴る，叩く，投げ落とす，激しく揺さぶる，やけどを負わせる，溺れさせる，首を絞める，縄などにより一室に拘束する　など
性的虐待	こどもへの性的行為，性的行為を見せる，性器を触る又は触らせる，ポルノグラフィの被写体にする　など
ネグレクト	家に閉じ込める，食事を与えない，ひどく不潔にする，自動車の中に放置する，重い病気になっても病院に連れて行かない　など
心理的虐待	言葉による脅し，無視，きょうだい間での差別的扱い，こどもの目の前で家族に対して暴力をふるう（DV）　など

出所：こども家庭庁「児童虐待の定義」
https://www.cfa.go.jp/policies/jidougyakutai/（2024年3月1日閲覧）

ことば

DV（Domestic Violence）
ドメスティック・バイオレンス。夫から妻，妻から夫，親から子など家庭内のさまざまな形態の暴力。

　虐待が子どもに及ぼす影響について北村（2021）は「心理的虐待の増加こそ，最大限の警戒をしながら対応が求められる」とし，友田（2016）は「お前なんて死んだほうがましだ」などの言葉の暴力は，身体の表面には傷をつけないが心や脳に傷をつけることを看過してはならないとしています。具体的な子どもへの影響として亀岡（2016）は，子どもの対人関係・学習能力・日常生活における問題解決能力・感情調整や行動制御能力などに影響を及ぼすとしています。

　このように，虐待は子どもへの影響が大きく被虐待児へのケアはもちろんですが，虐待防止に向けた取り組みを知り，自分たちに何ができるのかを考える必要があるでしょう。次節以降では，さまざまな虐待防止対策を学ぶとともに，保育所等や保育者として何ができるのか考えていきましょう。

2　さまざまな虐待防止対策

　前述した児童虐待防止法は2000年11月に施行されましたが，虐待死や虐待相談対応件数の増加などから改正が重ねられ，直近では2019年に改正，2020年に施行されています。また，児童相談所の体制整備などを定めた児童福祉法もあわせて改正されています。児童虐待防止法には，児童虐待の早期発見（第5条），児童虐待に係る通告（第6条），立入調査（第9条），親権の行使に関する配慮（第14条），児童福祉法には，児童虐待の通告義務（第25条），立入調査（第29条），児童の一時保護（第33条）体罰の禁止（第33条の2第2項，第47条第3項）などが定められています。

　また，**保育所保育指針**には，子ども虐待の通告義務（第3章1および第4章2）の記載がありますので確認しておくとよいでしょう。また，保育所等における不適切事案を踏まえた今後の対策として**ガイドライン**（こども家庭庁，2023b）が策定され，不適切保育の考え方を明確化し，虐

プラスα

保育所保育指針第3章の1（1）ウ
子どもの心身の状態等を観察し，不適切な養育の兆候が見られる場合には，市町村や関係機関と連携し，児童福祉法第25条に基づき，適切な対応を図ること。また，虐待が疑われる場合には，速やかに市町村又は児童相談所に通告し，適切な対応を図ること。

ことば

ガイドライン
正式名称は，保育所等における虐待等の防止及び発生時の対応等に関するガイドライン。

待を未然に防ぐような環境・体制づくりなどを行うとしていますので，目をとおしておくとよいでしょう。

3 虐待が疑われる家庭への子育て支援（保育者としてできること）

虐待の現状と子どもへの影響，さまざまな虐待防止対策をみてきましたが，保育者としてできることを考えてみましょう。被虐待児のケアには**認知行動療法**や**プレイセラピー**など専門機関での治療が必要なケースもありますので，ここでは虐待が疑われる場合の初期対応や虐待防止について考えていきましょう。

まずできることは，子どもと保護者の様子をよく観察することです。観察のポイントは，子どもの心理面・身体面・社会面，保護者の心身の状態・子どもへの関わり方など多岐にわたりますが，子ども虐待評価チェックリスト（厚生労働省，2010）やさまざまな自治体のチェックリスト（たとえば東京都福祉局，2018）を参考にするとよいでしょう。子育て支援の最前線で働くみなさんは，虐待防止の最前線にいます。子どもや保護者が出す小さなサインをすばやくキャッチし，虐待が疑われた場合はすぐに保育所等内で情報共有をすることが大切です。情報共有のツールとして，比較的容易に家族構成や家族の関係性を把握できる**ジェノグラム**は，アセスメントに有効な手段です（描き方は，子どもの虹情報研修センター（2023）などを参考にするとよいでしょう）。図12-4をみてください。どのような家族構成なのか把握できましたか。

このジェノグラムは，次のような聞き取り「母親は離婚後A児（3歳：対象児）を連れて再婚，現在の夫との間にB児（1歳）が生まれ，夫の両親と同居している」をもとに描いたものです。性別や離婚歴などの基本的な表記方法がわかると，アセスメントの際に話を聞きながら情報整理ができます。では，図12-4の点線部分に医療機関，児童相談所，保育所などを書き加えてみましょう。これは**エコマップ**と呼ばれ，**多職種連携**の様子がわかり支援のあり方を考える手助けにもなります。

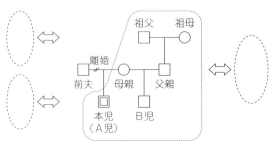

図12-4 ジェノグラムとエコマップ

では，子どもへの対応についてみていきましょう。虐待を受けた子ども
もは心や脳に大きな影響を受けることがわかっていますが，一方で脳は
治らない傷ばかりでなく，環境や体験，ものの見方や考え方が変わると
脳も変化し，早いうちに手を打てば回復する（友田，2016）可能性があ
ります。保育者として，子どもたちへ安心安全な環境を継続的に提供し，
みなさんが安全基地として子どもたちとの関係性を維持することはとて
も大切です。また，対人関係，学習能力，問題解決能力などへの影響に
ついては，第1節でも触れた「10の姿」を意識しながら子どもたちと関
わることで，その影響を軽減できる可能性もあります。

　保護者に対しては，どのような対応が考えられるでしょうか。みなさ
んは保護者の養育に疑問を持った場合，虐待という言葉を使うことにた
めらいはないでしょうか。筆者はスクールカウンセラーの経験から，相
談者に虐待という言葉はなるべく使わず，不適切な関わりという言葉を
用いるようにしています。友田・藤澤（2018）は，虐待という言葉は強
すぎて親を深く傷つけ人格を否定してしまいかねないとし，**マルトリー
トメント（不適切な養育）** という言葉が適切ではないかとしています。
保護者と話をする際には「それは少し不適切かもしれませんね。○○の
ようにしてみたらどうでしょうか」などと声をかけると，保護者も話を
受け入れやすくなります。また友田・藤澤（2018）は，子どもとのスキ
ンシップは子どもが安心するだけでなく，**オキシトシン**などの影響から
親の養育脳が育まれる可能性を指摘しています。研究は始まったばかり
ということですが，たとえば保護者へ「1日1回は，ギュッと抱きしめ
てください」などのアドバイスは，親子の関係性を深めるためにも大切
な視点ではないでしょうか。

　このように虐待が疑われる家庭への支援はさまざまですが，子どもも
保護者も安心して話ができるように，保育者は常に**カウンセリングマイ
ンド**を持ち，子どもと保護者に接することが大切です。村上（2020）は
保育士養成課程における各科目の教授内容を修得した場合，専門職のカ
ウンセリング技術には及ばないものの，0歳〜就学前の子どもや保護者
に対するカウンセリング技術としては十分ではないかとしています。み
なさんが現在学んでいる各科目の教授内容をしっかりと修得することが，
虐待防止への適切な対応の第一歩となるでしょう。

＊ことば

マルトリートメント
身体的・心理的・性的および
ネグレクトを含む児童虐待を
より広く捉えたもの。虐待と
はいい切れない大人から子ど
もへの発達を阻害する行為全
般を含めた不適切な養育。

オキシトシン
愛情ホルモン，信頼ホルモン，
幸せホルモンなどと呼ばれ，
脳の視床下部から分泌される
ホルモン。

＊ことば

カウンセリングマインド
コミュニケーションを円滑に
するための心構え。基本は
「受容」「傾聴」「共感」。

第**12**章

子どもの生活・生育環境とその影響および支援のあり方

演習問題

①　短大や大学の図書館で「10の姿」に関係する絵本・紙芝居を探しリスト化してみましょう。

②　自分の家族，サザエさん，ちびまる子ちゃんの家庭のジェノグラムを描いてみましょう。

【引用・参考文献】

阿部彩（2014）『子どもの貧困Ⅱ──解決策を考える』岩波新書

ベネッセ教育総合研究所（2015）「家庭，学校，地域社会における社会情動的スキルの育成──国際的エビデンスのまとめと日本の教育実践・研究に対する示唆」

https://www.oecd.org/education/ceri/FosteringSocialAndEmotionalSkillsJAPANESE.pdf（2024年2月28日閲覧）

ベネッセ教育総合研究所（2016）「園での経験と幼児の成長に関する調査」

https://berd.benesse.jp/up_images/research/Encyosa_web_all.pdf（2024年2月28日閲覧）

ベネッセ教育総合研究所（2023）「第6回　幼児の生活アンケート」

https://berd.benesse.jp/jisedai/research/detail1.php?id=5851（2024年1月4日閲覧）

ヘックマン，ジェームズ・J. 著，古草秀子訳（2015）『幼児教育の経済学』東洋経済新報社

本田和子（2013）「〈保育エッセイ〉子どもたちの『現在（いま）』を考える②──『いま子どもである人』にとっての『少子化』とは？」『幼児の教育』112（3），34-37頁

亀岡智美（2016）「被虐待児へのトラウマケア」『児童青年精神医学とその近接領域』57（5），738-747頁

北村由美（2021）「日本における子ども虐待の現状と課題」『関西大学臨床心理専門職大学院紀要』11，21-31頁

こども家庭庁（2023a）「こども虐待による死亡事例等の検証結果等について（第19次報告）」

こども家庭庁（2023b）「保育所等における虐待等の防止及び発生時の対応等に関するガイドライン」

子どもの虹情報研修センター（2023）「手に取るように家族がわかる　ジェノグラム　描き方と活用のコツ」

小西祐馬（2018）「乳幼児期の貧困と保育」秋田喜代美・小西祐馬・菅原ますみ編『貧困と保育』かもがわ出版，25-52頁

厚生労働省（2010）「虐待通告のあった児童の安全確認の手引き」

厚生労働省（2023）「令和3年度　福祉行政報告例の概況」

村上義次（2020）「保育者養成におけるカウンセリング技術の検討」『中九州短期大学論叢』42（2），1-16頁

村上義次・矢ヶ部陽一・森本直樹（2019）「『10の姿』に着目した紙芝居の分類と活用(1)──幼小接続から考える」『中九州短期大学論叢』41（2），41-49頁

内閣府（2021）『令和3年　子供の生活状況調査の分析報告書』

日本財団（2018）「家庭の経済格差と子どもの認知能力・非認知能力格差の関係分析——2.5万人のビッグデータから見えてきたもの」

西田李里・浜名真以・遠藤利彦（2022）「幼稚園・認定こども園における非認知能力を育む保育実践——取り組みの局面による分類」『東京大学大学院教育学研究科紀要』62，1 -13頁

則近千尋・唐音啓・遠藤利彦（2020）「幼児期における非認知能力プログラムの近年の動向」『東京大学大学院教育学研究科紀要』60，117-127頁

東京都福祉局（2018）「虐待に気づくためのチェックリスト」

友田明美（2016）「被虐待者の脳科学研究」『児童青年精神医学とその近接領域』57（5），719-729頁

友田明美・藤澤玲子（2018）『虐待が脳を変える——脳科学者からのメッセージ』新曜社

矢ヶ部陽一・村上義次・森本直樹（2019）「『10の姿』に着目した紙芝居の分類と活用(2)——幼小接続への考察」『中九州短期大学論叢』42（1），31-39頁

第13章 子どもの健康に関わる問題と発達支援

学習のポイント

●保育者が「気になる」子どもと養育者について理解しましょう。
●乳幼児健診と保育の関係について理解しましょう。
●幼児期での障害の特徴と保育での支援方法を理解しましょう。

第1節 「気になる」子どもとその養育者

1 「気になる」子どもとは

　幼児期はさまざまな人やモノとの関わりをとおし見聞きし，触れ，操作することをとおして心身ともに飛躍的な発達を遂げる時期です。しかし，一般的な幼児期の発達の道筋と少し様子の異なる子どもたちがいます。彼らは，たいてい身体的な発達は一般的であるのに対して，言葉が全く出ていない，または著しく遅れている，テレビCMの言葉は話すのに意思疎通が難しい，簡単ないいつけに見向きもしない，見つけたものや知らないものを指さしして伝えようとしない，目が合わない感じがする，抱っこや手をつなぐことを嫌がる，常に動き回っていて目が離せず迷子になる，同年代の子どもがしている遊びに興味を示さない，子どもの声でにぎやかな場所に行くと泣きわめくなどの行動がみられ，養育者が「この子はちょっとみんなと違うんじゃないだろうか」と「気になって」いて，育てにくさを感じているということがあります。そして，乳幼児健診では「少し様子をみましょう」と言われたことがあるということもしばしば聞かれます。また，園生活のなかで保育者からは集団行動に入れないことや，意思疎通の難しさから「気になる」子どもと捉えられ，保育の難しさが訴えられるということもあります。

2 「困っている」子どもと養育者

　では「気になる」子どもたちやその養育者の背景には，どんなことがあるのでしょうか。

言葉の遅れ，指示理解の困難さ，対人関係の偏りといった，いわゆる発達障害や知的障害などと後に診断されるケースや，背景に虐待などの**マルトリートメント**が潜んでいるケースが挙げられます。しかし，後に診断や支援に至るケースでも，乳幼児期でははっきりとしないことが少なくありません。個人差の範囲なのか支援の手立てが必要な範囲なのか，その時点での判断が難しいのが実情です。

ここで大切なことは，このような子どもとその養育者は，本当は「困っている状態」であることに気づくことです。言葉や指示理解の困難さ，対人関係に偏りがあるということは，養育者は「育てにくさ」を感じていて，子どもにとっては飛び交う人の言葉や動作などを含めた環境に対して「パニックが引き起こされる」状態に置かれているのかもしれないのです。保育者には集団行動に入れず意思疎通の難しい「気になる子」「心配な子」は「困った子」ではなく，子どもと養育者は「困っている子ども」「困っている人」と捉えて理解する力が求められます。

子どもの側が持っている困難としては，本人の気質や，認知特性の偏り，疾病による禁忌事項で体験できないことや，マルトリートメントの環境のため，その年齢での経験が不足していることなどが挙げられます。一方，大人が抱える困難は，子どもの気質と関わり方の乖離，子どもを理解したいのに「理解不能」な行動に困惑している，大人自身が子どもに対してもともとあまり応答的な対応ができないなどが挙げられます。

保育者が「気になる」と感じる子どもからは，**発達障害**などの行動特徴に類似した行動がみられ，集団生活の一斉指示や集団遊びに適応しづらい状態を呈しているのです。発達障害や**知的障害**は早期発見，早期支援が大切です。本人の困難さをどう取り除くか，本人にとってわかりやすくするにはどんな方法がよいかなど，できるだけ早くから個々の認知特性に合わせて取り組むことは，社会生活への適応や将来的な活躍の場を広げる可能性につながります。

一方，養育者は子どもが健やかに育つことを期待しているのですから，障害に類似した行動に対して受け止めができる状態ではないことが多いでしょう。しかし，保育者は目の前の子どもが「気になる」子どもであれば，少しでも早く「気になる」点を記録し，地域の保健センターの巡回相談などを利用しながら，子どもが過ごしやすくなるように保育環境の調整や工夫を行い，養育者とよい関係を築き，いつでも支援につなげられる準備をしておく必要があります。

プラスα

1歳6か月児健診と3歳児健診

母子保健法第12条（義務）において規定されている集団健診である。

3〜6か月児健診、9〜11か月児健診

母子保健法第13条（任意）で規定されている集団健診である（国立成育医療研究センター，2018）。保健師や看護師による身体測定，言語面，認知面や社会性に関する問診を行った後，医師による歩行や姿勢・運動面の確認や身体的発育状況の確認，内科健診のほか，歯科医師による歯や口腔内の健診が行われる。

❀ことば

公認心理師

公認心理師とは、その名称を用いて、保健医療，福祉，教育その他の分野において心理学に関する専門的知識及び技術をもって心理状態の観察や結果を分析するなどを業とする者と定められた国家資格（平成27年法律第68号公認心理師法）。

プラスα

多職種連携

⇨第8章第3節2参照

第2節 早期発見と療育のために

1 乳幼児健診と保育

乳幼児期にはいくつかの健康診査（以下，健診）があります。法定健診である，1歳6か月児健診と3歳児健診と，市町村の任意で実施される，3〜6か月児健診と9〜11か月児健診などが挙げられます。発達状況を多角的にみることで，疾病や障害の早期発見と治療や療育などの早期支援を行うことと，近年では児童虐待の予防的観点の目的としても大切な機会となっています。保育者は，子どもたちの月齢，年齢が健診時期に該当しているので概要を理解しておく必要があります。

特に，1歳6か月児健診や3歳児健診で保育との関わりが深いのが，言語面，認知面や社会性の側面です。1歳半頃に指差しをしないことは指示理解の困難さ，言語発達の偏りや遅れが疑われ，後述するいくつかの障害が考えられます。早期の多職種間での連携が望ましく，幼児教育も連携の一端を構成しています（国立成育医療研究センター，2018）。

2 発達相談と保育のなかでみておきたいポイント

①発達相談とは

乳幼児健診で言葉や認知，対人面の遅れや偏りを指摘された場合や，養育者から発達について相談があった場合などのために，集団健診とは別に**公認心理師**などによる個別の**発達相談**の場が用意されています。発達相談では必要に応じて**発達検査**や**知能検査**が行われます。検査は発達の遅れや偏りの診断や，発達を支援するための方法や計画を立てるために用いられるものです。

多くの自治体で取り入れられているものとしては，**新版K式発達検査2020**や**田中ビネー式知能検査V**が挙げられます。いずれも認知発達や言語の同年代での達成度を測ることができます（表13-1）。

②保育のなかでみておきたいポイントと就学時の引継ぎ

保育者が直接子どもに発達検査や知能検査を行うことはできませんが，園内での支援の検討，保健センターなど外部機関との連携，小学校への就学時の引継ぎなど，日常の子どもの様子を伝えなければならない場面があります。特に，検査を伴う外部機関と連携する際は，子どもの普段できることや課題，物事ができるようになるプロセスというのは，**多職種連携**で子どもの発達支援を計画し実行するうえで大切な情報となりま

表13-1　発達相談で用いられる検査例

	新版K式発達検査2020	田中ビネー式知能検査V
適応年齢	0歳0か月〜成人	2歳〜成人
概要	個別式の発達検査で発達の過程を「姿勢・運動」領域，「認知・適応」領域，「言語・社会」領域の3つを測定し，それらを総合して「発達年齢（DA）」と「発達指数（DQ）」を算出する。所要時間30〜60分。	個別式の知能検査でありながら，幼児や著しい遅れを持つ年長者の知的発達の側面を捉えることができる。2〜13歳までは総合的な精神年齢（MA）と知能指数（IQ）を算出する。所要時間60〜90分。
検査方法	積み木や入れ子コップ，ミニカー，折り紙などの子どもになじみのあるおもちゃや，この検査独自の木製の○△□のはめ板や絵カードなどを用いて，子どもが遊び感覚で取り組める課題を提示し，反応を記録し検査用紙に発達プロフィールを記録する。	検査独自の積み木や絵カード，大小比較などの図版を示し，検査を行う。検査は子どもの生活年齢に該当する項目から始め，1つでも不正解があった場合は1歳ずつ年齢級を下げ，全問正解の場合は，年齢級を1歳ずつ上げて実施する。

出所：それぞれの実施マニュアルをもとに筆者作成

す。幼児教育や保育の場は，家庭と並ぶ子どもの生活場面です。一般的な発達の道筋を理解し，検査ではない日常の姿から個々の子どもの課題を見出し記録するということは，幼児教育の専門性のひとつです。**発達相談**で**保健師**や公認心理師などと連携し，検査で明らかになった課題と日常のなかでの課題から適切な支援を検討したり，普段できることが相談場面ではできなかった場合に，可能な場面などの情報を共有したりすることは，子どもへのよりよい支援には欠かせないものとなります。

　表13-2は保育のなかで特に記録に残しておきたいポイントです（茂野・菅，2007；木野，2017）。これらの視点は，現在の支援を考えることにはもちろん，幼児教育での積み上げを土台とする小学校低学年での学びにも直結するものとなります。特に，⑤鉛筆の扱い，⑥図工，⑦音楽，⑧体育の視点は認知面，教科学習と関連し，⑨係活動は，対人関係や指示理解の様子と関連します。子どもの未来との関連を想定しながら園での様子を伝えることは，有効な情報となるので留意しておきたいものです。

　幼児教育の場は子どもが毎日通ってくる場ですから，相談機関とは違い養育者との関係を結びやすいともいえます。「気になる」子どもの養育者は，子どもの障害を受け入れる途上で「困っている人」であるかもしれないという視点から，保育者は養育者に寄り添い，ともに発達相談などで明らかになった子どもの課題を受け入れられるように支援することも大切な役割です。

✤ことば

保健師
保健師とは，その名称を用いて保健指導に従事することを業とする者と定められた国家資格（昭和23年法律第203号保健師助産師看護師法）。

第13章　子どもの健康に関わる問題と発達支援

表13-2　保育のなかでみておきたいポイント

①在籍クラス集団の雰囲気や特徴…子どもの行動がクラスの雰囲気に影響される場合がある
②登園・降園時の身支度等の様子…机やロッカーの荷物整理，衣服や靴の着脱
③休憩時間…教室，園庭，後片づけの様子，友達との関わり（ルールのある遊びへの参加，役割のある遊びへの参加などの様子）
④給食…好き嫌い，姿勢，箸や食器の持ち方や扱い方などの作法
⑤鉛筆の扱い…持ち方，姿勢，筆圧，視線
⑥図工…のり・はさみ・クレパス・マーカー，絵筆などの扱い方，示された手順に従って作業を進めること，指定された数量の材料を自分でとる，必要なものと捨てるものの弁別，道具箱からの出し入れの様子
⑦音楽…歌うこと（歌詞の記憶，声の大きさ），楽器の扱い（扱い方そのもの，リズム打ちの様子），手遊び歌（指先の操作，腕の操作，歌いながら動作すること）
⑧体育…走ること，飛ぶこと，止まること，遊具を使った動作，ルールのある運動遊びへの参加態度
⑨係活動…物の配布，班に必要な数の教具やプリントをとる
⑩子どもの得意なこと・好きなこと（興味関心のあること・物事を調子よく行える状況）…事柄だけではなく，そのときの表情や態度も含めて
⑪子どもの苦手なこと・嫌いなこと（興味関心を示さないこと・物事を調子よく行えない状況）…事柄だけではなく，そのときの表情や態度も含めて
⑫利き手，視力・聴力の異常の有無

出所：木野仁美（2017）「小学校でのスクールカウンセリングにおける『気になる子ども』への発達支援」『大阪千代田短期大学紀要』47，79-88頁より筆者加筆作成

3　発達を見通した支援と合理的配慮

　幼稚園教育要領には第1章第5の1に「障害のある幼児などへの指導」の項が設けられています（文部科学省，2017）。障害のある幼児へは**個別の教育支援計画や支援が合理的配慮に基づき行われなければなりません**。

　保育や教育においての合理的配慮は，中央教育審議会初等中等教育分科会において「障害者の権利に関する条約」の定義に照らし，「障害のある子どもが，他の子どもと平等に『教育を受ける権利』を享有・行使することを確保するために，学校の設置者及び学校が必要かつ適当な変更・調整を行うことであり，障害のある子どもに対し，その状況に応じて，学校教育を受ける場合に個別に必要とされるもの」であり，「学校の設置者及び学校に対して，体制面，財政面において，均衡を失した又は過度の負担を課さないもの」（文部科学省，2012）と定義されており，その決定にあたっての基本的考え方などが明確に示されています。この定義が示すように合理的配慮は保育者個人や園が，養育者の要求のままに「思いやり」で行うものではなく，子ども一人ひとりの障害の客観的評価を根拠として，特性に応じた支援方法や支援環境を組み立てなければなりませんし，園や保育者の過度の負担とならない方法で行われる必要があります。また，どのような方法が子どもの発達支援につながるか，試行錯誤がほかの時期よりも多くなります。子どもと養育者の双方のこ

プラスα

幼稚園教育要領第1章第5の1「障害のある幼児などへの指導」の項

「集団の中で生活することを通して全体的な発達を促していく」ことや「個々の幼児の障害の状態などに応じた指導内容や指導方法の工夫を組織的かつ計画的に行う」「家庭，地域及び医療や福祉，保健等の業務を行う関係機関との連携を図り，長期的な視点で幼児への教育的支援を行うために，個別の教育支援計画を作成し活用すること」が記載されている。「幼保連携型認定こども園教育・保育要領」第1章第2の3(1)に，「保育所保育指針」第1章の3(2)キにおいて同様の内容が記載されている。

ことば

個別の教育支援計画

障害のある児童生徒一人ひとりのニーズを正確に把握し，教育の視点から適切に対応していくという考えのもと，長期的な視点で乳幼児期から学校卒業後までを通じて一貫して的確な教育的支援を行うことを目的とするものとされている。

れまでの過程（過去）と，今できるようになることで豊かな園生活が望めること（現在：短期目標）と，就学後を見据えて積み上げたいこと（未来：長期目標）を，合理的配慮の視点を持ちながら，保育者や園から養育者に提案する必要があります。そして，一度組み立てた支援方法や支援環境を子どもの発達状況に応じて常にアップデートしていくことも求められます。

第3節　子どもの発達の遅れや偏り

1　「発達がゆっくり」という捉え方

　1歳6か月児健診で経過観察となった親子に対して，「発達がゆっくり」という言葉で伝えられることが多くあります。「発達がゆっくり」とは知覚，認知，運動，言語などの発達が一般的に達成される時期を越えている，また大幅に遅れることが予見され何らかの障害が疑われる場合に伝えられますが，本章の第1節で説明したように，乳幼児期では障害がはっきり診断されないことも少なくありません。さまざまな障害特性の知識をもって，経過を観察していく必要があります。子どもによっては第2項以降で説明する障害が重複して診断されることもあります。

2　知的障害（知的発達症）

①知的障害とは

　保育や教育，福祉で一般的にいわれる**知的障害**は，医療における診断基準の名称は**知的発達症**といいます。我が国では，知的障害は2005年に厚生労働省が実施した知的障害児（者）基礎調査における定義「知的機能の障害が発達期（おおむね18歳まで）にあらわれ，日常生活に支障が生じているため，何らかの特別の援助を必要とする状態にあるもの」に基づき，(a)知的機能の障害と(b)日常生活能力のいずれにも該当するものを知的障害としています。(a)知的機能の障害はいわゆる IQ（知能指数）の値で表され，「標準化された**知能検査**（ウェクスラー式や，ビネー式など）によって測定された結果，IQ がおおむね70までのもの」とされています。(b)日常生活能力は自立機能，運動機能，意思交換，探索操作，移動，生活文化，職業等の到達水準が総合的に a を生活能力が低い状態としし，b，c，d と順に生活能力が高くなっていく4段階で判断されます（厚生労働省，2005a）。この2つを総合的に評価し「軽度」「中度」「重度」「最重度」と判定され，療育手帳や福祉支援の基準となります。程度別の判

プラスα

「障害者の権利に関する条約」

国連の「障害者の権利に関する条約」第2条定義において，「『合理的配慮』とは，障害者が他の者との平等を基礎として全ての人権及び基本的自由を享有し，又は行使することを確保するための必要かつ適当な変更及び調整であって，特定の場合において必要とされるものであり，かつ均衡を失した又は過度の負担を課さないものをいう」と定義づけられている。障害者が何かを我慢するのでもなく，また障害者に関わる人や組織が無理をするものでもなく，環境整備や配慮を双方合意のもとで構築し実行することを求めている。

第13章　子どもの健康に関わる問題と発達支援

159

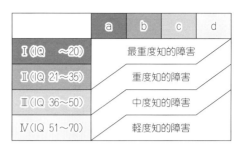

図13-1　程度別判定の導き方
出所：厚生労働省（2005）「平成17年知的障害児（者）基礎調査結果の概要」をもとに筆者作成

定の導き方は図13-1のようになりますが、程度判定では、日常生活能力の程度が優先されるため、たとえばIQがⅣのIQ51〜70であっても日常生活能力がaと判断されると中度知的障害となり、ⅢのIQ36〜50であっても日常生活能力がdと判断されれば軽度知的障害となります。

一方、**医療における知的障害の診断基準**ではIQではなく、福祉的支援を要する状態像であるという認識が含まれた行動指標で判断されています（小川・岡田、2022）。

②知的障害の子どもの姿

知的障害の子どもの遊びや生活では、次のような姿がみられます。

・保育者や他の子どものまねをすることができず、見ているだけ、まねをしても同年齢の子どものようにはできない。
・身支度や食事、排泄などの園生活のルーティンが同年齢の子どもよりも丁寧な援助が必要で定着にも長い期間がかかる。
・対人面でのルールの理解がゆっくりで、相手の嫌がることを繰り返してしまう。
・言葉で伝えることや、言葉で理解することが同年代よりも幼い。

これらの行動は、同年代の幼児からは理解されづらく、変わった子と捉えられたり、年下のように扱われたりして、集団遊びへの加わりづらさになってしまうことがしばしば起きてしまいます。

③支援方法

文部科学省（2023）の「障害のある幼児と共に育つ生活の理解と指導」によると、「幼児の知的障害の状況や生活経験等を踏まえて、できたところを認めたり、ほめたりすることで、当該幼児が主体的に意欲をもって活動に取り組む力を育むことが大切」であると述べられています。個々の幼児のニーズをよく見極め、興味関心に基づきながら、保育者が具体的に行動をともにしてやり方を示したり、言葉だけで指示を出すのではなく実物や絵カード、写真などの手がかりを示して理解の手助けを

プラスα

医療における知的障害の診断基準

現在、ICD-11とDSM-V-TRである。ICD-11 (International Classification of Diseases 11th Revision) とは日本語では国際疾病分類第11回改訂版といい、WHO（世界保健機関）が作成する病気の分類のことである。DSM-V-TR (Diagnostic and Statistical Manual of Mental Disorders, Fifth Edition, Text Revision) とは、アメリカ精神医学会の精神疾患の診断・統計マニュアル第5版改訂版である。保育・教育、福祉においても、各障害の定義はこれらに準拠している。

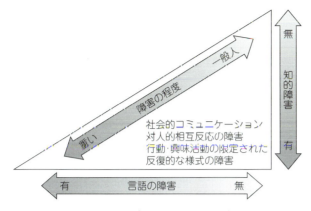

図13-2　自閉スペクトラム症

出所：杉山登志郎・高貝就・涌澤圭介（2014）「なぜスペクトラムか」森則夫・杉山登志郎・岩田泰秀編『臨床家のためのDSM-5虎の巻』日本評論社を参照に筆者加筆作成

行ったり，状態に合わせて子どもの伝えたいことを代弁するなどして，他の子どもとの関係性をつなぐなどの援助を行います。また個別には，遊具やさまざまな素材を用いて遊びながら，手先の器用さを養ったり，言葉の獲得を促すために絵本などを用いて働きかけたり，遊具やなりきり遊びで**粗大運動**の発達を促す援助を行います。療育センターなどと連携し，療育で行われている訓練を日々の遊びのなかに取り入れたりすることも必要です。

3　自閉スペクトラム症（ASD）

①自閉スペクトラム症（ASD）とは

　自閉スペクトラム症（ASD）とは，医療における診断基準では神経発達症群にある障害です。その定義として，①「社会的コミュニケーション及び対人的相互反応における持続的な欠陥」，②「行動，興味，または活動の限定された反復的な様式」（森野・海老島，2021）とまとめています。ここに知的障害が伴う場合，伴わない場合や，**言語の障害**が伴う場合，伴わない場合なども含めて診断されます。加えて年齢とそれに伴う知的発達レベル，社会文化的背景に対して大幅に逸脱していることも，診断の条件となります。

　ここで注目したいのが「スペクトラム」という言葉です。「スペクトラム」とは「連続体」という意味です。この考え方は，発達障害の診断や教育や療育において近年一般的な捉え方となっています。図13-2は自閉スペクトラム症を図式化したものです。障害の様態に対して，明確な線引きをできるものではなく，連続しているという捉え方でここには障害のない人も含まれています。

ことば

粗大運動
歩く，走る，跳ぶ，立つ，座るなどの全身を大きく動かす運動のこと。

プラスα

自閉スペクトラム症（ASD）
英語表記でAutism Spectrum Disorderで，略してASDと表記されることがある。

言語の障害
言語の障害とは構音障害などの器質的なものとは異なり，コミュニケーションでの言葉の使用といった機能的言語での障害の有無のことである。

②自閉スペクトラム症の子どもの姿

　自閉スペクトラム症の子どもは次のような姿がみられます。

・視線が合いにくい，合わない，さける。

・集団行動が苦手。

・人に対して関心が薄く，愛着が薄いように感じられる。

・会話が成り立たず，オウム返し（**エコラリア**）をする。

・**反復行動**（ミニカーを1列に並べ続ける，水道から出る水を手で受け続けるなど）。

・見立て遊び（ままごとやごっこ遊び）ができない。

・行事等で園生活のルーティンが変更されるとパニックを起こす。

　一方で，ずば抜けた能力を持っていて，一度見ただけのものに対しての理解が早かったり，限定的な物事に対して○○博士と呼ばれるほど物知りだったりすることもあります。また，自閉スペクトラム症の人は全般的に「**視覚優位**」の認知特性の人が多く，視覚的な情報の方が理解しやすいという特性があります。

③支援方法

　全般的に言葉でのコミュニケーションが難しいので，**視覚的な情報を媒介**させながらコミュニケーションをはかり，教育的な働きかけを行っていきます。

　幼児期では目的別のコーナーをつくったり，モノの置き場所や何をする場所なのか絵カードで示したりすると同時に，保育者が実際にやって見せる援助を行います。コーナーをつくるスペースがない場合は位置を示すために床にテープで線を引き，場所を示すこともよいでしょう。また，ルーティンの変更でパニックを起こさないように，手順やスケジュールも絵カードで示し，1つずつ確認しながら行えるようにします。言葉での指示をする場合は，短い言葉で指示は1つずつ伝えることを心がけます。

4　注意欠如多動症（ADHD）

①注意欠如多動症（ADHD）とは

　注意欠如多動症（ADHD）とは，医療の診断基準では自閉スペクトラム症と同様に神経発達症群の障害です。

　「不注意」「多動」「衝動性」が2カ所以上の場（例：学校・園と家庭）で目立ち，生活上の困難が顕著かつ継続している状態で，他の精神疾患が認められないことを確認したうえで診断されます（岩坂，2016）。ADHDは日常を過ごす場で不注意や多動，衝動性によって困難が生じ

プラスα

視覚優位

耳で聞く情報よりも図や絵，写真，文字で情報を得る方が理解したり記憶したりすることが得意な認知特性のことをいう。反対に「聴覚優位」は音声からの情報の方が記憶や理解しやすい。障害の有無にかかわらず，誰しもがどちらかの傾向があるが，特性に極端に優劣があると，社会生活に影響が及び，ASDなどの発達障害という診断になる。

視覚的な情報を媒介

現在の日本の教育・保育現場での自閉スペクトラム症児の療育では，TEACCHプログラム（佐々木，1993）に倣った方法が多く取られている。明確に診断されている子どもがいないとしても，その疑いのある子や知的な遅れが疑われる子どもたちにとって，園生活を手助けする方法として有効な方法である。

注意欠如多動症（ADHD）

英語表記でAttention Deficit/Hyperactivity Disorderで，略してADHDと表記される。

162

るので，「生活の障害」ともいわれます。

② ADHD の子どもの姿

　ADHD の不注意は幼児期では目立ちにくいといわれています。多動についても，他の子どもも活動性の高い時期ですから，こちらも目立つことはありません。しかし，養育者と手をつないで歩くことが難しく手を振りはどいて走り出して迷子になったり，順番を待てずに遊びたいモノを他児から奪ってしまったりするような突飛な行動がみられます。園からはトラブルの報告が相次ぎ，家庭ではいつも追いかけ回している生活で養育者は育てにくさを感じているのですが，少しわんぱくな子どもであると思って頑張っているという場合もあります。また，多動と衝動性で動き回るときに不注意でつまずいたりモノにぶつかったりして，擦り傷や打ち身のアザが絶えなかったりよくモノを壊したということも，診断されたのちにエピソードとして出てくることもあります。

　小学校以降になると，忘れ物や失くし物，ケアレスミス，立ち歩きや貧乏ゆすり，ルールの逸脱，感情的になりやすいゆえに対人トラブルがしばしばみられます。中高生以降になると，ルールの逸脱から非行集団への接近のリスクや，ネットやゲームなどの行為依存のリスクも高いということが指摘されています。

③支援方法

　幼児期で ADHD が診断されることはほとんどありませんが，前述したような行動がみられた場合には，就学に向けて注意深く行動観察し，記録しておきましょう。また，他の子どもとトラブルになった場合や，突飛な行動が危険を伴う場合に，とっさに「だめ！」と否定的な言葉をかけてしまいがちになりますが，否定的な言葉がけは混乱を引き起こします。その場面で望ましい行動を具体的に伝えます。たとえば，走ってはいけないことになっている場所を走っているときには，「歩きましょう」や「ここは歩くところですよ」と声をかけましょう。また，保育室での活動に落ち着いて参加できない場合は，保育室の掲示物や保育者からの距離などの調整で落ち着いて参加できるようになる可能性があります。

　また，養育者が育てにくさを感じていることが考えられる場合，トラブルを伝えるばかりにならないように，ねぎらいの言葉をかけ，少しの工夫で子どもが適切な行動ができたことを具体的に伝えましょう。

第13章　子どもの健康に関わる問題と発達支援

5　その他の乳幼児期からみられる障害

①学童期で明らかになる障害

　ここまで取り上げた障害のほかに，小学校以降の教科学習の読み・書き・計算で目立ち始める**限局性学習症（LD）**や，学習全般での不振から気づかれる**境界知能**，物差しやコンパスなどを用いた学習で，極端に操作が不器用であることから気づかれる**発達性協調運動症（DCD）**などもあります。モノの扱い方の不器用さや一般的な発達と比べて上達が遅いなど，幼児期からの行動特徴がのちの支援の情報となる場合もあります。

②身体障害（肢体不自由・聴覚障害・視覚障害）

　インクルーシブ保育・教育が一般的となり，身体障害（**肢体不自由，聴覚障害，視覚障害**など）のある子どもが一般的な保育の場でともに過ごすことも多くなってきています。

　肢体不自由とは，四肢や体幹の正常な機能が損なわれ，歩行などの運動そのものや筋肉の動きを調整することに日常的に不自由や困難のあることをいいます。多くは車いすや補助具の使用，義肢を装着している場合もあります。

　聴覚障害とは，音を聴き伝える経路の何らかの障害によって，話し言葉や周囲の音が聴こえない，または聴こえにくい状態の障害のことです。補聴器のほかに近年では人工内耳を装着している子どももいます。聴こえの程度はさまざまですが，音声によるコミュニケーションが困難ですから，言葉の理解や認知面の発達が滞りやすくなります。言葉の理解や認知発達を促すためには，その子どもが家族などの**身近な人と使っているコミュニケーション方法**を，子どもの通っている療育センターや医療機関と連携して積極的に取り入れていくことが必要です。

　視覚障害とは，視力や視野，眼球運動などの視機能に障害があり，眼鏡などで視力を矯正しても十分に視力を得られない状態のことです。全く見えない状態を「盲」，かなり見えにくい状態を「ロービジョン」といいます。視覚的な情報から社会的な行動を生活のなかでまねたり，覚えたりする機会が乏しくなるので，詳細にモノや状況を言語化したり，実物に触れるなどをとおして，意識的に置かれている環境を学習できるように働きかけていくことが大切です。

　身体障害のある子どもと他の子どもが積極的に関わることは望ましいことですが，関わり方によっては双方の子どもに危険が及ぶ場合があります。見たことのない機器や補助具，自分たちとは違う見た目に，周りの子どもが必要以上に警戒したり，逆に興味をもって近づきすぎてしまったりする場合が考えられますので，双方の子どもの発達段階に合わ

ことば

境界知能
おおむねIQ70〜84くらいまでの状態で知的障害とは診断されないものの，学習や社会生活において一定の支援を必要とする状態。気づかれにくく，怠けている，努力が足りないなど誤解されやすいが，理解ができないために行動につながらない，頑張っても達成できないことが多い。

ことば

身近な人と使っているコミュニケーション方法
意思疎通をはかるために，話し言葉以外に手話言語や絵カードや動作などを用いる方法などを表す。

せ，理解できる言葉での関わり方や，理解し合える関係性を調整していくことが保育者には求められます。また，現在，聴覚障害や視覚障害はさまざまな技術によって**情報保障**（文字を読み書きしたり，音声情報を得たりすること）が可能になっています。最新の技術を活用しながら，周囲の子どもたちとともに多様な環境や経験に結びつけていくことを，身体障害のある子どもの養育者や訓練を行っている療育施設と連携して行うことが大切です。

演習問題

① 「気になる」子どもの保護者に子どもの様子を伝える際，どのようなことに気をつければよいのか考えてみましょう。

② クラスの子どもの発達相談に同行する場合，できるだけ具体的に園での子どもの様子を伝えるためにできる工夫について考えてみましょう。

【引用・参考文献】

岩坂英巳（2016）「教職員用パンフレット ADHDのある子どもの担任の先生へ」齊藤万比古編『注意欠如・多動症— ADHD —の診断・治療ガイドライン 第4版』じほう，407-420頁

木野仁美（2017）「小学校でのスクールカウンセリングにおける『気になる子ども』への発達支援――学童期の支援を幼児期からの連続性で考える」『大阪千代田短期大学紀要』47，79-88頁

国立成育医療研究センター（2018）「乳幼児健康診査事業実践ガイド」
https://www.ncchd.go.jp/center/activity/kokoro_jigyo/guide.pdf（2024年1月30日閲覧）

厚生労働省（2005a）「知的障害児（者）基礎調査――調査結果（平成17年）用語の解説」
https://www.mhlw.go.jp/toukei/list/101-1c.html（2024年1月30日閲覧）

厚生労働省（2005b）「平成17年知的障害児（者）基礎調査結果の概要」

文部科学省（2012）「共生社会の形成に向けたインクルーシブ教育システム構築のための特別支援教育の推進」
https://www.mext.go.jp/b_menu/shingi/chukyo/chukyo3/siryo/attach/1325887.htm（2024年1月30日閲覧）

文部科学省（2017）「幼稚園教育要領」

文部科学省（2023）「障害のある幼児と共に育つ生活の理解と指導」
https://www.mext.go.jp/a_menu/shotou/youchien/1341233_00002.htm（2024年1月30日閲覧）

森野百合子・海老島健（2021）「ICD-11における神経発達症群の診断について――ICD-10との相違点から考える」『精神神経学雑誌』123，214-220頁

日本学生支援機構（2018）「合理的配慮ハンドブック――障害のある学生を支援する教職員のために」

ことば

情報保障
手話や文字などを利用して周囲の音情報を聴こえない人に伝えたり，逆に手話や文字などを利用して発せられたことを音声に変えるなどして，その場にいるすべての人々の「場」への対等な参加を保障する取り組みのこと（日本学生支援機構，2018）。

https://www.jasso.go.jp/gakusei/tokubetsu_shien/shogai_infomation/hand-book/__icsFiles/afieldfile/2021/04/01/h29_handbook_main.pdf（2024 年 1 月30日閲覧）

小川しおり・岡田俊（2022）「ICD-11における神経発達症群の診断について——知的発達症，発達性発話又は言語症群，発達性学習症など」『精神神経学雑誌』124，732-738頁

佐々木正美（1993）『講座自閉症療育ハンドブック—— TEACCH プログラムに学ぶ』学研

茂野仁美・菅千索（2007）「幼児教育における音楽活動からの『気になる』子どもの行動アセスメント——音楽療法的視点からのアセスメントの試み」『和歌山大学教育学部教育実践総合センター紀要』17，39-48頁

新版Ｋ式発達検査研究会（2020）『新版Ｋ式発達検査2020解説書（理論と解釈)』京都国際社会福祉センター

杉山登志郎・高貝就・涌澤圭介（2014）「なぜスペクトラムか」森則夫・杉山登志郎・岩田泰秀編『臨床家のための DSM‒ 5 虎の巻』日本評論社，39-40頁

田中教育研究所編（2003）『田中ビネー知能検査Ⅴ（実施マニュアル，理論マニュアル)』田研出版

特別な配慮を要する家庭

学習のポイント
- 日本語を母語としない子どもとその家庭について理解しましょう。
- 医療的ケア児とその家族について理解しましょう。
- 精神的な問題や障害を抱える保護者について理解しましょう。

第1節 日本語を母語としない子どもの家庭支援

1 日本で過ごす日本語を母語としない子どもの現状

出入国在留管理庁の発表によると、日本で暮らす**在留外国人**は2023年6月末で322万3858人（前年末比14万8645人、4.8％増加）となり、過去最高を更新しています。国籍別での上位10カ国は、①中国、②ベトナム、③韓国、④フィリピン、⑤ブラジル、⑥ネパール、⑦インドネシア、⑧ミャンマー、⑨アメリカ、⑩台湾となっています。また、都道府県別で在留外国人数が多い順は、表14-1のとおりです。いずれも前年末より増加しています。

表14-1　都道府県別での上位5カ所

1	東京都	627,183人（+31,035人）
2	愛知県	297,248人（+10,644人）
3	大阪府	285,272人（+12,823人）
4	神奈川県	256,738人（+10,948人）
5	埼玉県	221,835人（+ 9,211人）

出所：出入国在留管理庁（2023）「2023年10月13日発表資料」

2019年に新たな在留資格が創設されたことで、永住・長期滞在が可能な資格を有した外国人が、日本で結婚し、妊娠・出産、子育ての機会を得て、日本国内で長く生活していくことにつながっています。このような背景により在留外国人の子どもも増加しています。ただし、統計には外国籍で登録されている子どもしか数値には反映されていません。国内

ことば

在留外国人
法務省で使われている「在留外国人」とは、「中長期在留者」と「特別永住者」のことであり、観光客などの3カ月以内の短期滞在者を除く外国人を指す。

プラスα

日本語教育推進法
2019年6月21日に参院本会議で可決され、成立した。多様な文化を尊重した活力ある共生社会の実現・諸外国との交流の促進並びに友好関係の維持発展に寄与することを目的とする。この法律において「外国人など」とは、日本語に通じない外国人及び日本の国籍を有する者をいう。この法律において「日本語教育」とは、外国人などが日本語を習得するために行われる教育その他の活動（外国人などに対して行われる日本語の普及を図るための活動を含む）をいう（文化庁による法律の概要、条文より）。

ことば

乳児院

乳児院は，保護者の養育を受けられない乳幼児を養育する施設である。乳幼児の基本的な養育機能に加え，被虐待児・病児・障害児などに対応できる専門的養育機能をもつ。

児童養護施設

保護者のない児童や保護者に監護させることが適当でない児童に対し，安定した生活環境を整えるとともに，生活指導，学習指導，家庭環境の調整等を行いつつ養育を行い，児童の心身の健やかな成長とその自立を支援する機能をもつ。

児童心理治療施設

心理的・精神的問題を抱え日常生活の多岐にわたり支障をきたしている子どもたちに，医療的な観点から生活支援を基盤とした心理治療を行う。施設内の分級など学校教育との緊密な連携を図りながら総合的な治療・支援を行う。またあわせて，その子どもの家族への支援を行う。比較的短期間（平均在所期間2.2年）で治療し，家庭復帰や里親・児童養護施設での養育につなぐ役割をもつ。

児童自立支援施設

子どもの行動上の問題，特に非行問題を中心に対応する児童自立支援施設は，1997年の児童福祉法改正により，「教護院」から名称を変更し，「家庭環境その他の環境上の理由により生活指導等を要する児童」も対象に加えた。通所，家庭環境の調整，地域支援，アフターケアなどの機能充実を図りつつ，非行ケースへの対応はもとより，他の施設では対応が難しくなったケースの受け皿としての役割を果たしている。

には，帰化した日本国籍の乳幼児の存在があります。どちらか一方の親が日本人であり日本で出産した場合，最初から日本国籍で登録されている乳児の存在もあります。つまり，日本国籍であっても家庭内で使われている言語は日本語ではないため，日本語が全くわからない状態で就学前施設に入園する子どもがいるということです。それゆえ，在留外国人の子どもの呼称は，「外国につながる子ども」「外国にルーツのある子ども」「移動する子ども」「日本語を母語としない子ども」などさまざまな表現がなされており，現時点では統一されていません。本章では，国籍にかかわらず，生まれ育った環境（主に家庭）のなかで自然に習得する第一言語としての母語が日本語ではない子どもを「日本語を母語としない子ども」と表現します。

さて，文部科学省（2022）による外国人児童生徒教育の現状報告によると，公立学校における日本語指導が必要な児童生徒（日本国籍含む）は，12年間で1.75倍増です。しかも，こうした児童生徒のうち2割以上が，日本語指導などの特別な指導を受けることができていないことも報告されています。さらに，2019年度から実施されている2021年度の「外国人の子供の就学状況など調査結果について」では，転出や出国を含む約1万3000人の外国人の子どもが就学していないか，修学状況が確認できていない状況にあることが明らかになっています（文部科学省，2022）。

また，厚生労働省（2021a）がみずほ情報総研に委託して行った全国の社会的養護関係施設（乳児院，児童養護施設，児童心理治療施設，児童自立支援施設，自立援助ホーム，母子生活支援施設），および里親を対象とした調査において，日本語を母語としない子どもやその保護者の抱える困難は，コミュニケーション上の課題のみならず複合的です。学習面の遅れやアイデンティティ形成に伴う孤立感に加え，施設に入所している子どもたちは，母親のDV被害を目撃する，もしくは直接虐待を受け施設入所に至っているという，家族の問題を抱えている場合が少なくないことも報告されています。ここでの保護者とは，多くの場合母親を指しており，経済的困窮を基盤とした社会的孤立や在留資格の制度に基づく生活上の制約などによる不安を絶えず抱えています。

いずれにしても，多くの子どもは同じ特徴の子ども同士で集まる傾向があることから，異文化環境に置かれた子どもは，自分が特定集団に所属しているという帰属意識をもとに，その集団の人々のアイデンティティを無理に選んだり，選んだグループに同化を試みたりします（長谷川，2013）。これは，日本語を母語としない子どもの育ちにおいて大きな課題のひとつであるといえます。

2　保育の場における日本語を母語としない子ども

　厚生労働省の委託により三菱UFJリサーチ＆コンサルティング（2020）が行った，全国の市区町村の保育主管課を対象とした調査報告では，回答団体（1047団体）のうち約7割の保育所などに日本語を母語としない子どもが在籍しています。ここで挙げられている主な課題は，「言語的な障壁から保護者などとのコミュニケーションが難しい」ことであり，「子どもの気になる行動が言語的な障壁によるものなのか，または発達的な課題によるものなのか判断することが難しい」ことです。ただ，山本（2007）の研究では，保育者は入園から1年以内に子どもは日本語を完全に理解できるようになったと認識しており，言葉の習得の問題は比較的早期に解決すると捉えられています。しかし，小・中学校に進学すると，日本語を完全に理解しているどころか日本語能力が不足していると捉えられています。この認識の違いを事例14-1から読み取ってみましょう。

【事例14-1　小学校に入学して半年たったB君の様子】

　算数の足し算，引き算は世界共通していると思うのですが，B君は全然できません。B君は読んで理解することができません。園からの申し送りがなく，書類には一言も問題があるようなことは書いてありませんでしたので，ノーマークでした。足し算引き算が全くできないのに，どういうことでしょうか。園では何をしていたんですか。

　※小学校に入学した日本語を母語としないB君のことで，B君の担任の先生から少し怒り気味で上記の内容の電話が園に入り，園長先生は困っていました。

（出所：筆者の聞き取り調査より）

　B君は，年少児クラスに入園したときは全く日本語がわからない子どもでした。しかし，3年間園で過ごすうちに日本語でのやり取りは不自由することなく，日本の子どもたちと違和感なく遊べるようになっていました。もちろん，気になる点がゼロではありませんでしたが，小学校の先生に申し送りするほどの内容ではないとの判断でした。ところが，小学校では学習についていけない問題児となっていたようです。算数も公式に当てはめて計算するには，文章題を理解する能力が必要です。つまり，このような齟齬が生じる要因には就学前施設で求められる日本語能力と，小・中学校での学習で求められる日本語能力の種類が異なることが挙げられます。

　カミンズ（2011）は，言語能力を会話の流暢度（Conversational fluency），弁別的言語能力（Discrete language skills），学習言語能力（Academic language proficiency）の3つの側面に区別しています。保育者が捉える日本

✤ことば

自立援助ホーム

自立援助ホーム（児童自立生活援助事業）は，義務教育を終了した満20歳未満の児童等や，大学等に在学中で満22歳になる年度の末日までにある者（満20歳に達する日の前日に自立援助ホームに入居していた者に限る）であって，児童養護施設等を退所した者又はその他の都道府県知事が必要と認めた者に対し，これらの者が共同生活を営む住居（自立援助ホーム）において，相談その他の日常生活上の援助，生活指導，就業の支援等を行う事業である。

母子生活支援施設

従来は，生活に困窮する母子家庭に住む場所を提供する施設であり，「母子寮」の名称であったが，1997年の児童福祉法改正で施設の目的に「入所者の自立の促進のためにその生活を支援すること」を追加し，名称も変更された。近年では，DV被害者（入所理由が配偶者からの暴力）が入所者の50.7％を占めている。また，精神障害や知的障害のある母や，発達障害など障害のある子どもも増加している（こども家庭庁HP参照 https://www.cfa.go.jp/policies/shakaiteki-yougo/shisetsu-gaiyou/ 2024年1月14日閲覧）。

第14章　特別な配慮を要する家庭

語能力はこの流暢度の側面であるため，言葉の理解があいまいなままでも周囲を見ながら行動したり，相槌を打ったりしながらそれなりに保育に参加できていることから，一見問題なく過ごしているようにみえるのでしょう（鬼頭・松山，2022）。**学習言語**は，日常会話で使うことが稀な頻度数の低い語彙や抽象的な表現などを必要とするため，母語話者レベルの能力に追いつくためには少なくとも5年は要し，学習言語能力獲得には母語が必要不可欠（中島，2017）といわれています。

　また，就学前施設の言語環境においても母語の重要性が明らかになっています（鬼頭，2023）。日本語を母語としない子どもは，多数派である日本語を母語とする子どもたちのまなざしを敏感に感じ取るため，少数派となる母語を使用する自分が受け入れられていることを実感できる環境が大切です。もともと日本語が母語ではない子どもの母語は，通じないから使う必要がないのではありません。母語はその子どもにとって心の拠り所であり，人格の一部であることを事例14-2から読み取ってみましょう。

【事例14-2　4歳児クラスに入園したポルトガル語を母語とするR】

　Rは，母語でのやり取りができず思いを伝える手段がないことから，家に帰りたくて園庭で自由遊びの時間に塀をよじ登って，脱出を試みて園長先生に叱られます。散歩に行った際は，自宅の方向だったので園に戻ることを拒み，その場から頑として動かないため，他の保育者が駆けつけ，抱きかかえて園に連れ帰るできごともありました。Rは，どうにもならない環境に置かれ，パニック状態を起こさなくなるまでに3カ月ほどかかりました。この間，Rは誰ともコミュニケーションを取ろうとはしませんでした。そんなRに対して担任の先生は，少しでもRの気持ちがほぐれればと思い，ポルトガル語の単語を少し覚えて声かけしたり，Rが葉っぱをもっていると「葉っぱは何ていうのかな」などとRに問いかけたりするようにしました。これにより，Rが自ら先生に母語を発信するようになっていき，このやり取りに興味を示す子どもが加わり，次第にRの母語に興味を持つ子どもが増えていきました。「R，椅子は何て言うの？」と聞き，Rがポルトガル語で答えるとみんなが真似て言ってみる，というやり取りが増えていき，まるでポルトガル語講座のような遊びが展開されていきました。発音が難しい単語もありますが，うまく言えても言えなくても，みんなで笑い合い，Rは自分の母語をアピールできることがとても嬉しそうで，誇らし気でありました。

（出所：鬼頭弥生（2023）「日本語を母語としない子どもがその子らしさを発揮していくプロセス」より抜粋）

　Rは，同母語を使う子どもが園では日本語しか使わない姿を見て，園では日本語しか使ってはダメだと思い込みます。しかし，自ら積極的に母語をアピールしていったことで周囲のRに対する見方が変わりました。

自分の母語を教える立場にもなれる言語環境になったことで，Rはようやくお客様状態からクラスの一員になれたと実感できたのではないでしょうか。日本語を母語としない子どもが園でも自ら母語を使いたいと思える環境づくりが大切です（鬼頭, 2023）。

3　日本語を母語としない子どもが置かれている家庭環境

　乳幼児期に日本に移動してきた子どもの言語は，母語が定着する以前に日本語を主流とする園で過ごす場合，日本語におされて母語が形成されにくいことも課題のひとつとなっています。これは，家庭でのコミュニケーションにも影響します。つまり，母語を使ったり聞いたりする機会が少ない子どもは，日本語が**生活言語**となっていき，日本語を使いこなすことが困難な保護者と意思疎通を図るツールを失うことになりかねないことを意味しています。このようなことからも，その子どもが母語を消失することのないよう，母語を維持・習得できる環境が大切となります。ゆえに，保育者は，保護者に母語の重要性を伝えるとともに，保護者が使いやすい言語で子育てできるように働きかけていくことが保護者支援でもあります。

　一方で，保護者よりも日本語習得が早い子どもは，次のような課題も挙がっています。日本語の理解が不十分な家族のために通訳を担い，家族の病院の付き添いなどを優先せざるを得ず，学校を休んだり友達と遊ぶ時間も削られたりする，という状況に置かれている場合が少なくありません。このような環境下に置かれている子どもを**ヤングケアラー**といいます。こども家庭庁はヤングケアラーについて10の例を示しており，そのうちのひとつに，「日本語が第一言語でない家族や障害のある家族のために通訳をしている」（こども家庭庁, 2023）子どもが挙げられています。

　日本ケアラー連盟（2021）主催の神奈川シンポジウムでは，パキスタンとペルーにルーツをもつ2人の大学生の報告がなされ，日本語がわからず病院や制度などの理解が困難な親や祖父母の通訳をせざるを得ない現状から，外部との連絡，書類の確認記入などで，ケアの頻度が長期にわたるため，言語的ケアを必要とする市民・ケアラーへのサポートの必要性を提言しています。実際に，園でも日本語が理解できるようになった小学生の兄や姉を通訳代わりにして，保護者が下の子のお迎えに連れてくる場面が見られます。

✿ことば

学習言語と生活言語
「学習言語」とは，日常会話ではほとんど聞くことのできない低頻度の語彙，複雑な構文や抽象的な表現を理解し産出する能力であり，教科学習に必要な言語能力を指す。「生活言語」とは，日常生活に必要な語彙やコミュニケーションのための表現を理解し産出する能力であり，日常生活に必要な言語能力を指す（文部科学省初等中等教育局国際教育課（2014）「外国人児童生徒のためのJSL対話型アセスメント 理論編」）。

ヤングケアラー
本来大人が担うと想定されている家事や家族の世話などを日常的に行っている子どものこと。責任や負担の重さにより，学業や友人関係などに影響が出てしまうことがある（こども家庭庁, 2023）。

プラスα

一般社団法人日本ケアラー連盟
ケアラー（家族など無償の介護者），ケアラーを気遣う人，ケアラーの抱える問題を社会的に解決しようという志をもつ人が集い，すべての世代のケアラーが，ケアにより心身の健康をそこねたり，学業や仕事に制約を受けたり，貧困や社会的孤立に追い込まれることなく，個人の尊厳が守られ，安定した生活を送り，将来への希望をもてるよう，その人生を地域や社会全体で支える仕組みづくりを目指している（一般社団法人日本ケアラー連盟HPより）。

第14章 特別な配慮を要する家庭

【事例14-3　保育園での日本語を母語としない子どものお迎え場面】
　日本語の理解が不十分なＡちゃんの母親は，小学３年生のお兄ちゃんを連れてお迎えに来る日がほとんどです。お兄ちゃんが一緒のときは，日本語を通訳してもらえるので保育者も助かっています。お兄ちゃんが一緒でない日は，母親に伝えることが難しいため，ついつい保育者はお兄ちゃんを当てにしてしまいます。ある日，保育者は「いつも妹のお迎えに来ていて，兄弟仲がいいね」と，声をかけました。すると，「だって，お母さんがついて来てって言うんだもん。でも友達と少ししか遊べなくなっちゃうんだよね」という答えが返ってきました。
（出所：筆者の観察記録より）

　また，先述の厚生労働省（2021b）の調査では，保護者が自国ではしつけの範囲で捉えられることが日本では虐待と捉えられるといった文化的差異の問題や，「子どもは親を敬うもの，家族は皆一緒」といった家族観による子どもへの強い依存を生むといった問題も挙がっています。子どもが通訳を担わねばならない状況は社会の仕組みに問題があるのですが，保育者は子どもが子どもらしくあるためには何ができるだろうか，日本語を母語としない子どもの置かれている状況にはどのような背景があるのかを多角的な視点から想像する必要があります。保育者は，この想像力を張り巡らし，その子どもの思いを引き出し，どうしたらその子どもの負担を軽減することができるのかをともに考えていくことが求められます。

第2節　医療的ケア児のいる家庭支援

1　医療的ケア児とは

　医療的ケア児とは，医療的ケア児及びその家族に対する支援に関する法律において，日常生活及び社会生活を営むために恒常的に医療的ケア（人工呼吸器による呼吸管理，喀痰吸引その他の医療行為）を受けることが不可欠である児童（18歳以上の高校生などを含む）と定義されています。保育所や認定こども園の設置者には看護師など又は喀痰吸引などが可能な保育士の配置，学校（学校教育法第1条に規定されている学校）などの設置者には看護師などの配置が責務として課せられます。そして，医療的ケア児の日常生活および社会生活を社会全体で支援することを核とし，医療的ケア児が医療的ケア児でない児童などとともに教育を受けられるように最大限に配慮しつつ適切に行われる教育に係る支援などが求められています。

ことば

医療的ケア児及びその家族に対する支援に関する法律
施行期日は2021年9月18日。立法の目的は，医療的ケア児の健やかな成長を図るとともに，その家族の離職の防止に資することと，安心して子どもを生み，育てることができる社会の実現に寄与することである。この法律の第2条で「医療的ケア」とは，人工呼吸器による呼吸管理，喀痰吸引その他の医療行為をいう，と定義されている。

図14-1　在宅の医療的ケア児の推計値（0〜19歳）
出所：厚生労働省（2022）「医療的ケア児支援センター等の状況について」（厚生労働省障害児・発達障害者支援室で作成）

しかしながら，医療的ケア児支援センターやその機能の一部を担いうる専門人材の配置などに係る自治体の取り組みでの事例集（厚生労働省, 2021b）には，「医療では当たり前のことを学校や保育園では当たり前でないことを理解してこどものことを伝えてほしい」「看護師は医師の施設や学校で働く中不安いっぱいで働いていること，医師はわかってくれているのか」という声が挙げられており，病院と保育園や学校との連携の難しさがうかがえます。なお，全国の医療的ケア児（在宅）は図14-1で示すように増加傾向にあり，2021年には2万人〈推計〉です。

2　保護者への支援

医療的ケアを不可欠とする子どもの保護者は，その子どもに対する子育ての見通しがもてない，その子どものきょうだいと関わる時間がもてない，仕事と子育てをどうしたら両立できるのか，いずれ学校生活を送ることができるようにするにはどうしたらよいのかなど，さまざまな悩みを抱えています。

そこで，医療的ケア児やその家族のさまざまな相談を担うべく，都道府県には**医療的ケア児支援センター**が配置されています。図14-2は，医療的ケア児支援センターの設置による医療的ケア児やその家族への支援のイメージを描いています。また，医療的ケア児等とその家族に対する支援施策のひとつに，**医療的ケア児等コーディネーター**の存在があります。厚生労働省による「**医療的ケア児等コーディネーター養成研修実施の手引き**」において，医療的ケア児等コーディネーターには，「医療的ケア児等に対する専門的な知識と経験に基づいて，支援に関わる関係機関との連携（多職種連携）を図り，とりわけ本人の健康を維持しつつ，生活の場に多職種が包括的に関わり続けることのできる生活支援システム構築のためのキーパーソンとしての役割が求められています」と明記されています。

プラスα

医療的ケア児等コーディネーター養成研修実施の手引き

手引きには「医療的ケア児等コーディネーター」に求められる資質・役割として以下のことが挙げられている。

・医療的ケア児等に関する専門的な知識と経験の蓄積
・多職種連携を実現するための水平関係（パートナーシップ）の構築力
・本人中心支援と自立支援を継続していくための家族との信頼関係づくり
・医療的ケア児等の相談支援業務（基本相談，計画相談，ソーシャルワーク）
・本人のサービス等利用計画（障害児支援利用計画）を作成する相談支援専門員のバックアップ
・地域に必要な資源等の改善，開発に向けての実践力

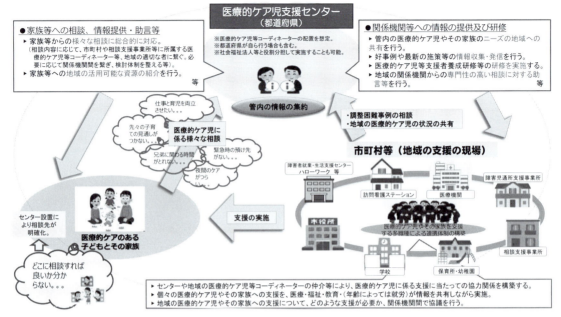

図14-2　医療的ケア児支援センターの設置による医療的ケア児やその家族への支援（イメージ）

出所：厚生労働省（2022）「医療的ケア児支援センター等の状況について」

3　きょうだいへの支援

　医療的ケア児の増加に伴い，そのきょうだいの存在の増加も推察されます。家族に医療的ケア児がいる場合，保護者はケアや付き添いなどに日々の生活の多くを占めることになります。これにより，医療的ケアを必要とする子ども中心の生活になり，きょうだいは保護者と関わる時間に制限が出たり，自分は後回しにされていると感じたりするなど，保護者だけではなく，きょうだいにとっても心理的負担を強いられることが推察されます。

　具体的には，浅井ら（2021）の医療的ケア児をきょうだいにもつ思いに関する研究報告で，医療的ケアを必要とする子どもの存在により，子どもらしい甘えやわがままといった行動を母親に対しての欲求と気遣いから我慢していた，ということが挙げられています。また，新井（2021）の文献検討では，親子のアタッチメント関係形成において，きょうだいと親の時間づくりが課題として挙げられています。それゆえ，きょうだいが自分の思いを素直に出せる環境をどのようにつくっていくとよいのか，支援者はともに考え，家族まるごとを視野に入れて取り組むことが求められます。きょうだいと医療的ケアを必要とする子どもと

の関係，きょうだい自身の自己肯定感を含む育ちの保障も同時に行って
いく必要があります。

第3節 精神的な問題や障害を抱える保護者への家庭支援

1 聞こえに困難を抱える家庭への支援

　聞こえに困難を抱える保護者のもとで育つ，聞こえる子どもたちは，
「コーダ（CODA）」と呼ばれています。コーダと呼ばれる子どもは，「"ろ
う者の文化"と"聞こえる人の文化"を行き来しながら成長」（NHKハー
トネット，2024）することになります。これは，聞こえない世界の感覚と
聞こえる世界の感覚が違うということを体験的に知り，聞こえに困難を
抱える人（以下，ろう者）の文化と聞こえる人（以下，聴者）の文化の両方
を意識して生活している（澁谷，2001）ということです。

　ろう者である保護者に育てられる聞こえる子ども（コーダ）は，当然
聞こえない保護者の影響を受けて育ちます。つまり，音声言語が第一言
語ではなく，手話を第一言語として育つ子どもがいるということです。
また，すべてのコーダが手話を正式に習っているわけではないため，聞
こえる者同士の会話と同じように，感情など複雑な思いを伝え合うほど
の手話を使いこなせるとは限りません。澁谷（2001）は，コーダの自叙
伝とエッセイの分析をとおして，「コーダは身体的には聞こえるが，文
化的には聴覚障害者と関連している」ことを取り上げ，ろう者である両
親とその周りにいる多数の聴者を仲介するコーダは，移民の二世と多く
の共通点があると述べています。たとえば，日本人の保護者なら日本語
が母語になりますが，日本語と手話は全く異なる言語であり，コーダは
保護者の通訳を担うとき，手話を日本語に翻訳する作業を行っていると
いいます。ゆえに，手話に慣れたコーダにとって，日本語で表現（音声
言語で表現）することは容易ではありません。したがって，音声言語で
表現することが苦手なコーダ，手話ですべてを表現するのが苦手なコー
ダ，そのどちらも使いこなせないコーダなど，さまざまなコーダがいま
す。それゆえ，保育の場では，日本語を母語としない子どもと同様に，
コーダの言語能力に注視し，言語獲得の支援を行うことも求められます。

　さらに，コーダは親の通訳を担うことを周囲の人々から期待されて育
つことになるので，コーダはろう者の文化と聴者の文化の狭間で大きな
心理的負担を抱えながら生きていることを，多数派の聴者が理解するよ
う努める必要があります。コーダが幼少期から保護者に付き添い，病院

ことば

コーダ（CODA）
コーダとは「Children of
Deaf Adults」の略。耳が
聞こえない，または聞こえに
くい親の子どもを指す。コー
ダと呼ばれる子どもたち自身
は聴覚の障害はなく，耳が聞
こえる。

第14章

特別な配慮を要する家庭

175

や役所や銀行などでろう者と聴者との通訳の役目を担わされるのは、日本語を母語としない子どもが保護者の通訳を担うのと同様で、ヤングケアラーにもあたるといえます。

　もちろん、ろう者である保護者もコーダを育てる困難さを抱えています。たとえば、ハートネット（NHKハートネット、2024）では子どもが1歳、2歳へと成長するにしたがって、次々に新しいことに興味をもち、指差しして発する姿をみても、保護者には全く聞こえず、子どもが遠ざかっていくように感じ、どう関わればよいのか悩みを抱えていたというエピソードが紹介されています。ここでは、保護者が保育園にコーダについてのパンフレットを渡し、相談したことで保育者たちは初めてろう者の子育てに関する困りごとを知り、親子が話すきっかけづくりなど、ろう者である保護者に適した支援に取り組んでいます。

　しかし、皆が自分から勇気を出して困っていることを発信できる保護者とは限りません。経験がないから知らなかった、わからないでは、子どもたちの育ちは保障されません。社会全体でろう者の文化を理解しようとする姿勢が大切です。ろう者と聴者の2つの文化の狭間で生きづらさを感じている子どもが健やかに成長できるよう、聞こえに困難を抱える家庭への支援を社会全体で行っていくことが求められています。

　社会全体の取り組みとしては、行政に申請して手話通訳者を派遣してもらう制度や、ろう者と聴者をつなぐ「電話リレーサービス」があります（図14-3）。

ことば

電話リレーサービス
聴覚や発話に困難のある人（以下、きこえない人）と、きこえる人（聴覚障害者など以外の人）との会話を通訳オペレータが「手話」または「文字」と「音声」を通訳することにより、電話で即時双方向につながることができるサービス。24時間・365日、双方向での利用、緊急通報機関への連絡も可能となる（一般財団法人日本財団電話リレーサービスHP https://www.nftrs.or.jp/about 2024年1月14日閲覧）。

図14-3　電話リレーサービスの通話の仕組み
画像提供：一般財団法人日本財団電話リレーサービスHP

2　加害者になった保護者の子どもへの支援

　2018年1月，愛知県豊田市内の自宅マンションで，生後11カ月の次男が泣き止まないことに腹を立て，畳に投げ落とし死なせたとして，三つ子の母親が傷害致死罪に問われた事件がありました。この事件の背景には，多胎育児家庭の過酷な育児環境があります。

【事件の背景】

　母は三つ子に対して毎日24回以上ミルクをあげており，1日1時間も眠れない日が続いた。そうした母を継続的に支えることができる人は，周囲にはいなかった。夫はおむつ替えに失敗したり，子どもをうまくあやせなかったりしたため，次第に頼ることができなくなったという。実家の両親も祖父母の介護に追われ，子の育児支援にまで手が回らなかった。（…中略…）保健師は一時的に子どもを預かる「ファミリー・サポート・センター」を紹介。しかし母は登録こそしたものの，実際の利用には至らなかった。一家はエレベーターのないアパートの4階の部屋に住んでおり，3人の子どもを抱えて階段を下り，事前の面談に行くことはなかった。結局育児の悩みは解消されず，母は次第に孤立していった。

（出所：東洋経済オンライン「三つ子次男の『虐待死』に映る多胎児家庭の辛労」2019年9月19日より抜粋）

　多胎は低体重で生まれる子どもが多く，母乳を吸う力が弱いため授乳時間が長くなり，一人の子育てと比較すると母親の睡眠時間が大幅に削られる傾向にあります。そのため，双子や三つ子などを育てる多胎家庭の支援団体が，傷害致死罪（懲役3年6月の実刑判決）に問われた母親に対して，裁判員裁判を巡り，減刑と執行猶予を求める嘆願書を名古屋高裁に提出しました。署名は1万1286人分に上りました（『中日新聞』2019年5月14日掲載）。これを提出した神戸市の「**日本多胎支援協会**」は，「実刑判決を多胎育児の過酷さ支援制度の不備を正しく評価していない」と批判しています。

　一方で，判決は妥当という声も上がりました。たとえば泣くことしかできない赤ちゃんをケアすることは親の義務と主張する，幼少期から父親の虐待を受けて育った女性もいます（『中日新聞』2019年5月14日掲載）。

　さて，みなさんはどう思いますか。また，この場合，罪を犯した母親が問われるだけで済むことではなく，三つ子のうち残された2人の子どもの生活などの支援や心のケアも考えていく必要があります。事件を起こした母親だけでなく，きょうだいの一人が大好きな母親によって亡くなったことを，残された子どもたちもずっと抱えていくことになります。心身への負担はいかばかりでしょう。一般的に，加害者の家族の子どもは，さまざまな心理的問題を抱え，攻撃的言動や不登校などの問題を表

🍀**ことば**

一般社団法人日本多胎支援協会
当事者・研究職・行政機関・医療機関・社会福祉機関・市民グループなどがともに学び合い，包括的な支援を実現するための活動を行っている。また，多胎育児支援に関わる個人・サークル・子育て支援拠点などの団体，地域多胎ネット及び専門職の活動を支援している。

第**14**章

特別な配慮を要する家庭

しやすくなるといわれており，罪悪感や裏切られ感，喪失感，抑うつ，怒り，不安，孤立感など，強い負の感情を抱えることになります（NPO法人ぷるするは）。加害者になった保護者の子ども，その家族がさらに生きづらく孤立化することのないよう，どのような支援ができるのかみなさんで話し合ってみてください。

演習問題

① 日本語を母語としない子どもが母語を消失させないために，家庭ではどのようなことを意識して行うとよいでしょうか。保育者としてどんなアドバイスをしますか。
② ヤングケアラーとは，どのような状況に置かれた子どもを指すのでしょうか。さまざまな状況を挙げてみましょう。

【引用・参考文献】

新井二千佳（2021）「医療的ケア児のきょうだいへの支援に関する文献検討」『北海道医療大学大学院看護福祉学部学会誌』第17巻第1号，97-103頁

浅井佳士・山下八重子・加藤由杳里（2021）「医療的ケア児をきょうだいにもつ思いと経験」『明治国際医療大学誌』第25・26号，27-30頁

カミンズ，ジム著，中島和子訳著（2011）『言語マイノリティを支える教育』慶應義塾大学出版会，27-35頁

長谷川典子（2013）「自己とアイデンティティ」石井敏・久米昭元・長谷川典子・桜木俊行・石黒武人『はじめて学ぶ異文化コミュニケーション——多文化共生と平和構築に向けて』有斐閣，37-58頁

鬼頭弥生（2023）「日本語を母語としない子どもがその子らしさを発揮していくプロセス——言語の選択に焦点をあてて」『保育学研究』第61巻第1号，127-138頁

鬼頭弥生・松山寛（2022）「日本語を母語としない子どもの言語指導のあり方——保育者の意識形成に着目して」『保育文化研究』第14号，23-34頁

こども家庭庁（2023）「ヤングケアラー支援について」
https://www.mhlw.go.jp/content/11907000/001127425.pdf（2024年1月28日閲覧）

厚生労働省（2021a）「児童養護施設などにおける外国籍などの子ども・保護者への対応などに関する調査研究報告書」みずほ情報総研
https://www.mizuho-rt.co.jp/case/research/pdf/r02kosodate2020_05.pdf（2024年1月14日閲覧）

厚生労働省（2021b）「事例集——『医療的ケア児支援センター』やその機能の一部を担いうる専門人材の配置などに係る自治体の取組みについて」
https://www.mhlw.go.jp/content/000942477.pdf（2024年2月4日閲覧）

厚生労働省（2022）「医療的ケア児支援センター等の状況について」
https://www.mhlw.go.jp/content/12204500/000995726.pdf（2024年2月4日閲覧）

三菱 UFJ リサーチ＆コンサルティング（2020）「保育所等における外国籍などの子ども・保護者への対応に関する調査研究事業報告書」

文部科学省（2022）「外国人の子供の就学状況など調査結果について」
https://www.mext.go.jp/content/20220324-mxt_kyokoku-000021407_ 02.pdf
（2024年1月3日閲覧）

文部科学省初等中等教育局国際教育課（2014）「外国人児童生徒のための JSL 対話型アセスメント 理論編」

中島和子（2017）「継承語ベースのマルチリテラシー教育――米国・カナダ・EU のこれまでの歩みと日本の現状」『母語・継承語・バイリンガル教育（MHB）研究』第13号，1-32頁

NHK ハートネット（2024）「聞こえない親のもとで育つ聞こえる子ども」
https://www.nhk.or.jp/heart-net/article/592/（2024年3月16日閲覧）

日本ケアラー連盟（2021）『日本ケアラー連盟通信』No.19

NPO 法人ぷるすあるは「子ども情報ステーション」
https://kidsinfost.net/2017/10/16/support/（2024年4月6日閲覧）

澁谷智子（2001）「文化的境界者としてのコーダ――『ろう文化』と『聴文化』の間」『比較文学』第44巻，69-82頁

出入国在留管理庁（2023）「2023年10月13日発表資料」
https://www.moj.go.jp/isa/publications/press/13_00036.html（2024年1月3日閲覧）

東洋経済オンライン（2019）「三つ子次男の『虐待死』に映る多胎児家庭の辛労」2019年9月19日
https://toyokeizai.net/articles/-/303614（2024年4月6日閲覧）

山本菜穂子（2007）「外国人幼児の保育園生活における発達過程――どのような契機で適応は進むか」『ククロス』第13号，81-95頁

第15章 支援者としての保育者の心構え

学習のポイント

- ●これまでの学習をとおして保育者としての心構えを確認しましょう。
- ●子どもの最善の利益を実現するためには何が大切なのかを考えましょう。
- ●保育者としての心構えを身につけましょう。

第1節 日本における家族の行方

プラスα

国際連合広報センター
国際連合の活動などを国内外に発信している機関である。

国連によって**国際家族年**が1994年に制定されました。**国際連合広報セ**ンター（UNIC）の資料によれば、「数千年にわたって家族は、事実上すべての社会がそこから力を引き出し未来を創出する中心的制度でありつづけてきた。国連は1994年を国際家族年に指定し、この基本的制度を支える国際協力の増大を新たに促進している」とあります。それから早30年が経ちましたが、家族の形態やその中身は日進月歩の道のりでさまざまに変化しています。その経緯は、本書の至る所で解説されたとおりです。では、ここで前章までのポイントを簡単におさらいしておきましょう。

1 前章までの振り返り

第1章から第4章までは家族や家庭を考えるに当たって最近の社会的状況などを具体的にみていきました。まず、第1章では少子化、晩婚化、非婚化などさまざまな問題があること、そのために社会全体で子育て支援をする必要があることなどをみてきました。第2章では、親になるということはどういうことかを、そのための準備や生じてくる不安などを交えながら解説し、子育てと仕事が対立するものではないことを学びました。第3章では、家族そのものの発達と母性について検討し、母性神話は事実ではないことがわかりました。さらに第4章では、ひとり親家庭、ステップファミリー、養子縁組里親家庭、そしてLGBTQを解説しながら家族にはさまざまな形があること、そしてそうした人たちを支援

することの必要性を学びました。続く第5章では，第1章から第4章までのさまざまな具体的内容を総括して，家族，家庭の定義づけをするとともに，その機能について考えました。そして第6章ではそれに基づいて仕事と子育ての問題を集中的に取り上げて，各自のライフコースを考えるヒントを得ることができました。さらに第7章から第14章までは子どもとその保護者にどのように関わっていけばよいのか，主に心理学の観点から年代ごとに解説していきました。その結果として，できるだけ早期の支援が子どもとその保護者にとって有効であることなどがわかりました。では，次にこれらを念頭に置きながら今後の方向性について考えていきます。

2　子ども家庭支援をめぐる今後の課題

　2013年に子ども・子育て会議が創設されました。秋田（2021）によれば，この組織は子育ての当事者，幼稚園・保育所・認定こども園などの子育て支援当事者，地方公共団体などのような子育て支援に関係する人々が幼児教育と保育を中心とした子育て支援の政策プロセスに参画するためにつくられたものです。子育て支援に関しては，これまで待機児童の解消，企業主導型保育事業の創設，幼児教育・保育の無償化など数々の対策が講じられてきました。そして，子どもと子育て支援に関する今後の課題としては，地域における保育の確保，保育士の量的確保と資質の向上，関係機関との連携などが挙げられています。そのほかにも地域や家庭環境による格差の是正，幼保小の接続の強化が指摘されています。

　このような流れのなかで2023年にはこども家庭庁が発足しました。この名称が定まる以前にはこども庁という名称が知られていましたが，その支援対象が子どもだけではなくて保護者にも及ぶことから，こども家庭庁と改められた経緯があります。子どもとその家族を取り巻く問題の解決は依然として途上段階であり，今後ますます時代に即した取り組みが求められるでしょう。そして，そのためには，行政だけではなくて社会全体の理解と支援が必要でしょう。

第2節　保育と心理学の専門性を活かした支援の意義

1　エビデンスに基づいた支援の必要性

　ここでは特に子ども家庭支援のために保育者が心理学を活用すること

ことば

エビデンス
治療法の効果などについての根拠のこと。

の意味についてあらためて考えます。家族ということに関して，谷川は，『家族はどこへ行くのか』のなかで次のことを述べています。

　　いままでは，そういうことは黙っていても以心伝心で通じるからこそ，夫婦だ家族だみたいなことがありましたね。それは一つは，家族の形が決まっていて，父親の役割，母親の役割，それこそ分を守るというのですか，そういうものがある程度あったから，それに自然自然に合わせてうまく親子，夫婦のあいだの配置ができていた。ところが，そういうものが崩れてくると，どうしても家族が個人単位になっていきますね。そうすると，僕などの経験でも，個人単位で役割分担みたいなものが全部取っ外れてしまうと，自分自身がどういう人間かということを考え詰めていかないと相手と対せない。いま精神分析とか，心理療法とか，結構みんなが，生かじりだけれども，本を読んだり，そういうものにとりつかれたりしていますが，あれは人間がだんだん孤立してきたから，そういうところにいかざるをえなくなっているという気がするのですが。

（河合隼雄・谷川俊太郎・山田太一（2000）『家族はどこへ行くのか』岩波書店，179頁より引用）

　人々が家庭のなかで自分という存在の意味を考えるために心理学に向かったという谷川の見解は一理あると思います。そして，これは個人的な見解ですが，今世紀に入った前後あたりから世のなかで心理学，そのなかでも特に「臨床心理学」の人気が高まったような印象があります。その背景には現在よりも深刻だった当時の経済不況，それに伴う家族離散，自殺の大幅な増加，そして本来ならば人々に救済をもたらすはずの（一部の）宗教が引き起こした数々の重大事件が社会を不安と恐怖に陥れたことによって，次第に人々の関心が「科学」としての心理学に向かったのではないかと推察します。実際に科学が人々の意識や考えを変えた例があります。

　たとえば，第13章では自閉スペクトラム症の話がありました。これに関してアメリカでは，かつて自閉症に対する社会の偏見がありました。そしてその原因が脳の機能障害であるという点が理解されず，「しつけ」や「教育」ができていないからだといった非難が，保護者，特に母親に向けられて苦しい思いをされた人が大勢いました。しかし，現在では発達障害に対する科学的な理解も広がってそれが社会的支援にもつながっています。

ことば

精神分析
19世紀末にS.フロイトによって創始された心的現象の無意識的な意味を解明するためになされる理論と実践のこと。

心理療法
精神療法とも呼ばれる。患者の問題解決や症状の解消を目的として専門の訓練を受けた臨床心理家などがセラピストとなって行う援助行為のことである。

臨床心理学
心理学の知見を応用して医療分野における専門的な援助や治療などを行うための学問や研究のこと。

日本では2006年3月に学校教育法等改正があり，翌2007年から特別支援教育の本格的実施が始まりました。そして発達障害への啓発も徐々に広まり，保護者の間で早くからの養育が効果的であるという理解が得られたことから，それがよりよい支援にもつながっています。ここで大切なことは，科学的な理解に基づく行動ということです。治療法の効果などについての科学的根拠のことを**エビデンス**といいます。コロナ禍においてもいわゆる迷信や差別的偏見がネットなどで拡散されて，人々の間で不安や動揺が生じました。世のなかには「そう聞こえる」とか「だからきっとそうだ」といった主観を述べてそれを真実のように主張したり，考えたりする人がいますが，科学的な根拠がない言動や妄信はときとして人を不幸にします。しかし，客観的な根拠に基づくだけでよりよい保育が可能になるというわけでもありません。このことに関して『保育者の地平』のなかで津守は次のように述べています。

> 私は子どもの研究者として壮年期の大半を過ごした。その最初から，私は，二〇世紀前半に全盛期にあった米国の進歩主義教育の流れを汲むお茶の水大学付属幼稚園で，幼児の遊びに魅せられた。定まったカリキュラムにはめずに，子どもの内から発し，生命的に創る遊びに，私は人間教育の原型を見た。同時に，それをつくり上げてゆく「保育者の苦心」を見た。私は心理学者として，客観的実証科学の方法論によってその関係を明らかにしたいと考え，長年を費やしたが，その試みは放棄せざるをえなかった。保育は人と人とが直接にかかわる仕事であり，知性も想像力も含めた人間のすべてがかかっているから，いま考えれば当然である。
>
> (津守真（1997）「はじめに」『保育者の地平』ミネルヴァ書房より引用)

ここにあるように保育とは，人間を相手にした行為であり，それは他者とのやり取りのなかで営まれる相互作用的な関係性の行為であることを認識しなければなりません。たとえば，子どもに虐待をしてしまう保護者にもさまざまな事情があり，実は保護者本人が苦しんでいる場合も多いのです。そのためにまずは相手の身になって一緒に考える，つまり受容と理解が何よりも重要です。

2　受容と理解のために

1970年代後半から1980年代後半にかけて，特に全国の中学校で子どもによる暴力や窓ガラスを割るなどの破壊行為が頻発しました。当時の学

プラスα

アドボカシー
意見表明の擁護や支持のこと。

第15章　支援者としての保育者の心構え

校では受験人口が年々減少している現在よりも、「偏差値」という学力を測る一種の物差しが非常に大きい意味を持っていました。その数字は客観的なものですが、それによって将来の人生ばかりでなく、人格さえも決めつけられるような偏見が学校全体にはびこっていました。授業はいわゆる「詰め込み教育」で、考える力を養うことや主体性の尊重、そして人間性の陶冶といったことは二の次でした。

　こうして子どもたちは次第に追いつめられていきました。子どもたちと先生の間には本来あるべき心の通い合いというべきものがありませんでした。内申書で脅されて何も言えない雰囲気のなかで不満が鬱積して爆発し、次第に全国の学校が荒れていきました。そのために先生のなかには外圧的な「力」によってこれをさらに抑え込もうとした人もいました。当時の子どもたちは流れ作業のベルトコンベアーに乗せられた商品のような扱いをされていました。そして学校が求めた「規格」に合わない子どもの「個性」は否定され、「不良品」として弾かれていたのです。こうして学校という塀に囲まれた狭い箱のなかで先生がこしらえた鋳型に当てはめて均一的な人間を生産して、まるで工場のように子どもを社会に送り出すことが教育の意義となっていました。それは家電製品などの「使い捨てをよし」とした当時の大量消費社会ともマッチした考え方でした。しかし、言葉で上手く表現できなかったとしても当時の子どもたちは「これは何かが違う」と心のなかで感じていたはずです。このように当時は子どもの人権を無視した不適切な指導が数多くの学校でみられました。

　もちろん、すべての先生がそうだったというわけではありません。しかし、多くの大人は子どもにも一人の人間として人権があることを理解せずに、教育の意味をはき違えていました。その後は全国的な不登校の増加もあり、学校に対するマスコミなどからの批判と啓発によって、こうした状況が社会問題として人々の間で広く認識されるに至りました。そして、やがて国から指導が入るようになりました。それが第12章でも話があった**カウンセリングマインド**の導入です。このカウンセリングマインドという用語は和製英語であり、英和辞典には載っていません。その元にあるのは非指示的な傾聴技法の開発に取り組んだ**ロジャーズの来談者中心療法**です。

　そして、カウンセリングマインドはその有効性が認められて保育の領域にも取り入れられるようになりました。1993年には子どもの発達課題や特性に応じた保育を進めるために、必要なカウンセリングマインドを身につけるための**保育技術専門講座**が開催されています。もちろんカウ

人物

ロジャーズ
Rogers, C. R. (1902-1987)
アメリカの臨床心理学者。来談者中心療法を考案し、心理相談の対象者を患者ではなくてクライエントと称してカウンセリングの基礎を築いた。

ことば

来談者中心療法
ロジャーズが創始した心理療法である。彼はそれまで盛んであった指示的な方法を批判して非指示的な傾聴技法の開発を行った。

ンセリングマインドによってすべての問題が解決するという万能性を期待することはできません。しかし，何らかの問題を抱えた保護者の場合には自己肯定感が低いことがありますので，こうした人々に対しては常に寄り添う姿勢が大切でしょう。

3 伝えることの大切さと注意点

　保育者が子どもに関わる場合には，たとえば視診をしながら今日の顔色はどうか，身体に何か気になることがないかなど，数々の点に気を払う必要があります。そして熱があるなどのように何かいつもと異なる状態がみられたときは，保護者にも客観的に伝えなければなりません。しかし，会社の業務報告のように機械的に今日の子どもの様子を保護者に伝えても構わないでしょうか。次の事例は，小学校で**特別支援教育コーディネーター**をされている先生が発達障害児のサポーターをしている学生ボランティアに対する要望を述べたものです。

　　　特に学習支援をやっている子どもの保護者の方は，デリケートというか，ちょっとしたことで傷ついてしまうところがあるし，子どもができないというか，「こんなこともできないんだ」とか，「こういうところがダメなんだ」とか，言われたりすると，ものすごく落ち込んでしまったりとか，どうしたらいいのか分からないとか，なっちゃう親御さんもすごく多いので，「このごろお子さん，こんなところを頑張っていますよ」ってところをいっぱい盛り込んだなかで「次は，こういうところが課題だから一緒にこういう風に頑張っていきましょうね」というような持っていき方がすごく大事だと思っています。

　　（大浦賢治（2012）「特別支援教育における教師と学習支援員の関係はどうあるべきか」『東京立正短期大学紀要』第40号より一部改変して引用）

　このインタビュー記事にみられるように子どもの様子，特に発達に何らかの気になる点がみられる子どもの場合には，伝え方にも注意をする必要があります。そのためには保護者やその子どもとの間にあらかじめ**ラポール**（信頼関係）を築くことが求められます。

ことば

自己肯定感
自分自身の価値観や存在意義を肯定的に評価する感情のこと。

ことば

特別支援教育コーディネーター
校長が教職員のなかから任命するものであり，必要な支援を実現するための学内外での調整を主な任務としている。

第**15**章

支援者としての保育者の心構え

第3節 保育者の役割

1 保育者の立ち位置

　ここでは主に心理学の観点から保育者の果たすべき責務について考えます。新聞には読者が日頃起こった事件やできごとについて自分の意見を述べる「投書欄」があります。これはかなり昔に読んだ記事ですが、保育士について書かれた話がありました。それは、確か子どもを保育所に預けていた父親からのものだったと記憶しています。その記事によると、その家庭は共働きだったのでしょうが、小さい頃から子どもを保育所に預けていたそうです。保育士は一生懸命に子どもの世話をしていたそうですが、次第にその子どもは保育士との間に緊密なアタッチメントを形成する一方で、母親との関係性が築かれなかったとのことでした。そして大きくなってから母親との関係がこじれてしまい、終いには非行に走って家を出て行ったとのことです。その文末には父親から保育士に対する「恨み言」のようなことが書かれてありました。

　一生懸命に子どもに関わった保育士には気の毒な気がします。この父親がどのように子どもに関わったのかは書かれていませんでしたが、この様子からみておそらく両親とも育児を保育所に任せっきりだったのでしょう。新聞の投書欄にあったこの話は、一部の極端な事例なのかもしれません。しかし、子どもにとって保育者はどうあるべきなのかを考えさせられるできごとだと思います。この投書に出てきた保育士は一生懸命に子どもの世話をしていたことは間違いないでしょう。しかし、何か大切なことを忘れていた気がします。第7章でも勉強しましたが、元来、子どもがアタッチメントを形成すべき相手は保育士ではなくて、保護者のはずです。母親はもちろんのこと、父親に対しても育児に関する何らかの働きかけをすることが必要だったでしょう。こうして保育士には仕事と家庭の両立に勤しんでいる両親のサポートをしながら、子どもと保護者の間に本来あるべき親子の絆が芽生えるようにすることが求められます。これに関して保育所保育指針には次のことが記されています。

保育所保育指針第4章1の(1)「保育所の特性を生かした子育て支援」
イ　保育及び子育てに関する知識や技術など、保育士等の専門性や、子どもが常に存在する環境など、保育所の特性を生かし、保護者が子どもの成長に気付き子育ての喜びを感じられるように努めること。

つまり，保育者の職務とは，保護者と子どもを側面からサポートし，家庭のなかで親子が健全な関係を構築できるように努めることであるといえるでしょう。決して保育士が単に保護者に成り代わるのではなくて，保護者自身が持つ

力を引き出せるように保育の専門職としての支援をすることであり，保護者に「保護者」としての自覚を促して寄り添いながら，一緒に子育てに関するさまざまな問題の解決をすることが大切なのです。こうした取り組みのことを**エンパワメント**といいます。これがひいては子どもの最善の利益につながると考えられます。

2 専門性と資質の向上を目指して

変化の目まぐるしい現代においては，学生時代に学んだ内容がいつまでも通用するとは限りません。家族が多様化し，社会も変わっていくなかで，保護者や子どものニーズも変わっていくでしょう。したがって，保育者はラポールを築くためにも，時代の流れに常に敏感でなければなりません。この目的を実現するためには日々自己研鑽を積み重ねる必要があります。そして，そのために**リカレント**教育を受けることが大切です。その代表的なものとして**保育士等キャリアアップ研修**があります。これは，保育現場において初任後から中堅までの職員を対象にしたものであり，乳児保育，幼児教育，障害児保育，食育・アレルギー対応，保健衛生・安全対策，保護者支援・子育て支援，マネジメント，保育実践という8つの専門分野別研修から成り立っています。

そのほかには**子育て支援員研修**があります。子育て支援員とは，厚生労働省が定めた「基本研修」及び「専門研修」を修了して「子育て支援員研修修了証書」の交付を受けることにより，保育や子育て支援分野の各事業に従事するうえで必要な知識や技術などを修得したと認められた者のことをいいます。これには放課後児童や地域保育などいくつかのコースがあり，社会の実情やニーズに応じるための人材育成がなされています。みなさんは，幼児教育や保育の現場に出られた後でもこうした講習を積極的に受講して，常に自分自身の資質を磨いていきましょう。

さらに，これらとは別に保育士に対する課題として待遇改善の問題があります。たとえば蓑輪（2018）が指摘しているように，働く人々の環境改善を図ることは，保育士の資質向上につながるものといえます。

ことば

エンパワメント
差別や抑圧を受けた人々が本来もつ力を取り戻し，環境に働きかけ，生活をコントロールできるようになる過程のこと。

ことば

リカレント教育
義務教育の修了後に教育の機会が生涯のなかで回帰的に巡るように個人の学びを保障する包括的な教育方策のこと。

3　家庭のよき支援者として

　以前，筆者が元旦にバスツアーで伊豆に行ったときのことです。その
ツアーでは何人かの家族連れやカップル，そのほかの人が参加していま
した。食事の時間になり，ツアー客はそれぞれが席に着いて美味しいご
馳走を食べていましたが，一人で参加していた年配の女性がふと「私の
家庭は夫と子どもがいるんですが，主人は朝からゴルフ，子どもは海外
旅行へ行ってしまい，仕方がないからこのツアーに一人で参加したので
す。家族って一体何だったんでしょうね」とぽつりと寂しそうにつぶや
きました。この例に限らず，世のなかにはスマートフォンなどの普及に
よって生活が便利になった反面で家族には相談事もせず，SNS などで
見知らぬ人に話しかけ，一時の気を紛らわせて過ごす人もいます。家族
がいても孤独という人がいます。わかり合えない，話も合わない，心が
どんどん離れていく状況のなかで，かつてはあんなに楽しい家族だった
のに，どうして今はこんなふうになってしまったのだろうと思う人々も
います。

　現代の日本では高齢者の大幅な増加や，**ワーキングプア**といわれるよ
うに若者の生活苦などが原因となって孤独や孤立が社会問題になろうと
しています。かつてのような地域のコミュニティもだんだんなくなりつ
つあります。集合住宅などで孤独死して数週間か数カ月後に発見される
という事例も身近で起きうる状況です。こんな状況は個人にとっても社
会にとっても不幸なことでしょう。このように時代が変わり，人々の価
値観や社会の状況も変わるにつれて，家族に関する問題を抱える人が多
くいます。しかし，だからこそ困難な状況においてお互いが助け合った
り，励まし合ったり，力になれる，そんな関係がこれまで以上に求めら
れているといえるでしょう。子どもと身近に接する保育者はこうした諸
問題を解決するためのひとつの窓口であると考えられます。社会全体を
変える鍵がみなさんに託されているともいえるでしょう。

　保育者は常に振り返りをして保護者と子どもに関わらなければなりま
せん。また，適切な保育業務のために保育者同士の協調性も大切です。
以前から保母，保父として親しまれてきた保育士は，2003年の児童福祉
法改正により国家資格となりました。それは保育士の地位の向上ととも
に責任の重さを伴うものです。今後，家庭の形はますます多様化するか
もしれませんが，時代の流れや人々の価値観がどんなに変化しても保育
者は子どもとその保護者に対して常に味方である必要があるでしょう。

🍀 ことば

ワーキングプア
人並みに働いくいるにもかか
わらず貧困状態にある人や状
態のこと。

ここで最後に津守のメッセージを紹介して本書を終わりたいと思います。

　　　保育の実践の場で，人生の子ども時代にある者と，壮年期にある者とが出あう。そこには，個人の生涯だけでなく，社会の歴史，教育と福祉の歴史の全体，過去と未来とが含まれている。異質な文化背景の子ども，障害をもつ子ども，すべての子どもが含まれている。人間を育てることにおいてかわりはない。保育者の意識の地平は垂直にも水平にも遥か遠くにまで及んでいる。保育は職業としてあるだけでなく，人間の存在をかけた行為である。

　（津守真（1997）『保育者の地平』ミネルヴァ書房，295頁から引用）

どうぞ，読者のみなさん，本書で学ばれた心理学のさまざまな知見を活かしながら子どもとその保護者にとって最高の支援者となってください。

演習問題

① 本書を読んで家族，家庭について感じたことや学んだことなどをまとめましょう。できれば他の人と意見交換してみましょう。

② 家族や家庭を支援する保育者としての自分の決意を考えてみましょう。

【引用・参考文献】

秋田喜代美（2021）「子ども・子育て会議のこれまでの取組と今後の課題について」（こども政策の推進に係る有識者会議　説明資料）

　https://www.cas.go.jp/jp/seisaku/kodomo_seisaku_yushiki/dai1/kousei_siryou5-6.pdf（2024年5月15日閲覧）

橋本好市・直島正樹編著（2019）『保育実践に求められる子ども家庭支援』ミネルヴァ書房

橋本真紀・山縣文治編（2015）『第2版　よくわかる家庭支援論』ミネルヴァ書房

河合隼雄・谷川俊太郎・山田人（2000）『家族はどこへ行くのか』岩波書店

国連広報センター（1994）「国際家族年（IYF）」

　https://www.unic.or.jp/files/family01.pdf（2024年5月25日閲覧）

厚生労働省（2013）「子ども・子育て会議について」

　mhlw.go.jp/stf/shingi/2r98520000032a6o-att/2r98520000032ac3.pdf（2024年5月15日閲覧）

子安増生・丹野義彦・箱田裕司監修（2021）『有斐閣現代心理学辞典』有斐閣

倉石哲也・大竹智編著（2020）『子ども家庭支援』ミネルヴァ書房

松本峰雄監修（2022）『子ども家庭支援の心理学　演習ブック』ミネルヴァ書房

蓑輪明子（2018）「保育政策と保育士処遇の現状──賃金と労働条件の両面から」全国保育団体連絡会保育研究所編『保育白書2018年版』ひとなる書房，146-156頁

文部科学省HP「特別支援教育をめぐる制度改正」
mext.go.jp/a_menu/shotou/tokubetu/001.htm（2024年11月27日閲覧）

森上史朗・柏女霊峰編（2015）『保育用語辞典（第8版）』ミネルヴァ書房

大豆生田啓友・三谷大紀編（2021）「保育・幼児教育に関する法制と基本データ」『最新保育資料集』ミネルヴァ書房

大浦賢治（2010a）「ゼロトレランスかカウンセリングか」『早稲田大学大学院教育学研究科紀要別冊』17（2），121-132頁

大浦賢治（2010b）「認知と情動の関係から見た『体罰』の意味」『早稲田大学教育学会紀要』12，25-32頁

大浦賢治（2012）「特別支援教育における教師と学習支援員の関係はどうあるべきか──障害者問題に関する質的研究」『東京立正短期大学紀要』第40号，22-42頁

大浦賢治編著（2021）『実践につながる 新しい子どもの理解と援助』ミネルヴァ書房

汐見稔幸・無藤隆監修（2018）『平成30年施行 保育所保育指針 幼稚園教育要領 幼保連携型認定こども園教育・保育要領 解説とポイント』ミネルヴァ書房

白川佳子・福丸由佳編著（2019）『子ども家庭支援の心理学』（新・基本保育シリーズ⑨）中央法規

杉﨑雅子（2021）『スギ先生と考える子ども家庭支援の心理学』萌文書林

津守真（1997）『保育者の地平──私的体験から普遍に向けて』ミネルヴァ書房

読売新聞オンライン（2021）「新組織は『こども庁』改め『こども家庭庁』に…『保護者も支援対象』で変更求める声」2021年12月14日
yomiuri.co.jp/politics/2021214-0YTIT50234/（2024年2月22日閲覧）

演習問題解答例

■第1章

① 人が持つ何らかの対象への大きな期待や希望について，それが打ち砕かれるとき，喪失（悲しみや無力さ，後悔や寂しさ，孤独）という感情となる。

② 保育者を目指す人たちについて，心理学の習得や理解にとどまらせず保育とリンクさせ，保育現場で心理学的知識を活かせる人となってほしいというねらいがある。

■第2章

① 保護者の様子によっては過去の研究例を引き合いに出しつつ，このような悩みをもつことは不思議なことではないことを伝える。また，保護者が罪悪感を感じている場合は，真剣に子育てに向き合おうとしていることの証であることを認め，肯定的に受け止める。そのうえで，母性や我が子への愛情は必ずしも最初から芽生えるものではなく，実際に関わるなかで時間をかけて芽生えてくるものでもあることを伝える。

② さまざまな状況の人がいるが，自分に母性があると感じるかどうかは，個人間の違いが大きい。また，子どもと関わった経験が，母性の芽生えには影響を及ぼしうる。

■第3章

① 子どもからすると，せっかく母親に再会できたという気持ちが生まれるかもしれないが，母親が我慢し続け，イライラしながら子育てをするよりも，時々の息抜き，趣味の時間を過ごすことによって気分転換でき，スッキリした気持ちで子育てをした方が，子どもにとっては望ましい。

② 賛成：子どもが大切とはいえ，親にも生活や人生があり，子育てはその一部分にすぎない。そのため，子どもから離れたい，子どもと関わらずに自分のしたいことをするというときがあって当然である。

　　反対：親は子どもを愛し，守り，育てる存在であり，離れたいと思うことは冷たい感情であり，思ってはならないことである。

■第4章

① 多様な家族には，ひとり親家庭，ステップファミリー，養子縁組家庭，里親家庭，国際結婚による家庭，LGBTQ による家庭などがある。こうした家庭に対しては人権や周囲の環境に配慮しながら問題の解決をともに図っていく。保育者だけで困難な場合には各種の社会資源を有効に活用していく，など。

② 各専門機関にはそれぞれに独自の特色があるので，個人情報に留意しながら情報を共有して問題を抱える家庭の支援をしていく，など。

■第5章

① かつては祖父母世代と同居の三世代世帯などの拡大家族が多かったが，次第に核家族が増え主流となった。これにより子育て家庭では主に母親に家事・育児の負担が偏り，地域とのつながりも希薄化するなか，周囲に頼る人のいない孤立した子育てに陥る子育て家庭が増えた。

② かつて家族は，子どもを教育する機能や財産や生命を保護する機能などさまざまな機能を担っていたが，時代の変化のなかで教育機能は学校や塾が，保護機能については，財産は銀行が，生命は病院，保育所や高齢者施設などが担うようになり，家族の担っていた機能が縮小や外部化されたといわれる。その一方で，家族のもつ心の安らぎや情緒的なつながりが得られる愛情機能が重視されるようになった。

■第6章

① 例：就学→就業→結婚→妊娠→退職→出産・育児→再就職

② 省略

■第7章

① 共同注意

② 各自でまとめる。

■第8章

① 「勤勉性」である。これが達成されないと「劣等感」という心理・社会的危機に陥るとされている。

② 特に9，10歳頃になるとつくられる3〜10名前後の同性・同年代からなる凝集性の高い，遊び仲間集団である。

■第9章

① 現代は先進国の都市化の進んだ地域において，性的成熟に入る年齢が，前の世代に比べて早期化している。たとえば前の世代と比べて，思春期スパートの時期が早まったり，男子の精通年齢，女子の初経（初潮）年齢が早まったりといった現象がみられる。こうした現象を発達加速現象という。

② 状況を変化させるなどの問題解決型と，状況に対する自分の感じ方を変えるなどの情動焦点型がある。

■第10章

① 経済の落ち込みは雇用状況の悪化を招き，無業者や非正規職が増える要因となる。仕事は単に賃金を得るだけではなく，仕事のなかで社会にコミットし，社会を支えるという世代性の発達を促すため，働く機会の喪失は成人発達に影響する。

② 新人職員の多くが属している前成人期の発達課題は「親密性　対　孤立」である。職場の仲間と交流し仕事内容に打ち込み，十分に仕事のよさを味わえる環境が前成人期の発達課題を達成するためにはよいと考える。具体的には職場の先輩に気軽に聞ける雰囲気のある職場，自分のできる範囲の課題があってやりがいが感じられることなどが重要である。

■第11章

① （例）高齢者施設と子どもたちを交流させる。
　　昔の遊びを教えにボランティア団体に来園してもらう，など。

② 包括支援センターに家族が相談していない場合は情報提供する。
　　家族の悩みに寄り添う。

■第12章

① 省略

② サザエさん一家のジェノグラム（タラオを対象児とした場合）

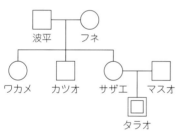

■第13章

① 養育者も育てにくさを感じていることも考えられるため，トラブルを伝えるばかりにならないように気をつける。問題点を伝える場合は，同時に園で行ってみて適切な行動につながった言葉がけや対応方法を伝えたり，家庭での様子を聞いてみて，養育者とともによりよい対応方法を考える姿勢で話すことを心がける。

② 子どものできることが園ではどのような条件のときであるのか（例：慣れた保育者と一緒のとき，友達が周りにいるとき，個別に静かな場所で行うときなど），その日相談前にどんな活動をしてきたのか（子どもが疲れていて集中できないこともある）など，具体的に伝えられるようにする。

　また，保育記録のなかから，できるようになったものごとについてそのプロセス（期間や

行った援助など）についてまとめておき，相談員に伝える準備をしておく。微細運動，粗大
運動，学習的な内容の活動の場面など，さまざまな様子についてもまとめておく。

■第14章

① 家庭では母語でコミュニケーションをとる。母語で絵本の読み聞かせを行ったり，母語で
歌ったり，自国の歌を聴かせる。そして，小学校で学習していくためにも母語の獲得が必要
であることと併せ，母語を育むよう伝える。

② 日本語を母語としない子どもが常に保護者の通訳を担うために学校を休んだり，友達と遊
ぶ時間などが削られたりして，子どもらしく生活することができない状況。
コーダがろう者である保護者と聴者をつなぐための通訳を優先せざるを得ない状況。
医療的ケア児をきょうだいにもつ子どもが，保護者とともにケアを担う状況。

■第15章

① 最近は個人で生活する人が多くなっているが，あらためて家族の意義や大切さに気がつい
た。これからは人と人とのつながりを意識しながら人生を考えていきたい，など。

② 社会が目まぐるしく変化するなかで困難な問題を抱える家庭が多いので，子どもとその保
護者の人権を尊重して困難な問題を抱える人々の支えになっていきたい，など。

さくいん

■かな

あ行

愛着（アタッチメント）理論····84
愛着形成の不具合··················38
アイデンティティ（自我同一
　性）··················47,85,101
アイデンティティ・ステイタス
　································101
アイデンティティ達成··········101
アイデンティティと青年期の
　発達····························115
アイデンティティ（の）拡散····101
遊び込む経験····················146
アタッチメント··········77,103
アドボカシー····················182
アロマザリング··········34,47,85
安全基地··························84
「家」制度························56
生きがい··························128
育児不安··························19
いじめ····························96
いじめ防止対策推進法··········97
1歳6か月児健診········156,159
1.57ショック····················142
イヤイヤ期························80
医療的ケア児····················172
医療的ケア児及びその家族に
　対する支援に関する法律····172
医療的ケア児支援センター····173
医療的ケア児等コーディネー
　ター··························173
医療的ケア児等コーディネー
　ター養成研修実施の手引き
　································173
医療における知的障害の診断
　基準··························160
ウィニコット，D. W.··········36
ウェルビーイング················48
うつ······························147
エイジズム························133
エイジング························133
エイジングのパラドックス····136

エインズワース，M. D. S.·······85
エコマップ························150
エコラリア························162
エビデンス················181,183
エリクソン，E. H.
　······29,72,85,91,101,113,131
エルダー，Jr., G. H.··············65
援助過程··························148
遠心性····························35
エンパワメント··················187
横断的研究························129
オーガニック····················71
大阪府茨木市の事例············137
オキシトシン····················151
オグバーン，W. F.··············58
親性····························18
親性準備性························18
親になる··························17
親の欠点も見えてくる··········28
親をする····················20,22

か行

ガイドライン····················149
カウンセリングマインド
　·······················151,184
家業····························59
核家族····················2,40,55
学習言語··················170,171
学習性無力感····················91
拡大家族··························55
仮説演繹的思考··················100
家族····························52
家族のライフサイクル··········29
かつての老人のイメージ········126
家庭····························54
家庭崩壊··························54
悲しみの5段階モデル··········136
寡婦····························44
過保護··························23
空の巣症候群····················134
感覚記憶··························129
関係機関··························148
感情労働··························117

緘黙····························96
規範····························95
希望出生率························142
基本的欲求························61
ギャング・エイジ（徒党時代）
　································95
ギャング集団····················95
9～11か月児健診··············156
9，10歳の壁····················89
境界知能····················91,164
矯正教育··························96
協同遊び··························81
共同親権··························45
協同性··························147
共同注意··························83
起立性調節障害··················98
ギンズバーグ，E.··············108
クィア··························43
クーイング························79
クエスチョニング················43
具体的操作期····················90
クライエント····················49
グリーフケア····················135
ケア····························114
ゲイ····························42
形式的操作期····················100
継父····························41
継母····························41
結晶性知能························129
限局性学習症（LD）············164
健康寿命··························137
健康寿命を延ばす方法··········137
言語の障害························161
原始反射··························78
現職の保育者を対象にした研
　修····························117
孤育··························8
語彙爆発··························79
後期高齢者························127
合計特殊出生率··················1
高校中退··························104
孔子····························112

公式集団（フォーマル・グ
　ループ）……………………96
『厚生白書』…………………………70
公認心理師……………………156
更年期…………………………115
高年齢者雇用安定法…………126
幸福度……………………………66
合理的配慮……………………158
『高齢社会白書』………………137
高齢出産…………………………10
コーダ（CODA）……………175
コールバーグ，L.……………144
国際家族年……………………180
国際連合広報センター………180
告知……………………………136
告知の問題……………………136
国民生活に関する世論調査……60
心の理論…………………………81
子育て安心プラン……………142
子育てサークル………………123
子育て支援員研修……………187
孤独死…………………………137
こども家庭センター……………43
こども家庭ソーシャルワーカー
　………………………………43
こども家庭庁………44,142,181
子ども・子育て会議……………181
子ども・子育て関連3法………142
子ども・子育て支援新制度……142
こども食堂……………………146
こども誰でも通園制度……………8
こども庁………………………181
子どもの権利条約………………43
こども未来戦略方針……………69
個別援助技術……………………48
個別の教育支援計画…………158

さ行

再就職……………………………64
細胞期……………………………76
在留外国人……………………167
サクセスフル・エイジング…133
里親家庭…………………………42

サリー・アン課題………………82
3〜6か月児健診……………156
産後うつ…………………………9,148
3歳児健診……………………156
3歳児神話……………34,47,70
3歳児神話と『厚生白書』……70
参照視……………………………83
ジェノグラム…………………150
ジェンダーアイデンティティ…42
ジェンダー・ステレオタイプ…83
視覚障害………………………164
視覚的な情報を媒介…………162
視覚の発達………………………78
視覚優位………………………162
自己意識…………………………79
自己肯定感……………………97,185
自己主張…………………………80
自己中心性………………………90
自己抑制…………………………80
死産………………………………76
事実婚……………………………53
思春期スパート………………101
肢体不自由……………………164
児童虐待…………………………8
児童自立支援施設……………168
児童自立生活援助事業…………45
児童心理治療施設……………168
児童福祉司………………………46
児童福祉法………………………43
児童福祉六法…………………145
児童養護施設…………………168
自閉スペクトラム症（ASD）…161
社会資源…………………45,61,144
社会情動的選択性理論………136
社会の促進………………………96
社会的手抜き……………………96
周産期……………………………76
就職氷河期……………………116
重大事態…………………………97
集団………………………………95
集団援助技術……………………48
集団規範…………………………95

縦断的研究……………………130
10の姿…………………………143
主観的幸福感…………………133
熟年離婚………………………132
出生時育児休業…………………9
小1プロブレム…………………89
障害者の権利に関する条約
　………………………158,159
生涯未婚率…………………………4
少子化社会対策大綱…………142
情動焦点型……………………106
小児期逆境体験…………103,104
少年……………………………103
少年院…………………103,104
情報保障………………………165
初語………………………………79
女性の労働力率…………………66
自立……………………………138
自立援助ホーム…………168,169
自律訓練法……………………106
自律訓練法の基本公式，第1
　公式〜第6公式……………106
自律的道徳性……………………92
シングルマザー…………………31
心身症…………………………106
親族里親…………………………42
新卒一括採用…………………116
身体的虐待……………………148
新版K式発達検査2020………156
心理・社会的危機……………101
心理社会的モラトリアム……101
心理的虐待……………………148
心理的離乳……………………102
心理療法………………………182
スーパー，D. E.………………108
スキャモンの発達曲線………102
すくすくサポート・プロジェ
　クト……………………………44
スチューデント・アパシー…104
ステップファミリー……………41
ストレス………………………105
ストレス・コーピング………106

さくいん

ストレッサー………………105
ストレンジ・シチュエーション
　………………………………85
スピッツ，R.………………47
生活言語……………………171
性器期………………………102
生産年齢人口………………141
生殖型………………………102
生殖補助医療…………………10
成人式………………………100
精神分析……………………182
成長……………………………16
性的虐待……………………148
性別役割分担意識……………9
世帯……………………………55
世代性（世代継承性）…132,138
絶対的貧困…………………145
ゼロトレランス………………96
全国学力・学習状況調査…89,90
漸進的筋弛緩法……………106
選択的シングルマザー………40
潜伏期…………………………91
専門里親………………………42
早期完了（フォークロー
　ジャー）…………………101
相対的貧困…………………145
相対的貧困率………………144
ソーシャルサポート………147
ソーシャルスキル…………141
ソーシャルスキルトレーニング
　………………………106,107
ソーシャルワーカー…………49
ソーシャルワーク……………48
即日母子同室…………………21
粗大運動……………………161

た行

ターミナル・ケア…………137
第一次産業……………………56
胎芽期…………………………76
大家族…………………………40
第三次産業……………………56
胎児期…………………………76

胎児性アルコール症候群………77
対象関係論……………………36
対象喪失……………………134
第二次産業……………………56
第二次性徴…………………102
第二次反抗期………………102
多職種連携…………96,150,156
脱中心化………………………90
田中ビネー式知能検査Ⅴ……156
他の領域への応用…………136
他律的道徳性…………………92
短期記憶……………………129
男性の家庭進出………………25
単独親権………………………45
地域援助技術…………………48
知的障害…………91,155,159
知的発達症…………………159
知能検査………………156,159
知能指数………………………91
嫡出子…………………………41
チャム集団…………………103
注意欠如多動症（ADHD）
　…………………………77,162
聴覚障害……………………164
長期記憶……………………129
直系家族………………………55
直系家族制……………………56
通過儀礼（イニシエーション）
　………………………………100
定年の延長…………………112
適応障害……………………106
テストステロン………………43
電話リレーサービス………176
統合性………………………131
道徳性・規範意識の芽生え…143
同僚性………………………119
徳（virtue）………………113
特別支援教育コーディネーター
　………………………………185
特別の教科である道徳………91
特別養子縁組…………………42
トランスジェンダー…………43

な行

なるほどBOOK……………144
喃語…………………………79
ニート………………………104
2025年問題…………………137
日常生活動作（ADL）………138
ニッポン一億総活躍プラン…142
日本ケアラー連盟…………171
日本語教育推進法…………167
日本多胎支援協会…………177
日本の子どもを対象とした心
　の理論研究…………………82
乳児院………………………168
妊活…………………………66
認知行動療法………………150
認知症…………………127,138
認知症と物忘れの違い……138
認知症の呼び名について……138
妊孕性…………………………10
ネウボラ………………………72
ネグレクト…………………148

は行

ハーグ条約……………………44
パーテン，M. B.…………81,144
パートナーシップ制度………45
パートナーシップ制度の普及…45
バーンアウト………………119
バイスティックの7原則………48
バイセクシャル………………43
ハイリスク妊娠………………10
白書…………………………142
8050問題……………………116
発達加速現象………………102
発達検査……………………156
発達障害……………………155
発達性協調運動症（DCD）……164
発達相談………………156,157
バトラー，R. N.……………133
半構造化面接………………123
反社会的行動…………………96
反復行動……………………162
ピアジェ，J.…………90,100

197

ピア集団…………………………103
ひきこもり………………………104
ひきこもりサポート事業
　…………………………104,105
ひきこもり支援推進事業……104
ひきこもり地域支援センター
　設置運営事業………104,105
非公式集団（インフォーマ
　ル・グループ）………………96
非社会的行動……………………96
非嫡出子……………………………4
一人遊び…………………………81
ひとり親家庭………………30,40
非認知能力……………………145
ファミリー・アイデンティ
　ティ（家族同一性）…………53
ファミリー・フレンドリー……68
ファミリー・フレンドリー企
　業…………………………………68
不安障害………………………147
フードバンク（活動）…………146
夫婦家族制……………………56
複合家族…………………………55
普通養子縁組…………………42
不登校……………………………96
不変性…………………………101
プレイセラピー………………150
フレイル………………………138
フロイト，S.………………91,102
不老長寿………………………127
プロダクティブ・アクティビ
　ティ……………………………134
プロダクティブ・エイジング
　…………………………………133
平行遊び…………………………81
ヘックマン，J. J.……………146
ペリー就学前プロジェクト…146
保育技術専門講座……………184
保育士等キャリアアップ研修
　…………………………………187
保育者向けのリーフレットと
　事例集………………………146

保育所保育指針………………149
保育所保育指針第3章の1(1)
　ウ………………………………149
包括支援センター……………138
ボウルビィ，J.……………47,84
保活………………………………70
保健師…………………………157
保健センター……………………46
保護観察………………103,104
保護者の養育力…………………17
母子及び寡婦福祉法……………44
母子及び父子並びに寡婦福祉
　法…………………………………44
母子健康手帳……………………32
母子生活支援施設………168,169
ホスピタリズム…………………47
母性神話……………………34,70
保存概念…………………………90
ほどほどの母親…………………36

ま行

マークテスト……………………79
マージナル・マン（境界人）…100
マズロー，A. H.………………61
マズローの欲求階層説………101
マミートラック…………………67
マルトリートメント……151,155
身近な人と使っているコミュ
　ニケーション方法…………164
見守る……………………………24
無園児………………………………8
無業者…………………………116
6つのラブ・スタイル………103
モーニングワーク……………135
物語の中に出てくる不老長寿
　…………………………………127
モラトリアム…………………101
問題解決型……………………106

や行

役割実験………………………101
やまがた育児サークルランド
　あーべ………………………123
ヤングケアラー………………171

有意味語…………………………79
指さし産出の発達時期…………83
指さし理解の発達時期…………83
養育行動…………………………18
養育里親…………………………42
養子縁組家庭……………………41
養子縁組を前提とした里親…42
幼稚園教育要領第1章第5の
　1「障害のある幼児などへ
　の指導」の項………………158
幼保小の架け橋プログラム…89

ら行

来談者中心療法………………184
ライフイベント………………135
ライフ・キャリア・レイン
　ボー……………………………109
ライフコース……………………65
ライフサイクル…………………65
ライフ・スパン………………108
ライフ・スペース……………108
ラポール………………………185
リアリティショック…………119
リカレント教育………………187
リビドー…………………………91
流産………………………………76
流動性知能……………………129
利用者支援（事業）…………142
臨床心理学……………………182
レジャー産業……………………59
レジリエンス……………………74
レズビアン………………………42
レビンソン，D. J.……………113
恋愛関係………………………103
連合遊び…………………………81
連続性…………………………101
老人……………………………126
ロジャーズ，C. R.……………184

わ行

ワーキングプア………………188
ワーキングメモリ……………129
ワーキングメモリを補うやり
　方………………………………129

さくいん

ワーキング・モデル……………85
ワーク・イン・ライフ…………74
ワーク・ライフ・インテグ
　レーション……………………74
ワーク・ライフ・バランス
　………………………………68,142
ワーク・ライフ・マネジメント
　…………………………………74
ワンオペ育児…………34,57,69

■欧文

APOE遺伝子…………………127
DEWKS…………………………73
DINKS…………………………64
DNA鑑定………………………48
DOHaD（ドーハッド）仮説…76
DV（Domestic Violence）……149
FET………………………………11
ICSI……………………………11

IVF………………………………11
LGBTQ……………………42,45,53
LGBT理解増進法………………45
L字カーブ………………………67
M字カーブ………………………66
OECD…………………………145
QOL……………………………128
WHOによる健康の定義………128

編著者・著者紹介

● 編著者

大浦賢治（おおうら・けんじ）

三幸学園小田原短期大学保育学科通信教育課程教授
修士（教育学）
保育士
［執筆担当］はじめに，第4章，第15章

● 著者（執筆順）

山本陽子（やまもと・ようこ）

三幸学園小田原短期大学保育学科通信教育課程准教授
修士（教育学）
保育士，幼稚園教諭免許
［執筆担当］第1章

永盛善博（ながもり・よしひろ）

東北文教大学人間科学部准教授
修士（教育学）
高等学校教諭免許
［執筆分担］第2章，第3章

野崎真琴（のざき・まこと）

名古屋柳城短期大学保育科教授
修士（教育学）
［執筆分担］第5章

谷口征子（たにぐち・ゆきこ）

名古屋芸術大学教育学部准教授
修士（教育学）
幼稚園教諭免許，小学校教諭免許
［執筆分担］第6章

村上太郎（むらかみ・たろう）

常葉大学保育学部准教授
修士（心理学）
［執筆分担］第7章

伊藤朋子（いとう・ともこ）

早稲田大学・明星大学・東北文教大学短期大学部・羽陽学園短期大学・山形歯科専門学校非常勤講師，
山形大学客員研究員・研究支援者
博士（教育学）
保育士
［執筆分担］第8章，第9章

片山伸子（かたやま・のぶこ）

名古屋柳城女子大学こども学部教授
博士（文学）
［執筆分担］第10章

金澤久美子（かなざわ・くみこ）

元聖園学園短期大学保育科准教授
修士（心理学）
［執筆分担］第11章

村上義次（むらかみ・よしつぐ）

福岡市スクールカウンセラー，熊本労災看護専門学校非常勤講師
修士（教育学・学術）
公認心理師，社会福祉士，精神保健福祉士，中学校教諭一種免許，高等学校教諭専修免許
［執筆分担］第12章

茂野仁美（しげの・ひとみ）

大阪教育大学総合教育系特任講師
博士（教育学）
保育士，幼稚園教諭免許，公認心理師，臨床発達心理士，音楽療法士
［執筆分担］第13章

鬼頭弥生（きとう・やよい）

名古屋短期大学保育科准教授
修士（人間発達学）
保育士，幼稚園教諭免許
［執筆分担］第14章

実践につながる 新しい子ども家庭支援の心理学
——子育て家庭に寄り添える保育者を目指して——

2025年4月1日　初版第1刷発行　　　　　　　　　　　〈検印省略〉

定価はカバーに
表示しています

編著者　　大　浦　賢　治
発行者　　杉　田　啓　三
印刷者　　中　村　勝　弘

発行所　株式会社　ミネルヴァ書房
607-8494　京都市山科区日ノ岡堤谷町1
電話代表　(075) 581 - 5191
振替口座　01020 - 0 - 8076

©大浦賢治, 2025　　　　　　　　　　　　　　中村印刷・新生製本

ISBN978-4-623-09832-3

Printed in Japan

実践につながる **新しい保育の心理学**
大浦賢治 編著 B5判美装カバー 本体2200円＋税

実践につながる **新しい幼児教育の方法と技術**
大浦賢治／野津直樹 編著 B5判美装カバー 本体2500円＋税

実践につながる **新しい子どもの理解と援助**
──いま、ここに生きる子どもの育ちをみつめて
大浦賢治 編著 B5判美装カバー 本体2500円＋税

実践につながる **新しい教養の心理学**
大浦賢治 編著 B5判美装カバー 本体2800円＋税

実践につながる **新しい教育・保育実習**
──自ら学ぶ実習を目指して
谷口征子／大浦賢治 編著 B5判美装カバー 本体2200円＋税

実践につながる **新しい乳児保育**
──ともに育ち合う保育の原点がここに
大浦賢治 編著 B5判美装カバー 本体2400円＋税

実践につながる **新しい保育内容「人間関係」**
──共生を育む保育をめざして
山本陽子／大浦賢治 編著 B5判美装カバー 本体2400円＋税

実践につながる **新しい子ども家庭支援の心理学**
──子育て家庭に寄り添える保育者を目指して
大浦賢治 編著 B5判美装カバー 本体2400円＋税

───ミネルヴァ書房───
https://www.minervashobo.co.jp/